职业教育经济管理类新形态系列教材

山西省"十四五"首批职业教育规划教材

电子商务法

（附微课）

Dianzi
Shangwu Fa

李俊霞 李桂红 褚义兵 万迎军 ◎ 主编

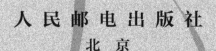

人民邮电出版社
北京

图书在版编目（CIP）数据

电子商务法：附微课 / 李俊霞等主编. -- 北京：
人民邮电出版社，2024.5
职业教育经济管理类新形态系列教材
ISBN 978-7-115-64266-0

Ⅰ. ①电… Ⅱ. ①李… Ⅲ. ①电子商务－法规－中国
－职业教育－教材 Ⅳ. ①D922.294

中国国家版本馆CIP数据核字(2024)第078923号

内 容 提 要

本书以大学生在电商创业过程中遇到的法律问题为出发点，以项目任务为驱动，结合大量实务案例，将法理、法条通过具体案例加以阐释，力求做到通俗易懂、实用性强。

本书共 13 个项目，内容包括电子商务经营者法律规范、电子合同与电子签名法律规范、电子商务交付与物流法律规范、电子支付结算法律规范、电商消费者权益保护法律规范、互联网广告法律规范、电子商务知识产权法律规范、电子商务中的竞争法律规范、电子商务税收与发票法律规范、跨境电子商务法律规范、解决电子商务纠纷的法律规范、电商领域刑事犯罪的风险。

本书配有丰富的教学资料，主要包括课程标准、电子教案、电子课件、各类题目参考答案、模拟试卷及答案等，索取方式参见书末的"更新勘误表和配套资料索取示意图"(部分资料仅限用书教师下载，咨询QQ：602983359)。

本书可作为职业院校电子商务、网络营销等相关专业的教材，也可作为各类企事业单位电子商务法律规范的培训用书，还可作为电子商务、法律等从业人员的自学读物。

◆ 主　　编　李俊霞　李桂红　褚义兵　万迎军
　　责任编辑　万国清
　　责任印制　胡　南
◆ 人民邮电出版社出版发行　　北京市丰台区成寿寺路 11 号
　　邮编　100164　　电子邮件　315@ptpress.com.cn
　　网址　https://www.ptpress.com.cn
　　山东华立印务有限公司印刷
◆ 开本：787×1092　1/16
　　印张：12.75　　　　　　　　　　2024 年 5 月第 1 版
　　字数：354 千字　　　　　　　　 2024 年 12 月山东第 2 次印刷

定价：49.80 元
读者服务热线：(010)81055256　印装质量热线：(010)81055316
反盗版热线：(010)81055315
广告经营许可证：京东市监广登字 20170147 号

前　言

电子商务作为新兴的商业模式，已经成为"新常态"下中国经济发展的新引擎和"互联网+"时代大众创业的新平台。电子商务在培育新的经济增长点，保持经济高速增长等方面，发挥着越来越重要的作用。同时，电子商务活动中的纠纷、消费者投诉也逐渐增多。电子商务从业者要想在电子商务运营中游刃有余，就需要掌握电子商务法律法规的基本知识。

本书从一名大学生在电商创业过程中遇到的法律问题出发，以项目任务为驱动，结合大量实务案例，将法理、法条通过具体案例加以阐释，力求做到通俗易懂、实用性强。为了更好地落实立德树人根本任务，编者在深入学习党的二十大报告后，编写了本书，其主要特点如下。

（1）在教材形态上，以信息化手段打破传统教材在形式上的局限，以二维码链接拓展知识、文本及视频案例、微课视频等资源，增加纸质书本身的内容涵盖量，以打造"融媒体"教材。

（2）在整体构思上，以"电商创业+电商法律"两条主线相融合和"项目+任务"为驱动协同推进为特色。每章以电商创业情境案例导入，设置需要学习电子商务法律法规相关知识才能解决的问题或任务，将庞大、繁杂的电商法律知识从逻辑上有效串联起来，将项目、情境、任务、法条、案例有效结合，引导学生学、用、悟、思协同发展，呈现出以项目任务为驱动的新形态教材的优势。

（3）在内容设计上，将内容庞杂的法律法规相关知识以轻松活泼的形式呈现给学生。首先，全书将一名大学生在电商创业过程中遇到的各种法律困惑和问题作为情境案例贯穿所有项目，为教师提供了课堂导入的内容，让学生进入情境，带着问题和任务学习项目内容，以提升学习兴趣；其次，针对职业院校学生的学习特点，各项目设置了"即学即练"栏目，让学生边学边检测，以提升学习的成就感。此外，每个项目末尾还安排了"项目实训"，学生在完成任务的过程中，既能增强法律应用能力，又能锤炼道德品质，实现德与智的双重提升。

（4）在案例选取上，主要从人民法院官网选取经典案例，并根据章节知识点需要进行内容编写和类型设计。本书通过即学即练案例、同步案例、讨论案例、实训研讨案例达到以案论法、以案释法的效果。首先，本书在案例的数量上做到了每个重要的知识点都有契合的真实案例，以让学生更好地理解和应用相应的法律法规。其次，本书注重对真实案例的适度处理，一是描述精练，让学生能够快速了解事件经过；二是案例问题设计贴合章节内容，并具有启发学生思考与提升学生运用法律知识解决实际问题能力的作用。

本书配有丰富的教学资料，主要包括课程标准、电子教案、电子课件、各类题目参考答案、模拟试卷及答案等，索取方式参见书末的"更新勘误表和配套资料索取示意图"（部分资料仅限用书教师下载，咨询QQ：602983359）。

本书由山西金融职业学院、山西工程职业学院和山西经济管理干部学院（山西经贸职业学院）具有丰富教学经验的教师，以及北京市隆安律师事务所高级合伙人万迎军律师共同编写，具体分工如下：项目一由褚义兵（山西金融职业学院）编写；项目二由申希（山西工程职业学院）、万迎军共同编写；项目三由郭蓉（山西经济管理干部学院）编写；项目四由郭蓉和万迎军共同编写；项目五由李俊霞（山西金融职业学院）编写；项目六由申希编写；项目七至项目九由李桂红（山西金融职业学院）编写；项目十由李俊（山西金融职业学院）编写；项目十一由王博扬（山西金融职业学院）编写；项目十二由李俊霞和万迎军共同编写；项目十三由王琪（山西工程职业学院）编写。

在编写本书时，编者得到了北京市隆安律师事务所的大力支持，在此表示衷心感谢。编者还参考了大量文献资料，谨向相关作者表示谢意。由于编者水平有限，书中难免存在不妥之处，恳请读者批评指正。

编者

目　录

项目一 电子商务经营者法律规范

学习目标

知识目标：了解电子商务经营者的种类；掌握电子商务经营者市场准入的条件；掌握电子商务经营者市场退出的流程；重点掌握电子商务经营者的法定义务。

能力目标：能够识别电子商务行为；能够依法取得电子商务经营者主体资格；能够依法履行电子商务经营者的法定义务。

素质目标：树立合法合规经营的理念；具有创业法律意识；具有网络法治意识。

子项目一 电子商务经营者的认定

情境导入 1

李丽在闲鱼App出售旧计算机

李丽是一名在校大学生，通过闲鱼 App 卖出了一台自己的旧计算机，这是她第一次卖出去东西，她感到很兴奋。但很快，买家收到货后发现这台计算机的性能和李丽描述的不一致，认为她存在"欺诈行为"，要求她"假一赔三"，这可把李丽吓坏了……

问题：（1）李丽在网上出售旧计算机的行为是电子商务行为吗？她是电子商务经营者吗？（2）李丽和买家发生的纠纷适用《电子商务法》吗？（3）李丽和买家发生的纠纷适用"假一赔三"的法律规定吗？

任务一 识别电子商务行为

一、电子商务行为的界定

《电子商务法》[①]自 2019 年 1 月 1 日起施行，其第 2 条规定，电子商务是指通过互联网等信息网络销售商品或者提供服务的经营活动。由此，电子商务行为可以从交易手段、交易内容和交易性质三个维度予以界定。

（1）就交易手段而言，电子商务行为是依托互联网等信息网络的交易活动。"互联网等信息网络"包括互联网、电信网、广播电视网等信息网络，也包括计算机、手机等移动终端，以及物联网等。

（2）就交易内容而言，电子商务行为是销售商品或提供服务的活动。销售商品既包括销售有形产品，也包括销售数字音乐、电子书和计算机软件的复制件等无形产品。提供服务是指在线提供服务，如网络游戏等；或者是网上订立服务合同、线下履行，如打网约车、在线租房、在线旅

---

① 简便起见，一般情况下，本书中的法律法规、政府机构等均使用简称。

游、在线家政服务等；以及支撑在线交易的相关服务，例如物流、支付平台等。基于金融安全和文化安全的考量，金融类产品和服务，利用信息网络提供新闻信息、音视频节目、出版以及文化产品等内容方面的服务，在《电子商务法》的适用范围之外。

（3）就交易性质而言，电子商务行为是经营性活动。经营性活动是指以营利为目的的持续性业务活动，即商事行为。判断是否为经营性活动，主要考察行为的主观性，即目的是为了营利，而不论结果或者事实上能否营利。因此，即使电子商务经营者提供的服务是免费的，只要具有营利目的，就应该认定为电子商务行为。

 即学即练

表 1.1 中的哪些活动属于《电子商务法》界定的电子商务行为？请在相应的选项后打√。

表 1.1　电子商务行为界定

选　　项	界定结果	选　　项	界定结果
淘宝卖货		网络出版	
网络借贷		UC 头条号	
网络游戏服务		社交平台销售（微商）	
利用信息网络播放音视频节目		直播带货	
滴滴打车服务		个人偶尔出售闲置物品	
商场销售		电子支付服务	

二、电子商务经营者的界定

根据《电子商务法》第 9 条的规定，电子商务经营者（以下简称电商经营者）是指通过互联网等信息网络从事销售商品或者提供服务的经营活动的自然人、法人和非法人组织。也就是说，电商经营者是从事电子商务行为的自然人、法人和非法人组织。由此，电商经营者具有如下特征。

（1）互联网等信息网络是电商经营者从事经营行为的媒介。与传统的线下经营者相比较，电商经营者最为显著的特征是其从事经营行为的媒介是互联网等信息网络。电商经营者以数字或者网页等数字化方式表现出来，并通过信息网络从事经营行为。

（2）电商经营者的经营行为包括销售商品和提供服务。"商务"一词指一切与商业或贸易有关的事务。电子商务活动的"商务"范围仅限于销售商品和提供服务两类商业活动。

（3）电商经营者包括自然人、法人和非法人组织。《民法典》第 2 条规定，民事主体包括自然人、法人和非法人组织。除法律规定的特别情形外，电商经营者包括自然人在内的所有民事主体种类。他们经过法定程序均可成为电商经营者。

 **知识拓展**

法人与非法人组织

法人是一种法律上的拟制人，是依法独立享受民事权利和承担民事义务的组织，即法人对其债务承担无限责任，股东仅以其出资额为限承担有限责任。法人包括营利性法人和非营利性法人。

非法人组织是指不具有法人资格，但是能够依法以自己的名义从事民事活动的组织，即非法人组织和其投资人对债务共同承担无限责任，包括个人独资企业、合伙企业、不具有法人资格的专业服务机构等。

任务二　正确适用《电子商务法》

一、《电子商务法》的调整对象

《电子商务法》的调整对象是在电子商务活动中产生的各种社会关系，主要包括电子商务主体关系、电子商务交易关系、电子商务监督管理关系三大类。

（1）电子商务主体关系。电子商务主体关系是指电子商务主体为取得、变更或终止商事主体资格而进行注册登记活动所产生的关系。《电子商务法》规定了主体的市场准入和退出条件及程序，确保电子商务参与者的身份合法。

（2）电子商务交易关系。电子商务交易关系是指通过互联网等信息网络销售商品或者提供服务的经营活动所产生的交易关系，还包括为电子商务提供支撑的电子商务物流、电子支付等媒介性服务交易关系。《电子商务法》规定了电子商务参与者在各个交易环节中的权利与义务，确保电子商务参与者的行为适当。

（3）电子商务监督管理关系。电子商务监督管理关系是指监督管理机构对电子商务市场的监督管理关系。《电子商务法》规定了电子商务市场的监管机构、监管内容、监管程序和监管责任等，确保监管行为有法可依，促进电子商务健康发展。

二、《电子商务法》的适用范围

《电子商务法》第2条规定，中华人民共和国境内的电子商务活动，适用本法。理解《电子商务法》的适用范围，应紧扣"境内"二字。具体而言，以下情形适用《电子商务法》。

1. 在我国境内电子商务平台上发生的交易

除当事人另有约定外，在我国境内电子商务平台（电子商务平台经营者在我国境内依法注册登记的平台）发生或者依托我国境内电子商务平台进行的交易，不论交易双方是否为我国境内的自然人、法人和非法人组织，即交易双方均为外国人，交易双方均为我国境内的自然人、法人或者非法人组织，或者交易一方为我国境内的自然人、法人或者非法人组织，均适用《电子商务法》。

2. 交易双方当事人均为我国自然人、法人和非法人组织

交易双方当事人均为我国自然人、法人和非法人组织，即使其利用境外电子商务平台进行交易，也适用《电子商务法》，当事人另有约定的除外。

3. 境外经营者在境外建立网站或者通过境外平台向我国境内的自然人、法人和非法人组织销售商品或者提供服务

境外经营者在境外建立网站或者通过境外平台向我国境内的自然人、法人和非法人组织销售商品或者提供服务，如果买方或者服务接受者为消费者，应适用《电子商务法》，除非消费者选择适用商品、服务提供地法律或者消费行为发生在境外。

如果买方或者服务接受者为我国境内的法人或者非法人组织，双方可以约定适用《电子商务法》；在没有特别约定时，如果境外经营者介绍商品或者服务使用的语言文字、支付方式、快递物流等明显指向我国境内的法人或者非法人组织，即有向我国境内的法人或者非法人组织销售商品或者提供服务的明显意图，应适用《电子商务法》。

4. 我国与其他国家、地区所缔结或参加的国际条约、协定规定的跨境电子商务活动

适用我国《电子商务法》，既包括《电子商务法》中的相关条款，也包括涉外民事法律关系适用法以及依照《电子商务法》第26条规定的跨境电子商务应当遵守的有关进出口监督管理的法律、行政法规和国家有关规定。

问题（1）：李丽在网上出售旧计算机的行为不是电子商务行为，她也不是电商经营者。因为根据《电子商务法》第 2 条的规定，电子商务行为是以营利为目的的持续性业务活动。李丽在网上出售旧计算机的行为是一次性的，不具有以营利为目的持续性对外出售商品获利的意图，因此该行为不是电子商务行为，她也不是电商经营者。

问题（2）：李丽和买家发生的纠纷不适用《电子商务法》。因为《电子商务法》的调整对象之一是电子商务交易关系，而李丽不具有电商经营者身份，所以她与买家的关系不是电子商务交易关系，而是普通的民事买卖合同关系，适用的法律应是《民法典》。

问题（3）：李丽和买家发生的纠纷不适用"假一赔三"规则。因为"假一赔三"规则适用于经营者与消费者之间的关系，而李丽不是经营者，买家也不是消费者。买家可以根据《民法典》第 582 条，要求李丽承担退货或者减少价款等违约责任。

子项目二　电子商务市场的准入与退出

李丽想要开"创意十字绣"网店

李丽的旧计算机在第一次出售后被退了回来，她赔付了买家的运费，同时在网上真实地描述了自己计算机的性能，于是第二次出售成功了。她由此感受到了网上交易的便捷性。她平日喜欢十字绣，于是就想在淘宝上开店，出售自己制作的"创意十字绣"来赚取大学生活费。

问题：个人网上开店是否需要办理市场主体登记？

任务一　取得电商经营者主体资格

一、电商经营者的种类

《电子商务法》第 9 条根据电商经营者的经营方式与内容的不同，将电商经营者分为电商平台经营者、平台内经营者和通过自建网站、其他网络服务销售商品或提供服务的电商经营者。不同的经营方式和经营内容意味着不同种类的电商经营者应当对消费者履行不同的义务，承担不同的责任。

1. 电商平台经营者

电商平台经营者是指在电子商务中为交易双方或者多方提供网络经营场所、交易撮合、信息发布等服务，供交易双方或者多方独立开展交易活动的法人或者非法人组织。需要特别注意的是，自然人不能成为电商平台经营者。

电商平台经营者具有服务提供者和管理者的双重职能，既要为入驻平台的平台内经营者提供交易平台服务，又要制定平台内部的管理规范。以京东为例，京东为了规范京东网上商家和消费者的交易行为，制定了《京东开放平台规则总则》。其中，对开店、经营、终止合作、市场管理、特殊市场等内容都进行了规定。

2. 平台内经营者

平台内经营者是指通过电子商务平台销售商品或者提供服务的电商经营者。平台内经营者在我国实践中普遍存在，其以自然人、法人、合伙等各种形式从事经营活动，既要遵守相关的法律法规，也要遵守第三方交易平台的相关规则。

3. 通过自建网站、其他网络服务销售商品或提供服务的电商经营者

企业自建自营电子商务网站也是一种电子商务经营行为，企业属于电商经营者。近几年，许多经营者通过微信等软件进行电子商务活动，统称为"微商"。本条通过规定"其他网络服务"将微商、直播销售者等类似主体纳入电商经营者的范围中，具有重要的意义。

即学即练

原告刘××在被告杭州某电子商务有限公司经营的天猫店铺"youngdot 韵动星旗舰店"直播间购买商品"天然和田玉吊坠籽料原石男士项链观音牌"1 件，直播时主播特别说明涉案商品为和田玉籽料且承诺假一赔十。法院认为：被告在直播销售过程中描述商品材质为和田玉籽料以及承诺假一赔十，系关于商品质量及违约责任的要约，原告购买商品，系承诺，双方网络购物合同合法有效。经鉴定机构检测，涉案商品并非和田玉籽料，直播间存在以次充好的情况，被告应当按照约定承担假一赔十的违约责任。

问题：（1）杭州某电子商务有限公司属于哪类电商经营者？（2）"天猫"属于哪类电商经营者？（3）直播间的主播是电商经营者吗？

二、电商经营者的准入制度

电商经营者的准入流程（见图 1.1）的设立应该坚持降低交易成本、加强交易安全的基本原则，避免阻碍电子商务的创新。

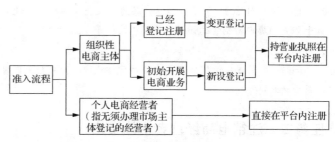
图 1.1　电商经营者的准入流程

1. 依法办理市场主体登记

按照商事法律的基本要求，无论是法人还是自然人，在线下从事商事经营活动都需经过法定的商事登记程序，否则即为无照经营或非法经营。那么，在经营行为转移到线上之后，是否需要办理市场主体登记呢？《电子商务法》第 10 条规定，电子商务经营者应当依法办理市场主体登记。但是，个人销售自产农副产品、家庭手工业产品，个人利用自己的技能从事依法无须取得许可的便民劳务活动和零星小额交易活动，以及依照法律、行政法规不需要进行登记的除外。

便民劳务活动是指个人通过网络从事保洁、洗涤、缝纫、理发、搬家、配制钥匙、管道疏通、家电家具维修修配等。个人从事的零星小额交易是指个人从事网络交易活动，年交易额累计不超过 10 万元的，同一经营者在同一平台或者不同平台开设多家网店，各网店交易额合并计算。

2. 公示营业执照信息

按照法律规定，在线下从事商事经营活动时，应当在经营场所、店铺、住所的醒目位置悬挂营业执照。《电子商务法》第 15 条规定，电子商务经营者应当在其首页显著位置，持续公示营业执照信息、与其经营业务有关的行政许可信息、属于依照本法第 10 条规定的不需要办理市场主体登记情形等信息，或者上述信息的链接标识。前款规定的信息发生变更的，电子商务经营者应当及时更新公示信息。

如果电子商务经营者未按照《电子商务法》第 15 条的规定履行自己的公示义务，由市场监督管理部门责令限期改正，可以处 1 万元以下的罚款。对其中的电子商务平台经营者，由市场监督管理部门责令限期改正，可以处 2 万元以上 10 万元以下的罚款；情节严重的，处 10 万元以上 50 万元以下的罚款。

3. 特殊商品服务实行许可制度

按照我国对经营商品的种类、服务的内容管理的法律法规，需要许可的，要办理相关许可，才能进行电子商务经营活动。《电子商务法》第12条规定，电子商务经营者从事经营活动，依法需要取得相关行政许可的，应当依法取得行政许可。例如，根据《互联网信息服务管理办法》的规定，国家对经营性互联网信息服务实行许可制度。

 **知识拓展**

电商经营者的登记与许可

电商经营者是应该先办理市场主体登记还是先申请行政许可证呢？《国务院机构改革和职能转变方案》第6条明确规定，市场进入的程序由"先证后照"改为"先照后证"。除法律特别规定的行业，商事主体可以先获得营业执照，从而取得主体资格，再获得许可证进入特定行业。

 **案例讨论**

卢某未在微信朋友圈内公示营业执照、食品经营许可证信息

卢某在湖州南浔区千金镇开设了一家从事糕点类食品制售的店铺，办理了个体工商户营业执照以及食品经营许可证。自2021年7月起，卢某为了提高知名度，方便开拓市场，吸引消费者，在微信朋友圈发布了数十条关于店内所制售的饼干、蛋糕、饮料等食品的信息，但其未在微信朋友圈内公示营业执照、食品经营许可证信息。

问题：卢某未在微信朋友圈内公示营业执照、食品经营许可证信息的销售行为是否属于违法行为？是否应该受到处罚？

任务二　注销电商经营者主体资格

电子商务经营者退出市场是指政府行政管理部门根据主体的主动申请，或因法律规定，或因行政命令、司法裁判等核准注销特定主体的电子商务市场经营主体资格的行为（见表1.2）。

表1.2　电子商务经营者退出市场

退出事项	内　容	法律依据
退出原因	自行退出	
	强制退出	违反相关法律规定
退出市场公示	提前30日在首页显著位置持续公示有关信息	《电子商务法》第16条
退出市场的程序	注销相关经营许可	《行政许可法》第70条
	启动企业清算程序，清算债权债务	《公司法》第10章
	申请注销公司登记，公告公司终止	《公司法》第188条
	按照电子商务信息安全管理规定处理相关数据	《个人信息保护法》第22条

一、退出市场的原因

电子商务经营者退出市场的原因大致可分为以下两类。

（1）自行退出。电子商务经营者出于经营策略改变或者经营不善导致停止运行，构成自行解散条件的，可申请退出。

（2）强制退出。电子商务经营者因为违反法律规定被强制退出，其原因多样且复杂。例如，电子商务经营者从事假冒伪劣产品销售、虚假宣传、侵犯他人知识产权等违法活动，严重扰乱市场秩序的，应当取消其电子商务经营资格。

二、退出市场的公示义务

《电子商务法》第 16 条规定，电子商务经营者自行终止从事电子商务的，应当提前 30 日在首页显著位置持续公示有关信息。本条所指的 30 日的公告期，实际上是电子商务经营者在退出电子商务市场之前的"缓冲期"。该缓冲期有两个作用：一是留给电子商务经营者缓冲期以终结已经形成的法律关系；二是让消费者在缓冲期内审慎考虑是否与电子商务经营者交易。在这段时间内，电子商务经营者仍然可以从事电子商务活动，但其必须通过公示的手段让交易相对人知悉其要于 30 日后终止经营活动，相对人在知悉这一情况后，应该自行考量交易的风险，做出是否交易的判断。

三、退出市场的程序

电子商务主体退出市场的程序如下。

（1）电子商务经营者退出电子商务市场，应当注销相关经营许可。

（2）参照《公司法》第 10 章的规定启动企业清算程序，清算债权债务。

（3）需要办理市场主体注销登记的，应依法办理。

（4）退出市场的电子商务经营者，应当按照电子商务信息安全管理规定处理相关数据。

情境导入 2 分析

李丽在淘宝上开店出售自己制作的"创意十字绣"，不需要进行市场主体登记，因为李丽的行为属于《电子商务法》第 10 条规定的个人销售家庭手工业产品的范畴。但根据《网络交易监督管理办法》第 27 条的规定，网络交易平台经营者应当以显著方式区分标记已办理市场主体登记的经营者和未办理市场主体登记的经营者，确保消费者能够清晰辨认。

子项目三 电商经营者的法定义务

情境导入 3

李丽虚假"刷单"，收到淘宝平台的罚单

李丽的"创意十字绣"在网上卖得还不错，她赚了些钱，有些同学制作的"创意十字绣"也会在她的小店里出售。大家为了提高小店的级别，于是进行了虚假"刷单"，不久李丽便收到了淘宝平台发送的虚假发货处罚通知。

问题：（1）淘宝平台不是国家权力机关，是否有权处罚李丽？（2）李丽更害怕收到税务机构的罚单，她是否需要履行纳税义务？

任务一 知晓电商经营者的基本法定义务

电商经营者的基本法定义务是为了与电商平台经营者的特别法定义务区分而言的，是指所有类型的电商经营者都应该履行的法律义务。

一、依法纳税的义务

《电子商务法》第 11 条规定，电子商务经营者应当依法履行纳税义务，并依法享受税收优惠。依照前条规定不需要办理市场主体登记的电子商务经营者在首次纳税义务发生后，应当依照税收征收管理法律、行政法规的规定申请办理税务登记，并如实申报纳税。本条需要注意三个问题。

（1）电商经营者依照其所从事的行业或者企业的特殊性质依法享有一定的税收优惠。例如，《企业所得税法》第 28 条规定，符合条件的小型微利企业，减按 20% 的税率征收企业所得税；国家需要重点扶持的高新技术企业，减按 15% 的税率征收企业所得税。

（2）电商经营者为企业的，适用《企业所得税法》及其相关法律法规；若为自然人、合伙企业、个体工商户等，则适用《个人所得税法》及其相关法律法规。

（3）市场主体登记的豁免并不一定意味着税收的豁免。税收以利润作为标准，依法首次纳税义务发生后，市场主体应该及时申请办理税务登记，并如实申报纳税。

二、保障交易安全性和合法性的义务

《电子商务法》第 13 条规定，电子商务经营者销售的商品或者提供的服务应当符合保障人身、财产安全的要求和环境保护要求，不得销售或者提供法律、行政法规禁止交易的商品或者服务。

由于电子商务交易的虚拟性和不确定性，更需要强调其安全性和合法性。电商经营者应该恪守保障交易合法性的义务，不得销售药物、毒品、枪支等法律法规禁止或者限制交易的商品。

📖 同步案例

义乌检察机关在《电子商务法》实施后启动首例行政公益诉讼案

2019 年 1 月 2 日，《电子商务法》正式实施之后，义乌市人民检察院获取有人利用微信朋友圈、微信群等网络平台违法销售药品的相关线索，该院民事行政检察部检察官根据线索迅速展开调查，发现被调查对象正是利用网络服务销售商品的，属于《电子商务法》界定的电商经营者。

根据调查得知，此人利用微信违法销售自制药品，声称该药品系采用中草药秘方，主治银屑病、神经性皮炎等十余种疑难杂症，3 天见效、8 天痊愈，还承诺无效退款。药品销售信息通过其微信朋友圈、微信群等方式传播并且药品以高价销售。

检察机关认为，作为电商经营者，不得在未经许可的情况下自制药品、通过网络违法发布药品信息及销售药品，其行为利用了网络的便捷、快速、覆盖面广等特性，违反了《电子商务法》和《药品管理法》等法律法规的规定，已直接威胁到社会公众的用药安全，侵害了社会公共利益。

根据法律规定，义乌检察机关将其立案为侵害药品安全的行政公益诉讼案件，并向行政主管部门发送检察建议，督促对相应违法行为进行查处。下一步，行政主管部门一旦鉴定当事人所售药品为假药、劣药，还可对当事人追究刑事责任。

三、提供发票的义务

《电子商务法》第 14 条规定，电子商务经营者销售商品或者提供服务应当依法出具纸质发票或者电子发票等购货凭证或者服务单据。电子发票与纸质发票具有同等法律效力。

发票等购物凭证或者服务单据，是经营者在履行合同义务后向消费者出具的证明合同履行的书面凭证。该类单据除了纸质发票与电子发票以外，表现形式还有收据、小票、门票等。在经济活动中，发票扮演着极为重要的角色，发挥着证据作用并作为税务管理、企业财务管理的重要凭证。

四、向主管部门提供信息的义务

《电子商务法》第 25 条规定，有关主管部门依照法律、行政法规的规定要求电子商务经营者提供有关电子商务数据信息的，电子商务经营者应当提供。有关主管部门应当采取必要措施保护电子商务经营者提供的数据信息的安全，并对其中的个人信息、隐私和商业秘密严格保密，不得泄露、出售或者非法向他人提供。

电子商务活动往往会伴随着大量的信息交流。若国家有关部门出于公共利益的需要，要求电子商务经营者提供相应的数据信息，那不论该数据信息是消费者的个人信息还是电子商务经营者的信息，电子商务经营者都应当提供。

任务二　知晓电商平台经营者的特别法定义务

电商平台经营者为平台内经营者和消费者开展电子商务活动提供了一个巨大的虚拟网络市场。这个市场不仅具有一般商场所具有的商品和服务，还集合了众多第三方中间服务商，例如电子支付、快递物流等。电商平台集中反映了电子商务各方主体的经营规则和法律诉求，因此，需要对电商平台经营者进行特别规制。

一、对平台内经营者的形式审查义务

《电子商务法》第 27 条规定，电子商务平台经营者应当要求申请进入平台销售商品或者提供服务的经营者提交其身份、地址、联系方式、行政许可等真实信息，进行核验、登记，建立登记档案，并定期核验更新。电子商务平台经营者为进入平台销售商品或者提供服务的非经营用户提供服务，应当遵守有关规定。

该条将形式审查义务明确为电子商务平台经营者自身的义务，强调的是平台履行信息审核、进行信息登记的行为。如果电子商务平台经营者不履行，根据《电子商务法》第 80 条的规定，由有关主管部门责令限期改正；逾期不改正的，处 2 万元以上 10 万元以下的罚款；情节严重的，责令停业整顿，并处 10 万元以上 50 万元以下的罚款。同时，根据《消费者权益保护法》第 44 条的规定，网络交易平台提供者不能提供销售者或者服务者的真实名称、地址和有效联系方式的，消费者也可以向网络交易平台提供者要求赔偿。

📖 **同步案例**

青阳县某外卖送餐服务有限公司对入网餐饮服务提供者未履行审查义务案

（人民资讯网 2022-01-24）2021 年 7 月 28 日和 8 月 9 日，池州市青阳县市场监管局执法人员先后对青阳县某外卖送餐服务有限公司位于青山新城南区莲花路的办事点进行夏季餐饮配送平台专项检查。经查，当事人对入网餐饮服务提供者未履行审查义务，平台内的入网餐饮服务提供者中有 1 户食品经营许可证已过期未上传、3 户未办理食品经营许可证。2021 年 10 月 11 日，青阳县市场监管局审查认定，当事人的行为违反了《食品安全法》和《网络餐饮服务食品安全监督管理办法》，依据《食品安全法》第 131 条第 1 款，没收当事人违法所得 1 043.4 元，罚款 5 万元。

二、协助监管的义务

《电子商务法》第 28 条规定，电子商务平台经营者应当按照规定向市场监督管理部门报送平台内经营者的身份信息，提示未办理市场主体登记的经营者依法办理登记，并配合市场监督管理部门，针对电子商务的特点，为应当办理市场主体登记的经营者办理登记提供便利。

电子商务平台经营者应当依照税收征收管理法律、行政法规的规定，向税务部门报送平台内经营者的身份信息和与纳税有关的信息，并应当提示依照《电子商务法》第 10 条规定不需要办理市场主体登记的电子商务经营者依照《电子商务法》第 11 条第 2 款的规定办理税务登记。

三、对违法经营的处置和报告义务

电子商务平台经营者作为交易场所的提供者，有义务维护其内部交易环境的安全和稳定。《电子商务法》第 29 条规定，电子商务平台经营者发现平台内的商品或者服务信息存在违反本法第 12 条、第 13 条规定情形的，应当依法采取必要的处置措施，并向有关主管部门报告。本条款要注意以下三个方面。

（1）本条款适用的前提是平台内经营者违反《电子商务法》第 12 条、第 13 条的规定，即：①经营活动应当取得行政许可但并未取得；②平台内经营者提供的商品或服务不符合保障人身财产安全的要求；③平台内经营者销售或提供法律法规禁止交易的商品、服务。

（2）《电子商务法》第 36 条规定，电子商务平台经营者可以采取警示、暂停或者终止服务等措施，并应当及时公示。公示违法违规行为的根本目的在于保障消费者的知情权，避免在信息不对称的情况下造成消费者利益的损失。

（3）向有关主管部门报告的目的在于帮助有关主管部门了解情况，调查取证。

同步案例

某网络图书馆App放任侵权行为发生不适用"避风港原则"

2021 年 9 月，因热心网友上传大量电子书到某网络图书馆 App，该网络图书馆 App 的运营者陷入了侵害作品信息网络传播权的纠纷。那么，网友上传电子书的行为违法吗？该网络图书馆 App 的运营者需要承担法律责任吗？什么是"避风港原则"？

网友将涉案小说上传到该网络图书馆 App，使网络用户可以在其个人选定的时间和地点获得涉案小说，该行为侵害了权利人对涉案小说享有的信息网络传播权。

对于开放网友上传功能的某网络图书馆 App 的运营者来说，其作为网络服务提供者，应尽到与其提供服务的性质相对应的注意义务，方能依据"避风港原则"免责。一般情况下，该网络图书馆 App 应要求上传者提供姓名、联系方式等个人基本信息；在网友上传作品时以醒目方式提示不得侵犯他人知识产权，并要求其提交创作证明或授权证明；在前端显示上传者的名称、上传时间等信息；设置便捷程序接收侵权通知并及时针对侵权通知采取删除、屏蔽、断开链接等合理措施；对于同一网络用户的重复侵权行为采取禁止上传、注销用户账号等合理措施。此案件中，该网络图书馆 App 的一名用户就上传了 1.8 万余本电子书，运营者放任侵权行为的发生，具有明显的过错，被法院判赔 100 万元。

避风港原则，是指在发生著作权侵权案件时，网络服务提供者为服务对象提供搜索或者链接服务时，在接到权利人的通知书后，根据《信息网络传播权保护条例》规定，断开与侵权的作品、表演、录音录像制品的链接的，予以免责，不承担赔偿责任。

四、制定平台经营规则的要求

《电子商务法》第 32 条规定，电子商务平台经营者应当遵循公开、公平、公正的原则，制定平台服务协议和交易规则，明确进入和退出平台、商品和服务质量保障、消费者权益保护、个人信息保护等方面的权利和义务。本条款要注意以下三个方面。

（1）平台交易规则的内容。为了保障交易活动的顺利进行，平台需制定包含用户注册、交易规范、信息公示、个人信息保护、商业秘密保护、消费者保护、广告发布审核、交易安全保障、数据备份、争端解决、违法信息举报处理等内容在内的一系列制度。

同步案例

电商平台"假一罚十规则"的效力认定

2017 年，李某某诉上海寻梦信息技术有限公司（拼多多平台）服务合同纠纷案开庭。原告作为商家入驻拼多多平台时签订的平台协议中约定"假一罚十规则"，平台委托案外人购买原告商品后，鉴定该商品为假冒商品，据此认定原告销售假货，并依据平台协议冻结了原告的账户资金。法院经审理认为，该交易规则有效。

法院认定"假一罚十规则"有效，有利于引导各地人民法院改善对于平台协议与交易规则的态度，鼓励平台进行自我规制和自我管理。但同时，为保护平台内经营者的利益，也需对平台自治进行审慎必要的监管。

（2）平台服务协议和交易规则的法律性质。在实践中，电子商务平台经营者为了重复使用而单方面制定服务协议和交易规则。在订立合同时，平台内经营者和消费者也并没有能力和条件与平台进行协商，因此该服务协议和交易规则属于格式合同。

微课堂
格式合同无效案例

知识拓展

格式合同无效的情形

《民法典》第 496 条规定，采用格式条款订立合同的，提供格式条款的一方应当遵循公平原则确定当事人之间的权利和义务，并采取合理的方式提示对方注意免除或者减轻其责任等与对方有重大利害关系的条款，按照对方的要求，对该条款予以说明。提供格式条款的一方未履行提示或者说明义务，致使对方没有注意或者理解与其有重大利害关系的条款的，对方可以主张该条款不成为合同的内容。

《民法典》第 497 条规定，有下列情形之一的，该格式条款无效：①具有本法第 1 编第 6 章第 3 节和本法第 506 条规定的无效情形；②提供格式条款一方不合理地免除或者减轻其责任、加重对方责任、限制对方主要权利；③提供格式条款一方排除对方主要权利。

（3）平台服务协议和交易规则要进行公示。《电子商务法》第 33 条规定，电子商务平台经营者应当在其首页显著位置持续公示平台服务协议和交易规则信息或者上述信息的链接标识。《电子商务法》第 34 条规定，电子商务平台经营者修改平台服务协议和交易规则，应当在其首页显著位置公开征求意见，采取合理措施确保有关各方能够及时充分表达意见。修改内容应当至少在实施前七日予以公示。

五、区分自营业务与他营业务的要求

电子商务平台经营者在电子商务活动中可因提供不同种类的经营活动，而拥有双重身份：第一重是平台经营者身份，第二重是平台内销售产品或提供服务的经营者身份。为保护消费者权益，《电子商务法》第 37 条规定，电子商务平台经营者在其平台上开展自营业务的，应当以显著方式区分标记自营业务和平台内经营者开展的业务，不得误导消费者。电子商务平台经营者对其标记为自营的业务依法承担商品销售者或者服务提供者的民事责任。

情境导入 3 分析

问题（1）："刷单"涉嫌不正当竞争、发布虚假广告等多种违法行为，侵害消费者的知情权，甚至会受到刑罚处罚。根据《电子商务法》的规定，电子商务平台经营者发现平台内的商品或者服务信息存在违法情形的，应当依法采取必要的处置措施。因此，淘宝平台有权处罚平台内的"刷单"行为，并向有关主管部门报告。

问题（2）：根据《电子商务法》的规定，依法不需要办理市场主体登记的电子商务经营者在首次纳税义务发生后，应当依照税收征收管理法律、行政法规的规定申请办理税务登记，并如实申报纳税。也就是说，是否需要纳税取决于李丽在网上出售"创意十字绣"所获取的利润或销售额是否达到了个人所得税和增值税的起征点。

 **项目实训**

　　请扫描二维码阅读案例全文，并完成以下任务：①以小组为单位进行讨论；
②完成本案争议焦点归纳；③找出本案件适用的法律规定；④预测法院的判决结果；
⑤总结经商理念方面的启示。

 **项目小结**

　　大学生在电商领域创业，法律层面的逻辑起点是依法取得电子商务经营者的身份，成为"电商人"，同时特别关注经营业务是否合法合规，以及是否需要获得行政许可，因此本书以介绍电子商务经营者应遵守的法律规范作为开篇。本项目的重点内容是电子商务市场的准入与退出制度、电子商务经营者的基本法定义务以及电子商务平台经营者的特别法定义务。大学生通过掌握和运用法律知识来规范创业行为，在一定程度上可降低创业法律风险，提高创业成功率，并有利于锤炼诚信品格。

 **项目测试**

一、案例分析题

　　2022 年 10 月 30 日，原告李某某通过拼多多平台订购徐某某经营的天成不锈钢超市出售的304 不锈钢冲孔板防盗网一块。原告收货自己测试后，发现实物与卖家在拼多多平台上宣称的"国标 304"明显不符。原告向卖家发起仅退款申请，卖家不同意，双方发生争执，原告遂将徐某某和上海寻梦信息技术有限公司（拼多多平台）诉至人民法院。

　　问题：（1）本案中，徐某某应承担怎样的法律责任？（2）在什么样的情况下，上海寻梦信息技术有限公司对原告承担连带赔偿责任？

二、思考题

　　近年来，网络直播呈现一片繁荣之势，促进了社会经济发展，丰富了人们的生活。

　　请思考：（1）直播带货的主播们可能具有哪些法律身份？不同的法律身份需要承担的法律责任分别是什么？（2）直播账号的所有权归属于各大平台，还是归属于实际注册用户？

 **自测题**

项目二　电子合同与电子签名法律规范

学习目标

知识目标：了解电子合同的概念与特征；重点掌握电子合同订立过程中的要约和承诺；重点掌握电子合同成立和生效的条件；掌握电子签名与电子认证；掌握电子合同履行的基本原则；重点掌握电子合同的违约责任。

能力目标：能够订立合法有效的电子合同；能够预防合同法律风险；能够运用电子合同违约责任进行维权。

素质目标：树立契约精神；增强在网络环境交易中保护自身合法权益的意识。

子项目一　电子合同的订立与成立

情境导入 1

李丽与买家订立电子合同

李丽为提高"创意十字绣"网店的知名度，获取更多的流量，参加了淘宝平台组织的跨店满减优惠活动，并在网店进行了如下设置。当买家在店铺选好商品后，点击"购买"，店铺会弹出一个提示框，显示"商品的实时价格，不因表述的差异改变性质。具体成交价格根据商品参加活动，或会员使用优惠券、积分等发生变化，最终以订单结算页价格为准"。买家点击此界面的"我已同意并知晓"，方可支付价款，完成购买行为。买家在提交订单并支付价款后，还会收到店铺发来的确认收货地址等信息。

问题：（1）店铺弹出提示框与买家点击此界面的"我已同意并知晓"体现了买卖双方的一个什么过程？（2）李丽与买家的电子合同的成立时间是买家点击此界面的"我已同意并知晓"的时间，还是买家提交订单并支付价款的时间，或是买家确认收货地址等信息的时间？（3）店铺发来确认收货地址等信息是什么目的？

任务一　识别电子合同

一、电子合同的界定

在传统的交易活动中，纸面合同用于明确交易双方的权利与义务；而在电子商务中，为了交易方便，合同一般以数据电文的形式出现，即电子合同。《电子签名法》第2条第2款规定，数据电文是指以电子、光学、磁或者类似手段生成、发送、接收或者储存的信息。电子合同本质上还是合同，只是采用了新的合同形式，而不是对传统合同概念的颠覆。目前，实践中使用的电子合同的概念有广义和狭义之分。

（1）广义的电子合同，是参照《联合国国际贸易法委员会电子商务示范法》第 2 条第（a）款以及《电子签名法》第 2 条第 2 款的相关条款确定的，即以数据电文形式订立的合同。同时《民法典》第 464 条规定：合同是民事主体之间设立、变更、终止民事法律关系的协议。因此，广义的电子合同可以定义为：民事主体之间以数据电文形式设立、变更、终止民事权利义务关系的协议。

（2）狭义的电子合同仅指电子商务合同，即在电子商务活动中，电子商务主体之间以数据电文形式设立、变更、终止财产性民事权利义务关系的协议。本书中对电子合同作狭义理解，仅指电子商务合同。

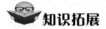 **知识拓展**

数据电文的具体范围

数据电文的具体范围由国家在制定法律时进行明确，以保护数据电文持有者、使用者的权益。数据电文包括下列信息、电子文件。

（1）网页、博客、微博客等网络平台发布的信息。

（2）手机短信、电子邮件、即时通信、通讯群组等网络应用服务的通信信息。

（3）用户注册信息、身份认证信息、电子交易记录、通信记录、登录日志等信息。

（4）文档、图片、音频、视频、数字证书、计算机程序等电子文件。

（5）其他以数字化形式存储、处理、传输的能够证明案件事实的信息。

 即学即练

近年来，有些用人单位与劳动者不再签订传统的纸质合同，双方多选择更为方便的电子劳动合同来确立劳动关系。请问，双方签订的电子劳动合同属于（　　）。

A. 电子商务合同　　　　B. 电子合同

二、电子合同的特征

电子合同具有传统合同的一般特征，如主体的平等性、内容的协商性等，但由于其在订立手段上采用特殊的数据电文形式，因此与传统合同有一些不同，如表 2.1 所示。

表 2.1　电子合同与传统合同的区别

类　　别	电子合同	传统合同
订立环境	在虚拟网络中签订	双方面对面签订
合同形式	数据电文	纸面
内容格式	多为格式条款	协商确定条款内容
签署方式	电子签名	手写签名
法律适用	《民法典》等一般法、《电子商务法》《电子签名法》等特别法	《民法典》等

电子合同的特征如下。

（1）主体的虚拟性。传统交易中，合同当事人签订合同多是面对面进行的。在电子商务交易中，合同当事人并不见面，彼此的身份是通过其在网络上的数字化信息来展示的，要约和承诺也均以数字化方式传递，这种特性决定了电子合同的交易主体具有某种不确定性或者说具有虚拟性。

（2）合同形式的超文本性。区别于传统合同，电子合同由存储在计算机系统中的一系列数据组成，不存在原件与复印件，具有超文本的特性。但是，也由于电子合同在存储介质方面具有特殊性，可能会导致电子合同被篡改或丢失。如计算机被黑客入侵，数据遭受篡改；或者计算机中病毒，导致电子合同数据丢失。

（3）合同内容的格式性。在传统合同中，当事人权利与义务的确立大多要经过彼此协商和讨价还价的过程；而电子合同的条款内容，大多是经营者为了重复使用而预先拟定好的，用户往往只能选择接受或者不接受。

（4）成立和生效的特殊性。传统的纸质合同需要当事人签字、盖章才能生效，而电子合同则需通过一定的技术标准，如电子签名、电子认证，才能视为与传统的签字、盖章的纸质合同具有同等法律效力。电子签名是在虚拟空间中操作的，容易出现伪造的情况。因此，在订立电子合同的时候要确保电子签名具有可靠性，即签名应当符合《电子签名法》中有关签名的规定。

（5）法律适用的特殊性。电子合同与传统合同本质上都是合同，均适用《民法典》的规定。但除此之外，电子合同还受到专门调整电子商务这一商事法律关系的相关法律制度的规制，如《电子商务法》《电子签名法》等。按照特别法优于一般法的原则，在处理电子合同纠纷时，《电子商务法》《电子签名法》等应优先于《民法典》适用。

三、电子合同的分类

电子合同作为合同的一种，可以按照传统合同的分类方式进行划分，但是基于其特殊性，还可以分为以下几种类型。

1. 根据电子合同标的分类

电子合同根据其标的的不同，可分为信息产品合同和非信息产品合同。

信息产品电子合同是指电子合同的标的为数字产品，如计算机数据、计算机软件，合同通常以在线传输的方式履行。

非信息产品电子合同是指电子合同的标的为非数字化产品，如实物产品、服务，合同需要通过物流配送、线下服务的方式履行。

2. 根据电子合同订立的具体方式分类

《民法典》第 469 条规定，当事人订立合同，可以采用书面形式、口头形式或者其他形式。书面形式是合同书、信件、电报、电传、传真等可以有形地表现所载内容的形式。以电子数据交换、电子邮件等方式能够有形地表现所载内容，并可以随时调取查用的数据电文，视为书面形式。据此，电子合同根据订立方式在实务中一般有以下分类。

（1）利用电子邮件订立的合同。这是当事人双方以电子邮件的方式做出要约、承诺，从而达成合意，订立的电子合同，是我国对外贸易公司常用的合同订立方式。

（2）利用电子数据交换（Electronic Data Interchange，EDI）订立的合同，是指当事人双方通过使用同一规定的一套通用标准格式，将标准的经济信息通过通信网络传输，在贸易伙伴的计算机系统之间进行数据交换，从而双方达成合意，订立的电子合同。

（3）点击合同。点击合同是指电商平台或者站内商户在电子商务交易界面预先设定好合同条款内容，相对人登录此界面后，只需要点击电商平台在此界面预设的"我同意"即可签订电子合同。

 即学即练

A 影视公司想向 B 网络公司购买其研发的一款高清播放软件，于是，向其发送内容为"我公司想以 3 万元的价格购买您公司的××软件，若您同意，请告知公司账户，我们将把 3 万元的价款汇至您公司的账户"的邮件，B 网络公司回复"同意您的要约"，并附上了自己的账户。随后，A 影视公司向 B 网络公司支付了 3 万元的价款，B 网络公司向 A 影视公司通过数据传输的方式交付了该高清播放软件。

请问：该案例提到的电子合同属于以下哪几种类型？（　　　）

A．点击合同　　B．电子买卖合同　　C．利用电子邮件订立的合同　　D．信息产品电子合同

《淘宝网服务协议》单方变更协议内容的条款

赖某于 2008 年 7 月 19 日申请注册成为淘宝网会员，会员名为 laimou123，赖某一直正常使用该账户。赖某注册时，点击同意了 2007 年 6 月 21 日版《淘宝网服务协议》。该协议约定："本服务协议内容包括协议正文及所有淘宝已经发布的或将来可能发布的各类规则。所有规则为协议不可分割的一部分，与协议正文具有同等法律效力……用户在使用淘宝提供的各项服务的同时，承诺接受并遵守各项相关规则的规定，淘宝有权根据需要不时地制定、修改本协议或各类规则，如本协议有任何变更，淘宝将在网站上刊载公告，通知用户。如用户不同意相关变更，必须停止使用'服务'。修订的协议经在淘宝网公布后，立即自动生效。各类规则会在发布后生效，亦成为本协议的一部分。登录或继续使用'服务'将表示用户接受经修订的协议。除另行明确声明外，任何使'服务'范围扩大或功能增强的新内容均受本协议约束。"赖某认为，淘宝规则未采用要约承诺方式，是强加给用户的，应认定为无效。另经法院查明，诉讼时淘宝网使用的是 2015 年 4 月 24 日版《淘宝平台服务协议》，赖某在服务协议条款变更后仍继续使用其淘宝网账户。

问题：（1）本案中涉及的《淘宝网服务协议》属于电子合同的哪种类型？（2）该协议的内容属于什么条款？是否合法有效？（3）2015 年 4 月 24 日版《淘宝平台服务协议》对于赖某是否具有效力？

任务二　订立电子合同

一、电子合同订立的流程

电子合同的订立是指电子合同的双方当事人互为意思表示并达成合意而成立了合同。合同的订立一般必经的阶段是：要约→承诺。有时合同订立时会存在要约邀请，于是合同的订立过程就变成了：要约邀请→要约→承诺。订立合同的过程中如果双方当事人反复磋商，订立合同的过程就变成了：要约邀请→要约→新要约→再要约→承诺。电子合同订立的流程如图 2.1 所示。

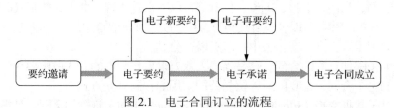

图 2.1　电子合同订立的流程

《电子商务法》第 49 条规定，电子商务经营者发布的商品或者服务信息符合要约条件的，用户选择该商品或者服务并提交订单成功，合同成立。当事人另有约定的，从其约定。电子商务经营者不得以格式条款等方式约定消费者支付价款后合同不成立；格式条款等含有该内容的，其内容无效。可以看出，一般要约与承诺是合同订立必经的阶段，电子合同也不例外，不同的是电子合同中的要约与承诺是以数据电文形式做出的，因此电子合同订立的流程具有一定程度的特殊性。

（一）要约邀请

要约邀请又称要约引诱，是指希望他人向自己发出要约的意思表示。《民法典》第 473 条列举了几种典型的要约邀请类型：拍卖公告、招标公告、招股说明书、商业广告和宣传、寄送的价目表等。但是，商业广告和宣传的内容符合要约条件的，构成要约。

（二）电子要约

电子要约是指一方当事人向另一方当事人以数据电文形式做出的希望以一定条件订立电子合同的意思表示。

1. 电子要约的构成要件

电子要约与传统纸面合同的要约在构成要件上相同。根据《民法典》第 472 条的规定，一个要约需要满足如下四个条件。

（1）要约必须是特定人的意思表示。只有要约人特定，受要约人才能对其进行承诺，否则合同无法成立。

（2）要约的内容必须具体明确。一旦要约被受要约人承诺，便可成立具有约束力的合同。因此，一个要约必须具备合同成立的最低要件。合同成立的最低要件需要结合具体的合同类型和商业惯例进行分析。通常来说，能够确定当事人名称或者姓名、标的和数量的，一般应当认定合同成立。但法律另有规定或者当事人另有约定的除外。一般来说，经营者在平台上发布的信息包含了商品的图片、规格、价格等具体内容，这种详细陈列便符合要约的内容要求。

（3）要约必须含有要约人受约束的意旨，以订立合同为目的，即表明经受要约人承诺，要约人即依照有效的承诺与受要约人成立合同。

（4）要约必须送达受要约人。要约只有在送达以后，要约内容才能为受要约人所知悉，才能对受要约人产生实际的约束力。

 **知识拓展**

电子要约与电子要约邀请的区别

通过网络进行交易时，发出订约意愿的一方，只要其意思表示符合我国《民法典》关于要约的要件，该意思表示就是要约。尽管网络交易具有特殊性，但是在区分电子要约与电子要约邀请方面，仍然应以双方的意思表示作为判断的标准。例如，我们日常在淘宝上购买某个商品时，淘宝店主明码标价上架产品，其实是希望与他人订立合同的意思表示，即属于要约，而我们点击购买并支付价款的行为，就是对淘宝店主做出的承诺。如果把明码标价的信息认定为要约邀请的话，那么当我们发出希望订立合同的要约后，在正常情况下，店主应该要考虑是否进行承诺，也就是说对方可以拒绝这个要约。但是在淘宝的交易活动中，卖家是没有拒绝的机会的，只有买家可以取消订单。因此将明码标价的信息认定为要约邀请显然不合理，应当认定为要约。

 即学即练

某汽车挡风玻璃生产厂商近期研制出了一款防爆性能更好且不易落灰的前挡风玻璃。该厂商为推销此款挡风玻璃，就将其价目表通过电子邮件发送给了之前合作过的数十家汽车制造厂商，希望其能购买自己最新研制的前挡风玻璃。

问题： 该汽车挡风玻璃生产厂商给汽车制造厂商发送价目表的行为属于（　　　　）。

A．电子要约　　B．电子要约邀请　　C．电子新要约　　D．电子承诺

2. 电子要约的生效时间

电子要约的生效时间是指一个具备全部生效要件的要约最终生效的时间节点。《民法典》第 137 条规定，以非对话方式做出的意思表示，到达相对人时生效。以非对话方式做出的采用数据电文形式的意思表示，相对人指定特定系统接收数据电文的，该数据电文进入该特定系统时生效；未指定特定系统的，相对人知道或者应当知道该数据电文进入其系统时生效。当事人对采用数据电文形式的意思表示的生效时间另有约定的，按照其约定。

3. 电子要约的撤回、撤销

要约的撤回是在要约到达相对人之前，发出人取消之前做出的意思表示，使之不产生法律效果的行为。电子商务中，因为数据电文往往可以瞬时到达，

微课堂

要约生效的时间

来不及撤回，因此撤回在实践中很少有适用的空间。但是在实践中，一些客观条件比如线路故障、网络病毒等因素，可能使得要约不能够及时到达。而在这段时间内，发出人如果发现市场情况有变或者信息有误，则可以使撤回要约的通知先于要约到达，或者与要约同时到达，以撤回要约。

要约的撤销是指在要约生效后，撤销要约的通知在受要约人发出承诺通知之前到达受要约人，使要约失效的行为。因此，一个生效要约能否被撤销，取决于受要约人的承诺是否发出。实践中，不同电子商务的交易模式中要约能否被撤销也不同。如果当事人采用电子自动交易系统从事电子商务，承诺的做出是即刻的，要约人就没有机会撤销要约；如果当事人在网上协商或者通过电子邮件发出要约，要约的到达与受要约人发出承诺之间有时间间隔，要约人在受要约人发出承诺前可以撤销已做出的要约。

 即学即练

乙公司向甲公司发出要约，随后立即又发出一份"要约作废"的函件。甲公司的董事长助理收到乙公司"要约作废"的函件后，忘了交给已经看到要约函件的董事长。第三天，甲公司董事长发函给乙公司，提出只要将交货日期推迟两个星期，其他条件都可以接受。后甲、乙公司未能缔约，双方缔约未成功的法律原因是（　　　　）。

A. 乙公司的要约已被撤销　　　　　B. 乙公司的要约已被撤回

C. 甲公司对要约做了实质性改变　　D. 甲公司承诺超过了有效期间

4. 电子要约的失效

要约在到达受要约人时生效，在一些情况下失效。《民法典》第 478 条规定，有下列情形之一的，要约失效：①要约被拒绝；②要约被依法撤销；③承诺期限届满，受要约人未做出承诺；④受要约人对要约的内容做出实质性变更。

（三）电子承诺

电子承诺是受要约人向要约人以电子形式做出的同意要约的意思表示。

1. 电子承诺的构成要件

电子要约与传统合同的要约在构成要件上并无二致。根据《民法典》合同编第 2 章有关承诺的规定，一个承诺需要满足如下三个条件。

（1）承诺由受要约人向要约人做出，原则上以送达数据电文的方式做出，也可以以实际履行做出。

（2）承诺需与要约的实质内容一致。《民法典》第 488 条规定，受要约人对要约的内容做出实质性变更的，为新要约。有关合同标的、数量、质量、价款或者报酬、履行期限、履行地点和方式、违约责任和解决争议方法等的变更，是对要约内容的实质性变更。《民法典》第 489 条规定，承诺对要约的内容做出非实质性变更的，除要约人及时表示反对或者要约表明承诺不得对要约的内容做出任何变更外，该承诺有效，合同的内容以承诺的内容为准。

（3）承诺要在期限内到达要约人。《民法典》第 481 条规定，承诺应当在要约确定的期限内到达要约人。要约没有确定承诺期限的，承诺应当依照下列规定到达：要约以对话方式做出的，应当即时做出承诺；要约以非对话方式做出的，承诺应当在合理期限内到达。

 即学即练

甲厂向乙大学发送邮件，表示："我厂生产的 X 型电教室耳机，每副 30 元，数量不限。如果贵校需要，请与我厂联系。"乙大学邮件回复："我校愿向贵厂订购 X 型耳机 1 000 副，每副单价 30 元。但需在耳机上附加一个音量调节器。"两个月后，乙大学收到甲厂发来的 1 000 副耳机，但这批耳机上没有音量调节器，于是乙大学选择拒收，在这一过程中（　　　）。

　　A. 乙大学违约，因其表示同意购买，合同即已成立

　　B. 甲厂违约，因为乙大学同意购买的是附有音量调节器的耳机

　　C. 双方当事人均违约，因为双方均未履行生效的合同

　　D. 双方当事人均未违约，因为合同还未成立，乙大学的回函是一种新要约而非承诺

　　2. 电子承诺的生效时间

　　电子承诺的生效时间是指一个具备全部生效要件的承诺最终生效的时间节点。关于电子承诺的生效时间，有两种不同的规定，其一是中国和一些国际习惯所采用的"到达主义"原则。根据《民法典》的规定，我国电子要约与电子承诺的生效都采用"到达主义"原则，即承诺到达要约人时生效。其二是英美等国所采用的"发信主义"原则，即在受要约人发出承诺之时承诺生效。因此，对于英美法系国家而言，数据电文的发出时间就显得尤为重要。

　　3. 电子承诺的撤回

　　承诺的撤回是指撤回承诺的通知在承诺到达之前到达，或者与承诺同时到达，使承诺不产生法律效果的行为。电子承诺和电子要约一样，因为数据电文往往可以瞬时到达，来不及撤回，所以在实践中撤回很少有适用的空间。但是一些客观条件，比如线路故障、网络病毒等因素，也可能使得承诺不能够及时到达。而在这段时间内，发出人如果发现市场情况有变或者信息有误，则可以使撤回承诺的通知先于承诺到达，或者与承诺同时到达，以撤回承诺。

二、电子合同的成立

　　电子合同成立是要约人和承诺人意思表示达成一致的结果。电子合同成立以后，合同的约束力主要体现为当事人不得随意撤销自己的要约和承诺。

　　1. 电子合同成立的时间

　　（1）电子承诺生效时合同成立。一般来说，承诺的生效时间为合同的成立时间。《民法典》第491条第2款规定，当事人一方通过互联网等信息网络发布的商品或者服务信息符合要约条件的，对方选择该商品或者服务并提交订单成功时合同成立，但是当事人另有约定的除外。

　　（2）签订确认书时合同成立。《民法典》第491条第1款规定，当事人采用信件、数据电文等形式订立合同要求签订确认书的，签订确认书时合同成立。

　　2. 电子合同成立的地点

　　通常情况下，承诺生效的地点为合同成立的地点。采用数据电文形式订立合同的，收件人的主营业地为合同成立的地点；没有主营业地的，其居住地为合同成立的地点。当事人另有约定的，按照其约定。

案例讨论

购物网站公布"网站展示的商品和价格等信息仅为要约邀请"

　　陈先生从某购物网站订购了一台电视机，之后收到该网站发来的电子邮件，确认其订购该电视机，货款已经支付。两日后，该网站给陈先生发来邮件称："由于缺货，无法满足您的订购意向；如果您已经完成付款，相应款项将退回。"

　　该网站公布的"使用条件"载明："如果您通过本网站订购商品，本网站展示的商品和价格等信息仅为要约邀请，您的订单将成为购买商品的申请或要约。收到订单后，我们将向您发送电子邮件或短信确认，但该确认不代表我们接受您的订单。只有当我们发出确认送货的电子邮件或短信时才构成对您订单的接受，我们和您之间的订购合同才成立。"

　　陈先生认为合同已经成立，便将经营该网站的公司诉至法院，诉请判令该公司继续履行合同，交付货物。

该公司答辩称，网站公布的"使用条件"已对合同成立的方式进行了说明，双方的买卖合同尚未成立。

问题： 陈先生购买电视机的合同是否成立？

情境导入1分析

问题（1）： 店铺弹出提示框与买家点击此界面中的"我已同意并知晓"，是店主与买家就有关事项达成一致意见的一个双方合意过程。

问题（2）： 李丽与买家的电子合同的成立时间是买家提交订单并支付价款的时间。因为《民法典》第491条规定：当事人一方通过互联网等信息网络发布的商品或者服务信息符合要约条件的，对方选择该商品或者服务并提交订单成功时合同成立，但是当事人另有约定的除外。

问题（3）： 买家点击"确认收货地址"等信息，是卖家为了降低交易的不确定性和交易风险而进行的补充行为，并不是合同订立环节中的必经环节，当事人可以选择是否使用。在法律上，我们称这个环节为确认收讫环节，指接收人在收到数据电文之后，通过一定方式通知发出人，对收到的数据电文进行确认的行为。

子项目二　电子签名与电子合同的效力

情境导入2

李丽收到一份电子签名的合同

李丽为扩大网店规模，近期预计向某生产刺绣作品的小微企业批量购进一批品质良好的刺绣作品。双方通过微信进行多次协商后，达成一致：李丽以每件30元的价格购进刺绣作品1000件。据此，该企业以微信链接的形式给李丽发送了一份电子合同，并表明："若同意条款内容，直接在合同上签字即可生效。"李丽发现，在该电子合同中，该企业已经通过法人代表电子签名的方式签署了该合同。但是，李丽对于此签名的合法性表示怀疑，害怕被骗。

问题：（1）电子签名与手写签名具有同等法律效力吗？（2）如何审核电子签名的真实性？

任务一　使用电子签名

电子商务交易中，各种文件信息均是通过信息网络以数据电文的形式进行发送、交换、传输和储存的，那么交易主体身份的确认就不可能像传统合同一样采用当面确认、书面签名、盖章等方式进行。因此，依靠技术手段的电子签名应运而生，它主要用于识别交易主体身份，保证交易安全。

一、电子签名的界定

根据所采用的技术，电子签名的概念有广义与狭义两种。

（1）广义的电子签名是指包括数字技术、生物特征技术、电子录音、电传等各种电子技术在内的电子签名。比较典型的采用了广义的电子签名概念的是美国统一州法委员会的《统一电子交易法》，该法规定的电子签名不仅仅包括数字签名，还包括能够证明该电子协议真实性的符号、声音或者特定的程序。我国对电子签名的概念也进行了广义的界定，只是外延的范围小于《统一电子交易法》。根据《电子签名法》第2条的规定，电子签名是指数据电文中以电子形式所含、所附用于识别签名人身份并表明签名人认可其中内容的数据。

（2）狭义的电子签名即数字签名，是指一串通过程序进行加密的数字，该数字由信息发出者在发送信息时，通过其电子信息加密系统生成，具有极强的安全性，能够证明信息发出者的身份。

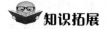 **知识拓展**

电子签名的禁用领域

《电子签名法》第3条第3款规定，前款规定不适用下列文书：①涉及婚姻、收养、继承等人身关系的；②涉及停止供水、供热、供气等公用事业服务的；③法律、行政法规规定的不适用电子文书的其他情形。

二、电子签名的特征

电子签名与传统签名具有一定的共同特征，如签字方不能否认，也不能伪造，在公证时能够检验真伪等。同时，电子签名也有自己独有的特征。

（1）电子签名是以电子形式出现的数据。电子签名是通过计算机系统处理得到的一种加密数据，必须借助计算机系统的解密程序才能鉴别，只有通过显示器等电子设备才能显示出来。

（2）电子签名不需要签名者亲自出现在交易现场，是通过网络完成签名过程的一种非面对面的远距离认证方式。

（3）电子签名具有多种形式，如附着于电子文件的手写签名的数字化图像，包括采用生物笔迹辨别法所形成的图像；向收件人发出的证实发送人身份的密码、计算机口令；特定生物技术识别工具，如指纹或是眼虹膜透视辨别法等。无论采用什么样的技术手段，只要符合《电子签名法》的要件要求，就是电子签名。

三、电子签名的效力

可靠的电子签名与传统合同中的手写签名具有同等的法律效力，根据《电子签名法》第13条的规定，电子签名同时符合下列条件的，视为可靠的电子签名：①电子签名制作数据用于电子签名时，属于电子签名人专有；②签署时电子签名制作数据仅由电子签名人控制；③签署后对电子签名的任何改动能够被发现；④签署后对数据电文内容和形式的任何改动能够被发现。当事人也可以选择使用符合其约定的可靠条件的电子签名。

 **知识拓展**

关于电子签名的专有性认定

在签订电子合同的过程中，双方的磋商以及合同的订立很可能是通过网上操作完成的。在诉讼中违约方往往会以没有签署过相关合同、相关合同非本人签署等理由进行抗辩，这就导致电子合同纠纷与一般合同纠纷不同。因此，电子合同引起的纠纷往往需要就签约方的主体资格进行举证。例如，借款人主张案涉贷款合同非其本人签署。后贷款公司就案涉合同系借款人本人签署举证：借款人名下的支付宝账户已设置登录密码、支付密码，其上传的身份证照片通过了公安部门网络认证和平台人工审核；其绑定银行卡时开户名、银行卡号、银行卡预留手机号码核对一致，且通过了短信验证；其预留手机号与《个人信用记录》中记载的手机号一致。法院据此认定借款人经上传本人身份证照片、绑定的银行卡验证等完成实名认证，所绑定的手机号系借款人目前所使用的手机号，故在支付宝账户、登录密码、支付密码验证一致的情况下订立的案涉贷款合同，应视为其本人与贷款公司签署，该电子合同形式、内容合法有效。

 同步案例

关于电子签名的专属控制认定

杨某与期货经纪公司签订电子化期货交易协议一份，约定由杨某委托期货经纪公司按其指令进行期货交易。在诉讼过程中杨某主张其"本人从未使用过自助交易系统"。法院认为根据双方协议约定，杨某必须自行更改初始交易密码及妥善保管交易密码并适时更换，所以，因交易密码泄露而造成的一切损失均由其自行承担。2022 年 11 月 20 日，杨某在开通自助委托交易系统的申请书中表明，其已在期货交易委托系统上修改了交易密码……故其修改后的密码具有私有性、唯一性和秘密性的特征，具有对交易者身份进行鉴别即数字签名（电子签名）的功能。故根据私人密码使用中的本人行为原则，确认本案数据电文中的期货交易指令由杨某下达，并判决其承担相应的交易后果。

任务二　进行电子认证

电子签名在电子商务交易中的主要功能是识别当事人的身份，明确文件的归属，解决交易者是谁的问题。而电子认证主要解决的是电子商务中电子签名的安全问题，即签名者的可信度问题，一般由公正的第三方来保证签名者的可信度。因此电子签名是电子认证产生的前提条件，电子认证是电子签名的有效保障。

一、电子认证的概念

电子认证是以电子认证证书（又称数字证书）为核心的加密技术，以公钥基础设施（Public Key Infrastructure，PKI，即利用公钥理论和技术建立的提供网络信息安全服务的基础设施）为基础，对网络上传输的信息进行加密和解密。本书所讲的电子认证是指《电子签名法》所说的认证，特指为配合电子签名的使用，以电子认证服务提供者为中心，由其依照法律规定审验电子签名使用人的身份、资格等属性，以确保电子签名人与电子签名使用人之间的唯一对应关系的方法。

二、电子认证的特征

在电子商务交易中，对对方的身份及对方发出的信息的真实性加以确认是至关重要的，这就要求电子认证必须具有如下特征。

（1）真实性：确保交易双方的身份、信息内容，以及交易发生时间的真实性。

（2）完整性：确保双方交易的信息是完整的，没有被篡改过和伪造过。

（3）机密性：确保电子商务交易中数据电文、交换数据、信息的保密性，使之不被交易双方以外的交易无关个体获取。

（4）不可否认性：确保交易双方不能对其参与过交易的事实进行抵赖，为日后可能存在的交易纠纷提供一个可信的证据。

三、电子认证的法律关系

电子认证是一种信用服务，电子认证机构与电子签名人之间的权利与义务基于服务合同而产生，电子认证机构对证书信赖人所承担的责任，则因其特殊的职业义务而存在。

1. 电子认证机构与电子签名人之间的关系

电子认证机构与电子签名人之间是一种服务合同关系。电子签名人为使其签名及数据信息能被他人接受，须向认证机构申请签发电子签名认证证书，认证机构对电子签名人的身份进行核实后，依照有关的法律及操作规范向其签发证书。电子认证机构应当保证电子签名认证证书内容在有效期内完整、准确，应当保证电子签名依赖方能够证实或者了解电子签名认证证书所载内容及其他有关事项，应当妥善保存与电子认证服务相关的信息。同时，电子签名人需向电子认证机构提供真实、完整和准确的信息；妥善保管电子签名制作数据；及时汇报出现的问题，例如密钥泄露、交易异常等现象；缴纳相关费用。

电子认证机构导致的密钥损坏或失控、发放证书迟延或失败、信息库出现故障等，使电子签名依赖方误认为电子签名人的证书不可用，从而使电子签名人丧失交易机会，给电子签名人造成损害的，电子认证机构需要承担赔偿责任。

2. 电子认证机构与电子签名依赖方之间的关系

电子认证机构与电子签名依赖方之间并无合同关系，二者之间是一种法定关系。《电子签名法》在相关条款中规定了电子认证机构设立的条件、必须遵守的业务规则，并在第22条中明确规定，电子认证服务提供者应当保证电子签名认证证书内容在有效期内完整、准确，并保证电子签名依赖方能够证实或者了解电子签名认证证书所载内容及其他有关事项。即法律明确规定，一旦认证机构没有履行法定义务而使电子签名依赖方遭受损失，电子签名依赖方可以依据相关规定要求电子认证机构赔偿相关损失。如电子签名信赖方采取合理措施到电子认证机构的信息库查证、核实信息，进而使用该证书，但由于该证书内容的虚假遭受损失时，可向认证机构索赔。

同步案例

手写签名样式——没有电子数据存证证明

【（2021）辽06执348号】借贷公司申请要求借款人还款，然而该公司提供的《借款合同》及《补充协议》上，被执行人林某签署信息仅显示其姓名字样，没有相应的能证明借款人身份的《电子数据存证证明》，法院无法确认电子签章的真实性以及是否系其真实意思表示，故驳回了该公司的执行申请。

借贷公司以画图工具留下了借款人通过手机设备输入的笔迹数据，认为这和纸质签名看起来一致，结果因为无笔迹数据，无法证明该签名的真实性，导致合同无效。

任务三 知晓电子合同的生效要件

微课堂
无效合同、可撤销合同和效力待定合同的情形

合同生效是指已经成立的合同在当事人之间产生了一定的法律约束力。合同成立是合同生效的前提，但成立后的合同并不必然产生当事人所追求的法律效果，只有符合法律规定的生效要件的合同才会产生法律约束力，二者的区别见表2.2。成立后的合同不符合相应生效要件的，则可能成为无效合同、可撤销合同和效力待定合同，并产生相应的法律后果。

表2.2 电子合同成立与电子合同生效的区别

项 目	电子合同成立	电子合同生效
构成条件不同	订约主体存在双方或多方当事人，订约当事人就合同的主要条款达成合意。至于当事人意思表示是否真实，则在所不问，它着重强调合同的外在形式表现	行为人具有相应的民事行为能力，意思表示真实，不违反法律或者不损害社会公共利益，符合法定形式
法律意义不同	合同成立与否基本上取决于当事人双方的意志，体现的是合同自由原则。合同成立的意义在于表明当事人双方已就特定的权利义务关系取得共识	合同能否生效取决于合同是否符合国家法律的要求，体现的是合同守法原则。合同生效的意义在于表明当事人的意志已与国家意志和社会利益实现了统一，合同内容有了法律的强制保障
责任形式不同	合同成立后，当事人要承担的责任为缔约过失责任。所谓的缔约过失责任是指在合同订立过程中，一方因违背其依据诚实信用原则所应尽的义务，而致另一方的信赖利益损失，所应承担的民事责任	合同生效后，当事人要承担的责任为违约责任。所谓的违约责任，也称为违反合同的民事责任，是指合同当事人因不履行合同义务或者履行合同义务不符合约定，而向对方承担的民事责任
成立时间与生效时间不同	承诺的生效时间为合同的成立时间。没有限制合同采用书面形式的，自承诺到达要约人时合同成立；采用合同书形式订立合同的，自双方签字或者盖章时合同成立	大多数合同成立即生效，也就是说合同成立与合同生效大多是在同一时间；若附期限合同，生效日即为所附期限日；需要批准、登记的合同，生效日即为批准、登记日

《民法典》第143条规定民事法律行为的生效要件为：①行为人具有相应的民事行为能力；②意思表示真实；③不违反法律、行政法规的强制性规定，不违背公序良俗。订立电子合同作为民事法律行为应符合上述要件才能生效；由于电子合同在订立过程中使用了现代通信手段，因而产生了一些新的问题，如对电子合同当事人身份和行为能力的确认、电子代理人及电子错误对合

同效力的影响等问题。

一、当事人具有相应的民事行为能力

订立电子合同的当事人应具有相应的民事行为能力，民事行为能力划分标准如图 2.2 所示。也就是说，订立电子合同的当事人必须具备正确理解自己行为的性质和后果，独立地表达自己真实意思的能力。

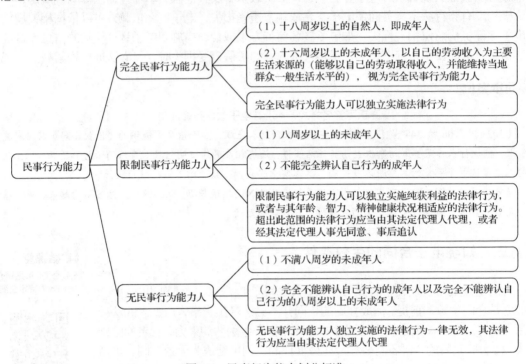

图 2.2　民事行为能力划分标准

1. 电子代理人的效力

电子代理人是指一种能够独立地发出电子意思表示，或根据预设条件做出回应的非人工的自动信息系统。例如购买火车票的软件、证券交易系统。《电子商务法》第 48 条第 1 款规定，电子商务当事人使用自动信息系统订立或者履行合同的行为对使用该系统的当事人具有法律效力。因此，电子代理人所发出的数据电文的法律效力应归属于控制或者拥有该系统的合同当事人。

2. 当事人行为能力推定规则

在订立电子合同时，当事人通常只能依赖对方提供的信息来判断其行为能力。实务中，未成年人、精神疾病患者在网络上购买大额商品、使用电子支付的情况屡屡发生。为了保障交易安全与善意相对人的利益，维护电子合同的有效性，同时防止无民事行为能力人、限制民事行为能力人的监护人推脱、逃避监护责任，《电子商务法》第 48 条第 2 款规定，在电子商务中推定当事人具有相应的民事行为能力。但是，有相反证据足以推翻的除外。例如实名认证的个人信息中有关年龄的部分。

 同步案例

16岁女孩打赏男主播65万余元　母亲起诉映客要求退钱败诉

（法制晚报 2017-12-17）"00 后"女孩在加拿大留学期间迷上了映客直播，于 2016 年 2 月至 2016 年 4 月打赏男主播，共花掉 65 万余元，其母亲刘女士以女儿名义起诉映客直播要求退钱但一审败诉。

法院认为，虽然刘女士称映客账号是女儿偷偷以自己的名义开设的，并通过自己名下的微信、支付宝私自消费，但证据不足以证明其女儿是在刘女士不知情的情况下私自登录并充值消费的。

二、当事人的意思表示要真实

意思表示真实是指当事人表现于外部的意志与其内心的真实意志一致，即当事人表示要追求的某种民事后果是其内心真正希望出现的后果。意思表示真实是法律行为的生效要件，所有能影响法律行为效力的有瑕疵的意思表示都属于不真实的意思表示。意思表示不真实的行为可由虚假表示、重大误解、欺诈、胁迫、乘人之危等原因引起。

1. 意思表示真实推定规则

考虑到电子商务涉及的商品及服务交易具有频繁、快速、海量的特点，为了提高交易的效率，对于意思表示的真实性也同样适用推定规则。《电子商务法》在规定电子商务主体具备完全民事行为能力的同时，还规定了当事人的意思表示也推定为真实。

意思表示真实推定规则将降低电子合同等活动的成立成本，如果意思表示推定为真实，则在一些复杂的金融产品交易中，就不用每一步都需要用短信等方式向合同的相对人进行确认，这样势必会有效缩短交易流程，降低交易成本。在意思表示推定为真实的情况下，当事人就有了更大的决定是否每一步都需要进行确认的空间。

**案例讨论**

徐某某在签订《服务协议》时，未注意其中的解除合同条款与重修条款

2020 年 12 月 23 日，徐某某在某课堂 App 勾选同意《服务协议》并购买课程。《服务协议》载明甲方为徐某某，乙方为北京某教育科技有限公司，乙方为徐某某提供"2021 考季-大成集优班（机电方向）"课程，课程服务自徐某某在学习平台完成支付并获得支付成功确认后 3 个工作日起，至本次考试所在月的月底止，课程辅导费 2 500 元，如课程包含多个科目，每个科目的辅导费为各科总辅导费的平均值。《服务协议》亦载明免费重修的条件，包括分数考核标准（甲方必须参加全国二级建造师资格考试；甲方未通过本次考试，且单一科目考试成绩不得低于 0 分；考试成绩的合格分数以当年发布的合格分数为准）、时长考核标准（截至本次考试开始的前一日，甲方观看直播课时长应不低于购买直播课总时长的 30%，回放计入总时长，同一课程重复观看不重复统计；甲方观看录播课时长应不低于购买录播课总时长的 30%，同一课程重复观看不重复统计）、习题考核标准（截至本次考试开始的前一日，甲方章节精练习题完成率应不低于章节精练习题总数量的 30%）、申请免费重修的时间和应提供的材料等；甲方向乙方支付本课程全部应付辅导费用后的 24 小时内，甲方对本协议享有任意解除权，超出上述时间后，甲方不再享有该项权利，还载明了 24 小时退费的看课时长条件。该《服务协议》落款为甲方徐某某，无乙方名称，亦无乙方签章。后徐某某向乙方支付辅导费 2 500 元，用于购买"2021 考季-大成集优班（机电方向）"课程。徐某某支付完成后，乙方开通学习平台并提供直播、录播课程视频及习题库供徐某某学习，徐某某参加了课程学习。

2021 年，徐某某将乙方诉至北京市朝阳区人民法院，其认为：自己在签订《服务协议》时，并未看到其中的解除合同条款与重修条款，认为合同内容并非自己的真实意思表示，请求解除与乙方之间的教育培训合同关系。

问题： 法院会支持徐某某的诉讼请求吗？

2. 电子错误的法律责任

电子错误是指在电子合同订立的过程中，双方当事人在使用信息处理系统时产生的错误。电子错误导致外在的意思表示并非当事人内心真实的意思表达，属于合同法律制度中的错误，即重大误解。重大误解是指行为人对行为的性质、对方当事人及标的物的品种、质量、规格、数量等产生错误认识，使行为的后果与自己的意思相悖，造成较大损失的意思表示。

当事人产生重大误解，法律允许当事人撤销该交易结果。《民法典》第 147 条规定，基于重

大误解实施的民事法律行为，行为人有权请求人民法院或者仲裁机构予以撤销。但是重大误解的当事人自知道或者应当知道撤销事由之日起90日内没有行使撤销权的，该权利消灭。此外，当事人自民事法律行为发生之日起5年内没有行使撤销权的，撤销权消灭。电子合同因错误被撤销后，行为人因该合同取得的财产，应当予以返还；不能返还或者没有必要返还的，应当折价补偿。有过错的一方应当赔偿对方由此所受到的损失；各方都有过错的，应当各自承担相应的责任。

三、电子合同具有合法性

电子合同以当事人意思自治为基本原则，但合同的内容和订立合同的目的不仅要符合法律法规的规定，而且不得违背公序良俗。否则，电子合同会因欠缺合法性要件而无效。目的违法如租赁房屋以开赌场，内容违法如委托生产毒品等。公序良俗是公共秩序和善良风俗的总称，凡属于我国社会生活的政治基础、社会秩序、道德准则和风俗习惯均可列入其中。

同步案例

全国首例"暗刷"流量案被判合同无效

（法制日报 2019-05-27）原告常某起诉称，2017年9月11日，被告许某通过微信与她联系，想要"暗刷"流量。两人经过沟通，就"暗刷"需求的代码、统计链接、结算方式等内容达成一致，常某随即开始提供流量"暗刷"服务。但在最后一次结算时，根据双方约定的第三方平台统计结果，许某应支付常某报酬30 743元，但许某却拒绝依约支付，从而引发纠纷。

法院审理后认定，双方当事人的虚假流量交易损害社会公共利益，违反公序良俗，合同应属绝对无效合同，依法判决驳回原告的诉讼请求，并对双方在合同履行过程中的获利全部予以收缴。

情境导入2分析

问题（1）：可靠的电子签名与手写签名具有同等的法律效力。根据《电子签名法》第13条的规定，电子签名同时符合下列条件的，视为可靠的电子签名：①电子签名制作数据用于电子签名时，属于电子签名人专有；②签署时电子签名制作数据仅由电子签名人控制；③签署后对电子签名的任何改动能够被发现；④签署后对数据电文内容和形式的任何改动能够被发现。当事人也可以选择适用符合其约定的可靠条件的电子签名。

问题（2）：李丽可以要求该企业提供由正规电子认证机构出具的电子签名认证证书，以确保电子签名的可信度。电子认证中，由依法设立的电子认证服务提供者提供认证服务，依照法律规定审验电子签名使用人的身份、资格等属性，以确保电子签名人与电子签名使用人之间的唯一对应关系。

子项目三　电子合同的履行与违约责任

情境导入3

李丽被买家追究违约责任

李丽的"创意十字绣"网店可以定制一款"八骏图"十字绣，王先生在淘宝平台中看到产品图片很喜欢，欲定制这幅十字绣，便询问店铺客服："实物与图片一样吗？"客服称："实物与图片相同。"王先生详细告知了客服自己想要定制的尺寸，随即支付了价款。王先生收到货后发现，"八骏图"上仅有七匹马，与店铺内的产品图片不一样，就找到李丽，认为李丽违反了约定，要求李丽退还价款或者重新制作。李丽则称上面是八匹马，只是角度问题不易看出，而且此款是定制款，不能退货。

问题：（1）李丽和王先生的电子合同采用了何种履行方式？（2）王先生的要求合理吗？

任务一　依法履行电子合同

电子合同的履行是指电子合同生效后，当事人各方按照合同约定或法律法规的规定，全面地、适当地完成合同中规定的各项义务，以使合同目的得以实现的活动。合同履行是一个行为过程，是合同法律效力最集中的体现。电子合同因标的不同，分为信息产品合同和非信息产品合同。非信息产品由于有一定的物质载体，其合同仍可遵循传统合同的履行规则，而信息产品合同的履行存在较强的特殊性。

一、电子合同履行的阶段

合同的履行一般分为履行准备阶段、履行实施阶段、履行善后阶段三个阶段。

1. 履行准备阶段——先合同义务

履行准备阶段是当事人为完成合同中约定的义务进行相应准备的阶段，例如，买卖合同的卖方对所卖商品进行生产、组织货源、包装等活动。所谓"先合同义务"，是指当事人在执行合同义务的准备阶段所承担的义务。

2. 履行实施阶段——合同义务

履行实施阶段是对合同中的义务具体实施的阶段，例如，买卖合同的卖方交付商品，买方支付价款等活动。履行实施阶段是合同履行的核心阶段，是合同履行的关键。所谓"合同义务"，是指具体合同义务的执行阶段所承担的义务。

3. 履行善后阶段——后合同义务

合同义务执行完毕后的善后义务，是合同相关的一些义务，例如，合同履行之后的通知、协助、保密等义务。所谓"后合同义务"，是指当事人在合同义务执行的善后阶段所承担的义务。《民法典》第509条第2款规定，当事人应当遵循诚信原则，根据合同的性质、目的和交易习惯履行通知、协助、保密等义务。这就是法定的"后合同义务"。

案例讨论

刘某离职挖走原任职公司客户

刘某于2018年1月受聘担任鹿港市新亚服装进出口公司东南亚业务部经理，聘期3年，其掌握该服装进出口公司在东南亚市场的销售渠道、客户名单等重要商业信息。2021年1月，刘某3年聘期届满后筹措资金于当地成立辰星儿童制衣厂，其利用在新亚服装进出口公司任职期间所掌握的东南亚服装销售渠道以及客户名单等信息，使辰星儿童制衣厂的业务规模不断扩大，而新亚服装进出口公司则由于其主要客户被刘某挖走，造成公司业务量日渐缩减。为此，2021年5月，新亚服装进出口公司向法院起诉刘某，要求刘某赔偿损失，而刘某则提出，其与新亚服装进出口公司的劳动合同已经终止，不再负有任何合同义务，拒绝新亚服装进出口公司的赔偿请求。

问题：对于本案，法院将如何处理？刘某的辩解是否成立？

二、履行电子合同的基本原则

合同履行的基本原则是当事人在履行合同义务时所应遵循的基本准则。我国合同履行的原则有诚实信用原则、全面履行原则、协作履行原则、情势变更原则、绿色原则。

（1）诚实信用原则。诚实信用原则是《民法典》的基本原则，是指权利人应顾及他人利益，以正当的方式行使权利。当事人应当遵循诚实信用原则，根据合同的性质、目的和交易习惯履行通知、协助、保密等义务。因此，全面履行原则、协作履行原则都是诚实信用原则的具体体现或应用。这些原则也是当事人履行电子合同时应当遵循的原则。

（2）全面履行原则。全面履行原则一般指合同双方应当完整履行自身的合同义务，不得只履行部分义务。当事人应当按照约定全面履行自己的义务。全面履行原则是判定当事人是否全面履行合同义务、是否存在违约行为的重要法律准则。

（3）协作履行原则。协作履行原则是指当事人不仅应适当履行自己的合同义务，而且应基于诚实信用原则，协助对方当事人履行其义务的原则，即履行义务时应当尽量为对方提供方便而不是不便。例如故意使用大量硬币付款，就属于典型的不协作履行。同时，合同的履行只有债务人的给付行为，没有债权人的适当受领，合同的内容也难以实现，债权人非适当受领也属于不协作履行。

（4）情势变更原则。情势变更原则是指合同成立以后，客观情况发生了当事人在订立合同时无法预见的、非不可抗力造成的、不属于商业风险的重大变化后，继续履行合同对于一方当事人明显不公平或者不能实现合同目的，允许当事人变更或者解除合同的原则。

（5）绿色原则。《民法典》第 509 条将绿色原则作为合同履行的新要求，即当事人在履行合同过程中，应当避免浪费资源、污染环境和破坏生态。

 即学即练

甲系某外语培训公司，乙在甲公司网站上订购了"中小学线上外语培训课程"，为其孩子李某补习英语，双方线上签订了《课程销售协议》。乙分别于 1 月、3 月支付 11 730 元和 11 644 元，购买共计 252 个课时。9 月，甲因国家"双减"政策原因通知包含乙在内的其他家长，自己将停止提供教学服务。乙遂起诉甲，要求解除合同并退还剩余培训费用。乙在本案中可以运用以下哪种原则请求解除合同？（　　　）

A. 诚实信用原则　　B. 情势变更原则　　C. 意思自治原则　　D. 公平原则

三、电子合同履行的方式

电子合同的履行方式主要包括线上履行和线下履行两种。具体采用何种履行方式一般是根据商品或者服务的性质及双方约定而定，例如电子支付、电子认证、音乐下载、电子图书下载、在线维修等一般采用线上履行的方式，快递配送、线上到线下（Online To Offline，O2O）服务、现场维修等一般采用线下履行的方式。具体来讲，电子合同的履行主要包含以下三种方式。

（1）在线付款，在线交货，即在线支付结算，直接通过网络实现交货。这种方式环节少、履行简单、成本低，标的物仅限于信息产品。例如，网上购买的计算机应用程序，如游戏、财务软件等，可以在购物网站或指定网址上直接下载安装使用。

（2）在线付款，线下交货，即在线支付结算，通过物流配送环节实现交货。目前 B2B（Business To Business，企业对企业）、B2C（Business To Consumer，企业对消费者）电子商务平台（淘宝网、京东商城等）中进行的实体商品交易，多数是在网上支付结算的，而商品是通过物流送至消费者手中的。

（3）线下付款，线下交货，即在线交易、离线支付结算，通过物流配送环节实现交货。例如，一些同城的生鲜店支持在网上订货下单、线下配送，确认收货后再付款。

任务二　明晰电子合同的风险承担

所谓风险承担规则，即在合同生效之后、履行完毕之前，因不可归责于对方当事人的事由致使标的物毁损或灭失时，确定由哪方当事人承担风险的规则。

一、标的物交付风险转移规则

交付风险转移是为了解决因不可归责于当事人双方的原因，诸如不可抗力和意外事故等，致使标的物毁损、变异、灭失，其损失由谁承担的问题。《民法典》第604条明确规定了标的物风险转移的交付主义原则：标的物毁损、灭失的风险，在标的物交付之前由出卖人承担，交付之后由买受人承担，但是法律另有规定或者当事人另有约定的除外。

买卖合同标的物风险转移一般应遵循交付主义原则，因此如何界定标的物的交付时间就显得极其重要了。电子合同交付时间的确定标准如下。

（1）电子合同的标的为交付商品并采用快递物流方式交付的，收货人签收时间为交付时间。收货时发现货物受损，交付前货物受损风险由卖家承担，买家可以要求卖家重新发货或退款。这加强了对消费者权益的保护。

（2）电子合同的标的为提供服务的（如订机票），原则上生成的电子凭证或实物凭证中载明的时间为提供服务时间，但与实际不一致的，则以实际发生时间为准。

（3）电子合同的标的物为采用在线传输方式交付的，如网上购买咨询服务报告，报告进入对方当事人指定的特定系统且能够检索识别的时间为交付时间。

 即学即练

关于通过互联网等信息网络订立电子合同的说法，不正确的是（　　　）。

A. 电子合同的标的为交付商品并采用快递物流方式交付的，收货人签收时间为交付时间

B. 电子合同的标的为提供服务的，生成的电子凭证或者实物凭证中载明的时间为提供服务时间

C. 电子合同的标的物为采用在线传输方式交付的，合同标的物发出时间为交付时间

D. 电子合同当事人对交付商品或者提供服务的方式、时间另有约定的，按照其约定

二、违约转移风险规则

《民法典》第605条规定，因买受人的原因致使标的物未按照约定的期限交付的，买受人应当自违反约定时起承担标的物毁损、灭失的风险。本条规定实际上是根据一方的过错原因来确定风险由谁承担。

 即学即练

2021年3月16日，甲与乙经线上协商达成了120吨玉米的销售意向。3月19日，双方线上签订了《玉米销售合同》，约定：乙以每吨2870元的价格购买甲的玉米120吨，由乙于2021年6月1日之前至甲的仓库自行拉走玉米。3月20日，乙向甲支付了价款344400元。3月21日至6月1日期间，甲多次要求乙拉走玉米，但乙未按照合同约定于6月1日前拉走玉米。7月11日，因下雨，玉米出现霉变；7月19日，乙到甲的仓库拉玉米，发现霉变，认为玉米不符合国家标准和有关质量要求，要求甲退款。

针对此案，以下哪一项是正确的？（　　　）

A. 甲应当退款，因为玉米发生霉变，已不符合国家标准

B. 甲不应当退款，因为乙未如期运走玉米，自6月1日起，乙应当承担玉米霉变的风险

C. 甲应当退款，因为玉米存放仓库归自己管理，甲应当对仓库内存放的物品负责

D. 甲乙的买卖合同并未成立

任务三　知晓电子合同的违约责任

电子合同的违约责任，是指当事人不履行电子合同义务时所应承担的违约的法律责任。《民法典》第577条规定，当事人一方不履行合同义务或者履行合同义务不符合约定的，应当承担继续履行、采取补救措施或者赔偿损失等违

微课堂

违约责任与侵权责任的区别

约责任。

一、违约责任的归责原则

所谓归责原则，就是指将责任归属于某人的正当理由。如果将责任归属于某人的正当理由是该人具有过错，这就是过错归责原则。如果将责任归属某人无须证明该人具有过错，但该人可以通过证明自己没有过错而免责，这就是严格责任原则。违约责任的归责原则以严格责任为主，以过错责任为辅。

严格责任是指不论行为人的主观意愿如何，只要行为人不履行合同义务或者履行合同义务不符合约定，就应当承担相应的违约责任。

过错责任是指以行为人的过错作为价值判断的标准，判断行为人是否应当承担相应的违约责任。

二、违约责任的构成要件

（1）违约行为。在电子合同中，一方当事人存在不履行合同义务或者履行合同义务不符合约定的客观事实，便构成了违约行为。一般来说，违约行为可以分为不履行和不适当履行两大类。不履行是指当事人完全没有履行合同义务，如拒绝履行和根本违约。不适当履行是指当事人虽有履行合同义务的行为，但履行的内容不符合合同约定甚至法律规定，如部分履行、履行方法不当、履行地点不当和履行时间不当等。

（2）造成损失。违约行为客观上损害了电子合同中另一方当事人的人身权益或财产权益。

（3）因果关系。违约行为与造成损失之间存在因果关系，且不存在法定和约定的免责事由。

采用过错归责原则，要求违约一方具有过错。

三、电子合同违约责任的主要形式

1. 继续履行

《民法典》第 579 条规定，当事人一方未支付价款、报酬、租金、利息，或者不履行其他金钱债务的，对方可以请求其支付。《民法典》第 580 条规定，当事人一方不履行非金钱债务或者履行非金钱债务不符合约定的，对方可以请求履行，但是有下列情形之一的除外：①法律上或者事实上不能履行；②债务的标的不适于强制履行或者履行费用过高；③债权人在合理期限内未请求履行。

2. 采取补救措施

《民法典》第 582 条规定，履行不符合约定的，应当按照当事人的约定承担违约责任。对违约责任没有约定或者约定不明确，依据本法第 510 条的规定仍不能确定的，受损害方根据标的的性质以及损失的大小，可以合理选择请求对方承担修理、重作、更换、退货、减少价款或者报酬等违约责任。

3. 损害赔偿金

《民法典》第 584 条规定，当事人一方不履行合同义务或者履行合同义务不符合约定，造成对方损失的，损失赔偿额应当相当于因违约所造成的损失，包括合同履行后可以获得的利益；但是，不得超过违约一方订立合同时预见到或者应当预见到的因违约可能造成的损失。经营者对消费者提供商品或者服务有欺诈行为的，依照《消费者权益保护法》的规定承担损害赔偿责任（见本书项目五"电商消费者权益保护法律规范"）。

4. 违约金

《民法典》第 585 条规定，当事人可以约定一方违约时应当根据违约情况向对方支付一定数额的违约金，也可以约定因违约产生的损失赔偿额的计算方法。约定的违约金低于造成的损失的，人民法院或者仲裁机构可以根据当事人的请求予以增加；约定的违约金过分高于造成的损失的，人民法院或者仲裁机构可以根据当事人的请求予以适当减少。当事人就迟延履行约定违约金的，违约方支付违约金后，还应当履行债务。

5. 定金

《民法典》第 586 条规定，当事人可以约定一方向对方给付定金作为债权的担保。定金合同自实际交付定金时成立。定金的数额由当事人约定；但是，不得超过主合同标的额的 20%，超过部分不产生定金的效力。实际交付的定金数额多于或者少于约定数额的，视为变更约定的定金数额。

《民法典》第 587 条规定，债务人履行债务的，定金应当抵作价款或者收回。给付定金的一方不履行债务或者履行债务不符合约定，致使不能实现合同目的的，无权请求返还定金；收受定金的一方不履行债务或者履行债务不符合约定，致使不能实现合同目的的，应当双倍返还定金。

《民法典》第 588 条规定，当事人既约定违约金，又约定定金的，一方违约时，对方可以选择适用违约金或者定金条款。定金不足以弥补一方违约造成的损失的，对方可以请求赔偿超过定金数额的损失。

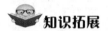

知识拓展

"三金"的适用规则

"三金"的适用规则如图 2.3 所示。

（1）定金和违约金。二者不能同时适用，应当择一主张。当事人既约定违约金，又约定定金的，一方违约时，对方可以选择适用违约金或者定金条款。定金不足以弥补一方违约造成的损失的，对方可以请求赔偿超过定金数额的损失。

（2）定金和损害赔偿金。二者可以同时适用，具有互补性。定金不足以弥补一方违约造成的损失的，对方可以请求赔偿超过定金数额的损失。

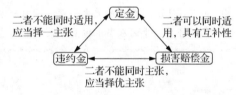

图 2.3 "三金"的适用规则

（3）违约金和损害赔偿金。二者不能同时主张，应当择优主张。当事人一方不履行合同义务或者履行合同义务不符合约定，造成对方损失的，损失赔偿额应当相当于因违约所造成的损失，包括合同履行后可以获得的利益；但是，不得超过违约一方订立合同时预见到或者应当预见到的因违约可能造成的损失。当事人可以约定一方违约时应当根据违约情况向对方支付一定数额的违约金，也可以约定因违约产生的损失赔偿额的计算方法。约定的违约金低于造成的损失的，人民法院或者仲裁机构可以根据当事人的请求予以增加；约定的违约金过分高于造成的损失的，人民法院或者仲裁机构可以根据当事人的请求予以适当减少。

四、电子合同违约的免责事由

1. 不可抗力免责

《民法典》第 590 条规定，当事人一方因不可抗力不能履行合同的，根据不可抗力的影响，部分或者全部免除责任，但是法律另有规定的除外。因不可抗力不能履行合同的，应当及时通知对方，以减轻可能给对方造成的损失，并应当在合理期限内提供证明。当事人迟延履行后发生不可抗力的，不免除其违约责任。不可抗力，是指不能预见、不能避免并不能克服的客观情况。一般来讲，不可抗力包括自然灾害，如台风、洪水、冰雹等；政府行为（国家政策调整），如征收、征用等；社会异常事件，如罢工、骚乱等。在电子合同中，下述情形可认为是不可抗力。

（1）文件感染病毒。文件可能因为遭到恶意攻击或意外被计算机病毒感染，在这种情况下当事人可以免责。

（2）非自己原因的网络中断。网络传输中断可因传输线路的阻断引起，如海底地震导致海底电缆断裂，也可由计算机病毒或恶意攻击造成。当事人对此无法预见和控制的，则应属于不可抗力。

（3）非自己原因造成的电子错误。例如消费者购物时通过支付网关付款，由于支付网关错误，价款未能打到商家指定的账户上，虽然消费者对此毫不知情，但商家由于未能收到价款而不发货，此时不应承担违约责任。

2. 未采取适当措施免责

《民法典》第 591 条规定，当事人一方违约后，对方应当采取适当措施防止损失的扩大；没有采取适当措施致使损失扩大的，不得就扩大的损失请求赔偿。当事人因防止损失扩大而支出的合理费用，由违约方负担。

3. 双方违约免责

《民法典》第 592 条规定，当事人都违反合同的，应当各自承担相应的责任。当事人一方违约造成对方损失，对方对损失的发生有过错的，可以减少相应的损失赔偿额。

情境导入 3 分析

问题（1）： 李丽和王先生的电子合同采用了在线付款、线下交货的履行方式。

问题（2）： 王先生的要求合理，李丽一方曾承诺"实物与图片相同"，但是发出的货物与图片不符，已经构成了违约，李丽应当承担重做、更换、退货、减少价款或者报酬等违约责任。

 项目实训

请扫描二维码比较、分析电子合同签署平台实训任务单，并完成以下任务：①分析作为电子合同服务平台用户，最关心的问题有哪些；②搜索出国内目前主流的几家电子合同签署平台名称；③比较分析国内目前主流的几家电子合同签署平台的资质保障、服务内容等。

 项目小结

电子商务交易活动需要通过订立电子合同进行，而电子合同较传统合同有许多特殊之处。本项目以电子合同在订立、成立、生效、履行以及违约救济方面的特殊性作为重点加以介绍，其中电子合同的要约与承诺、可靠电子签名的认定、合同成立与生效的比较、电子错误的法律责任、合同履行标的物交付风险转移规则以及违约责任中"三金"的适用规则是本项目的重点，也是本项目的难点。当代大学生在创业过程中要积极主动掌握电子合同与电子签名相关的法律规范，在洽谈业务、签署合同、履行合同中做到合法合规，有效预防合同法律风险，践行契约精神。

電子商務法（附微課）

 项目测试

一、案例分析题

上海市国年路一套建筑面积 66.98 平方米的房屋，是长期在美国生活的何先生和彭女士夫妻共有的私房，小黎从 2020 年起开始租住在内。2022 年 7 月 5 日，小黎收到彭女士发来的一封电子邮件，称："我和我先生经过慎重考虑，决定将房屋以人民币 400 万元的售价卖给你。如同意，请给我们发一封电子邮件，就算成交。双方条件不变，你可以开始装修。并请你在 9 月底前办好贷款和过户的准备工作。"

接到邮件后的第二天，小黎回复道："经和家人商议，同意以 400 万元的价格购买你们的房屋。房款在你们回国后给付。"双方商定房屋买卖后，小黎对房屋进行了装修，等着夫妻俩回国办理房屋过户手续。可 2022 年 10 月 12 日，小黎又收到彭女士的电子邮件，称何先生由于身体健康问题，能否来上海尚存疑问，且自己在上海停留的时间也只有 18 天，房屋交易手续很难在短时间内办理完成。邮件中，彭女士表示无法继续房屋买卖，愿意协商补偿小黎装修费及家具添置费。

小黎于次日回复邮件称，双方的房屋买卖合同几个月前已经成立，且自己已装修房屋并添置家具，房款 400 万元也已准备好，希望能顺利办妥房屋过户手续。他在邮件中还提出，夫妇俩可以公证方式委托他人办理房屋交易手续。

同年 11 月，彭女士将小黎告上法庭，要求终止双方签订的《物业租赁协议》，小黎搬出房屋并按每月 5 000 元支付租金至实际搬出日止；此外，还要小黎支付违约金 2 500 元。

同年 12 月，小黎也将何先生和彭女士告上法庭，要求确认双方的房屋买卖合同成立，并按 400 万元房价办理过户手续；并表示愿在办理过户手续前 10 日将房款 400 万元支付给何先生和彭女士。

问题：（1）本案中彭女士以电子邮件方式订立的房屋买卖合同是否成立且生效？（2）本案中彭女士如果反悔，需要承担什么法律责任？

二、实操题

请同学们登录淘宝 App，进入首页，点击首页底端的"我的淘宝"，然后点击右上角的"设置"，再点击"设置"最底端的《淘宝平台服务协议》。请大家认真阅读《淘宝平台服务协议》，写一份关于本协议法律性质、重要条款以及大量内容加黑加粗且加下划线的作用的分析报告。

 自测题

项目三　电子商务交付与物流法律规范

学习目标

知识目标：重点掌握电子商务各类产品的交付方式；了解电子商务物流包含的各类法律关系；了解托运人的权利与义务；重点掌握承运人的权利与义务；了解收货人的权利与义务。

能力目标：能明确托运人、承运人、收货人的权利与义务；能预防电子商务各类产品交付环节的法律风险；能够依法履行电子商务各类产品的交付义务。

素质目标：树立契约精神；具有按时、按质、按量完成工作任务的责任意识；具备合作精神。

子项目一　电子商务的产品交付

情境导入 1

李丽网上购买"十字绣"教程

李丽为了提高刺绣的手艺，从网上购买了"十字绣"教程，教程包括纸质教材和视频课件。李丽下单后，商家邮寄了纸质教材，并将视频课件打包发到李丽提供的邮箱中。

问题：（1）商家邮寄纸质教材的交付时间如何确定？（2）教材的所有权、毁损等风险从商家转移给李丽的时间如何确定？（3）商家发送视频课件的交付时间如何确定？

任务一　识别产品交付的类型

一、产品交付概述

产品交付是卖方履行电子合同的重要环节。同时，交付在合同中具有重要意义，涉及所有权、风险的转移等问题。尤其是在电子商务领域，由于交付的产品和服务种类多样，线上产品等无形产品的交付方式有别于传统实体商品的交付。因此，电子商务领域的产品交付存在着一定的特殊性，法律有必要对其进行特殊规定。

（1）交付的概念。交付是指标的物或提取标的物的单证的占有转移。《民法典》第598条规定，出卖人应当履行向买受人交付标的物或者交付提取标的物的单证，并转移标的物所有权的义务。

（2）产品交付的概念。产品交付是指在电子商务交易中，电子商务经营者将产品或提取产品的单证转移给买家占有的行为，产品的所有权自交付之日起转移。

二、产品交付的分类

在电子商务交易中，根据产品的不同形态，产品交付可分为三种类型，如图3.1所示。

（1）实物产品交付。实物产品也叫有形产品，是指具有实物形态的产品，如服装、食品等。

（2）信息产品交付。信息产品也叫无形产品，是指包括软件、电影、音乐、电子读物、信息服务等在内的可以数字化的产品。信息产品在实际生活中没有具体形态，必须借助其他介质存在。

（3）服务产品交付。服务产品是指以非实物形态存在的，以各种劳务形式呈现的无形产品。不同于实物产品和信息产品，服务产品的交付是一个过程，存在于服务提供者和服务接收者的互动关系中。服务产品无法存储，其生产和消费一般是同时进行的。

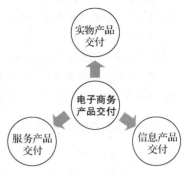

图 3.1　电子商务产品交付的类型

任务二　完成产品的交付

电子商务交易中，不同形态的产品，其交付方式也各异，包括快递物流交付、在线传输交付、电子凭证或线下实体交付等方式。

一、实物产品的交付

在电子商务交易中，实物产品必须借助物理运输的方式即快递才能完成交付。实物产品的所有权自交付之日起从卖方转移到买方手里。

（1）《电子商务法》第 20 条规定，电子商务经营者应当按照承诺或者与消费者约定的方式、时限向消费者交付商品或者服务，并承担商品运输中的风险和责任。但是，消费者另行选择快递物流服务提供者的除外。

（2）《电子商务法》第 51 条规定，合同标的为交付商品并采用快递物流方式交付的，收货人签收时间为交付时间。合同当事人对交付方式、交付时间另有约定的，从其约定。

（3）客户（收货人）、电子商务经营者、快递物流服务提供者在实物产品交付中的责任划分规则，见子项目二"电子商务的快递物流"。

二、信息产品的交付

在电子商务交易中，信息产品的交付通过计算机网络传输的方式完成。

（1）《最高人民法院关于审理买卖合同纠纷案件适用法律问题的解释》第 2 条规定，标的物为无需以有形载体交付的电子信息产品，当事人对交付方式约定不明确，且依照民法典第 510 条的规定仍不能确定的，买受人收到约定的电子信息产品或者权利凭证即为交付。

（2）《电子商务法》第 51 条规定，合同标的为采用在线传输方式交付的，合同标的进入对方当事人指定的特定系统并且能够检索识别的时间为交付时间。合同当事人对交付方式、交付时间另有约定的，从其约定。

同步案例

宁夏某报业集团与宁夏某物联网科技股份有限公司买卖合同纠纷案

宁夏某物联网科技股份有限公司与宁夏某报业集团签订一份销售合同，约定：报业集团从科技公司处购买 137 套微软×××办公软件及 137 套微软×××操作系统；交付标的日期为合同签订后 15 日内；科技公司将货物送到安装现场，并负责安装调试；报业集团应在产品到货且设备安装调试完毕后 3 日内组织验收。报业集团员工杜某在合同落款处报业集团的委托代理人处签名。合同签订 5 日后，科技公司向报业集团交付上述软件，并出具一份某物联网收/发货指示单，载明软件名称、数量及价格，均与合同一致。报业集团员工杜某、任某在该指示单的收货人处签名。收货人处另有钱某签名。经查，微软（中国）有限公司已通过电子邮件的形式向报业集团员工的邮箱交付了密钥，报业集团员工也确认收到货物。但报业集团以未完成交付为由拖欠货款。

根据《最高人民法院关于审理买卖合同纠纷案件适用法律问题的解释》第2条的规定，法院认定该物联网科技股份有限公司已完成交付义务，报业集团应履行支付货款的义务。

三、服务产品的交付

在电子商务交易中，服务产品包括两个部分：一是电子商务平台通过信息网络提供的服务产品，二是实体商家提供的线下服务产品。

（1）服务产品的交付分为两个阶段。第一阶段：电子商务平台通过信息网络为用户提供与实体商铺相同的销售产品列表、优惠折扣、便利服务等服务信息产品，用户在平台上下单后生成电子凭证，即可视为电子商务平台履行了交付义务；如用户通过某电子商务网站购买电影票，支付完成后会获得一个平台提供的二维码。第二阶段：线下商家为持有电子凭证的用户提供相关服务，如影院为持有二维码的用户提供电影放映服务，即为履行服务交付义务。

（2）根据《电子商务法》第51条的规定，合同标的为提供服务的，生成的电子凭证或者实物凭证中载明的时间为交付时间；前述凭证没有载明时间或者载明时间与实际提供服务时间不一致的，实际提供服务的时间为交付时间。合同当事人对交付方式、交付时间另有约定的，从其约定。

情境导入 1 分析

问题（1）：商家邮寄纸质教材的交付时间为李丽签收快递的时间。根据《电子商务法》第51条的规定，合同标的为交付商品并采用快递物流方式交付的，收货人签收时间为交付时间。

问题（2）：教材的所有权、毁损等风险从商家转移给李丽的时间为产品交付完成的时间。根据《民法典》第598条和第604条的规定，出卖人应当履行向买受人交付标的物或者交付提取标的物的单证，并转移标的物所有权的义务；标的物毁损、灭失的风险，在标的物交付之前由出卖人承担，交付之后由买受人承担，但是法律另有规定或者当事人另有约定的除外。

问题（3）：商家发送视频课件的交付时间为李丽邮箱收到邮件的时间。根据《电子商务法》第51条的规定，合同标的为采用在线传输方式交付的，合同标的进入对方当事人指定的特定系统并且能够检索识别的时间为交付时间。

子项目二　电子商务的快递物流

情境导入 2

快递公司要求验视邮寄物品

李丽的淘宝店开张后接到了第一笔生意，对方要购买两幅"创意十字绣"，收到订单的李丽很激动。为保证将"创意十字绣"完好无损地交给买家，李丽将物品用纸箱包裹好，联系某快递公司上门取件。快递人员来取件时要求李丽将包裹好的纸箱打开进行验视，否则不予收寄。

问题：（1）快递人员有权利验视李丽要寄递的物品吗？（2）如果李丽拒绝打开纸箱验视，快递人员可以拒接寄递吗？

任务一 识别物流法律关系

快递服务是实现实物产品交付的关键环节。只有通过快递，将实物产品真正转移到消费者手中，电子商务交易活动才得以终结。快递是现代物流的一种重要形式。按照国家标准《物流术语》的定义，物流是根据实际需要，将运输、储存、装卸、搬运、包装、流通加工、配送、信息处理等基本功能实施有机结合，使物品从供应地向接收地进行实体流动的过程。我国目前还没有一部专门的物流法，与物流相关的法律规范，散见于若干部门法，如《邮政法》《物流中心作业通用规范》《第三方物流服务质量要求》等。

一、物流法律关系的概念

物流法律关系是物流法律规范在调整物流活动过程中形成的具有权利与义务内容的社会关系。物流法律关系根据物流法律规范调整对象的不同分为两类：一是物流民事法律关系，即平等主体间在物流活动中达成的合同关系，如运输合同关系、加工承揽合同关系、保管或仓储合同关系等；二是物流行政监管法律关系，即国家行政机关依法对物流活动当事人的资格、市场行为等进行监管所形成的法律关系。

即学即练

2023 年 4 月 5 日，贾某从青岛邮寄顺丰快件（编号：SF100012387××）给北京的贾某某。同年 5 月 27 日，贾某某因为未收到快件，通过电子邮箱向市邮政局提交了《关于顺丰快递不予投递快件及打击报复用户的申诉举报履职申请 1》，认为北京顺丰公司不予派送其快件，严重损害其合法权益，要求查处北京顺丰公司违反《邮政法》《快递暂行条例》《快递市场管理办法》的违法行为。同年 6 月 6 日，市邮政局向北京顺丰公司进行调查核实，调取了编号为 SF100012387×× 快件的物流信息。北京顺丰公司提交了《关于举报不上门派件的情况说明》。同年 6 月 10 日，市邮政局调查后向贾某某做出举报答复。

问题：该案例中存在哪些与物流活动有关的法律关系？

二、物流民事法律关系的构成要件

1. 物流民事法律关系的主体

物流民事法律关系的主体是指物流民事法律关系中权利和义务的承担者。在物流服务交易中，委托承运人运送货物（行李或包裹）的一方为托运人，提供物流服务的一方为承运人（例如顺丰、韵达等），以凭证领取货物的为收货人。

知识拓展

快递物流的经营许可制度

《邮政法》第 51 条规定：经营快递业务，应当依照本法规定取得快递业务经营许可；未经许可，任何单位和个人不得经营快递业务。外商不得投资经营信件的国内快递业务。国内快递业务，是指从收寄到投递的全过程均发生在中华人民共和国境内的快递业务。

快递企业不得经营由邮政企业专营的信件寄递业务，不得寄递国家机关公文。

快递企业经营邮政企业专营业务范围以外的信件快递业务，应当在信件封套的显著位置标注信件字样。快递企业不得将信件打包后作为包裹寄递。

2. 物流民事法律关系的客体

物流民事法律关系的客体是指物流民事法律关系主体的权利和义务指向的对象。在物流服务交易中，托运人权利和义务指向的对象是承运人提供的服务，包括运输行为、包装行为、仓储行为、装卸行为、加工行为等；承运人权利和义务指向的对象是获取报酬；收货人权利和义务指向的对象是商品。

3. 物流民事法律关系的内容

物流民事法律关系的内容是物流民事法律关系主体在物流活动中享有的权利和承担的义务。如承运人要履行货物运输服务的义务，同时享有收取费用的权利。

 即学即练

2022 年 11 月 24 日，易某某通过淘宝网在某家居店购买手套一双，该家居店采用韵达快递交付商品。同月 26 日，易某某在验收后告知快递员拒收。次日，易某某通过淘宝网查看快递信息时，显示该快件已签收。后易某某拨打韵达快递营业点电话及韵达快递客服电话进行投诉。

问题：该案例中，物流民事法律关系的主体、客体和内容分别是什么？

任务二　知晓托运人的权利与义务

对于以快递方式交付的商品，一般由卖方承担送货或寄送义务，在收货人签收前，货物处于卖方或物流公司的控制之下。

一、托运人的权利

（1）要求承运人按照合同约定的时间、地点经托运把货物运输到目的地。

（2）如需变更到货地点或收货人，或者取消托运，有权向承运人提出变更合同内容或解除合同的要求，但必须在货物交付收货人之前通知承运人，并应按照有关规定付给承运人所需费用。

二、托运人的义务

（1）如实提供信息的义务。托运人办理货物运输，应当向承运人准确表明收货人的姓名、名称或者凭指示的收货人，货物的名称、性质、重量、数量，收货地点等有关货物运输的必要情况。因托运人申报不实或者遗漏重要情况，造成承运人损失的，托运人应当承担赔偿责任。货物运输需要办理审批、检验等手续的，托运人应当将办理完有关手续的文件并提交承运人。

（2）按规定对货物进行包装的义务。托运人应当按照约定的方式包装货物。对包装方式没有约定或者约定不明确的，可以通过协议补充；不能达成补充协议的，按照合同相关条款或者交易习惯确定。

（3）按规定托运危险物品的义务。托运人托运易燃、易爆、有毒、有腐蚀性、有放射性等危险物品的，应当按照国家有关危险物品运输的规定对危险物品妥善包装，做出危险物品标志和标签，并将有关危险物品的名称、性质和防范措施的书面材料提交承运人。托运人不按此规定操作的，承运人可以拒绝运输，也可以采取相应措施以避免损失的发生，由此产生的费用由托运人负担。

（4）支付费用的义务。在承运人履行完承运义务后，托运人或者收货人要履行支付运费、保管费或者其他费用的义务。

 即学即练

2022 年 3 月 7 日，淮南某公司与中国邮政淮南分公司分别作为甲、乙方签订了一份《快递服务合同》。2022 年 10 月 24 日，淮南某公司法定代表人倪某通过微信与中国邮政淮南分公司工作人员黄某联系，交寄邮件共计 1 320 件，邮费金额共计 30 434.82 元。之后，黄某多次递交账单并催款未果。中国邮政淮南分公司向法院提起诉讼。

问题： 淮南某公司在快递服务合同法律关系中属于哪种法律主体？未履行何种法律义务？

任务三　知晓承运人的权利与义务

一、承运人的权利

1. 查验寄件人身份的权利

按照《邮件快件实名收寄管理办法》的规定，邮政企业、快递企业、经营邮政通信业务的企业（以下统称寄递企业）应当执行实名收寄，在收寄邮件、快件时，要求寄件人出示有效身份证件，对寄件人身份进行查验，并登记身份信息。

寄递企业采取与用户签订安全协议方式收寄邮件、快件的，应当一次性查验寄件人的有效身份证件，登记相关身份信息，留存有效身份证件复印件。

除信件和已签订安全协议用户交寄的邮件、快件外，寄递企业收寄邮件、快件时，应当核对寄件人在寄递详情单上填写的个人身份信息与有效身份证件信息。信息核对一致后，寄递企业记录证件类型与证件号码，但不得擅自记录在寄递详情单上。

寄递企业收寄信件以外的邮件、快件时，如发生以下情形之一的，不得收寄邮件、快件：①寄件人交寄信件以外的邮件、快件时，拒绝出示有效身份证件，或者拒绝寄递企业登记身份信息的；②寄递企业收寄信件以外的邮件、快件时，发现寄件人在寄递详情单上填写的寄件人姓名与出示的有效身份证件不一致的。

 即学即练

2022 年 11 月 5 日，谭某某前往灌口邮政支局办理 EMS 邮件快递业务，灌口邮政支局工作人员根据有关规定和内部工作规程要求谭某某出示身份证，并用身份证识别仪进行扫描，采集相关身份信息。但因谭某某所持身份证已消磁，经多次扫描，识别仪均无法识别，灌口邮政支局遂未予办理该笔 EMS 邮件快递业务，并提醒告知其可通过其他途径进行办理。

问题： 灌口邮政支局是否有权利拒绝为谭某某办理 EMS 邮件快递业务？

2. 验视内件的权利

邮政企业应当依法建立并执行邮件收寄验视制度（见表 3.1）。对用户交寄的信件，必要时邮政企业可以要求用户开拆，进行验视，但不得检查信件内容。用户拒绝开拆的，邮政企业不予收寄。对信件以外的邮件，邮政企业收寄时应当当场验视内件。用户拒绝验视的，邮政企业不予收寄。经营快递业务的企业依照《邮政法》的规定验视内件后，要做出验视标识。对于需要长期、批量提供快递服务的寄件人，经营快递业务的企业应与其签订安全协议，明确双方的安全保障义务。

表 3.1　邮政企业对邮件的收寄验视

邮件类型	用户意见	《邮政法》规定
信件（必要时可以要求用户拆开）	用户同意开拆	进行验视，不得检查信件内容
	用户不同意开拆	不予收寄
非信件	用户同意验视	收寄时当场验视内件
	用户拒绝验视	不予收寄
不得利用邮件寄递的物品包括：①煽动颠覆国家政权、推翻社会主义制度或者分裂国家、破坏国家统一，危害国家安全的；②泄露国家秘密的；③散布谣言扰乱社会秩序，破坏社会稳定的；④煽动民族仇恨、民族歧视，破坏民族团结的；⑤宣扬邪教或者迷信的；⑥散布淫秽、赌博、恐怖信息或者教唆犯罪的；⑦法律、行政法规禁止的其他内容			

经营快递业务的企业发现已经收寄的快件中有疑似禁止寄递物品的，应当立即停止分拣、运输、投递。对快件中依法应当没收、销毁或者可能涉及违法犯罪的物品，经营快递业务的企业应当立即向有关部门报告并配合调查处理；对其他禁止寄递物品以及限制寄递物品，经营快递业务的企业应当按照法律、行政法规或者国务院和国务院有关主管部门的规定处理。

《邮政法》第 75 条规定，邮政企业、快递企业不建立或者不执行收件验视制度，或者违反法律、行政法规以及国务院和国务院有关部门关于禁止寄递或者限制寄递物品的规定收寄邮件、快件的，对邮政企业直接负责的主管人员和其他直接责任人员给予处分；对快递企业，邮政管理部门可以责令停业整顿直至吊销其快递业务经营许可证。

 即学即练

魏某某于 2022 年 7 月 2 日通过福建省厦门某速运公司给客户快递了一件普洱茶，保价费 1 100 元，保价金额为 22 万元。该公司快递员收件时没有对魏某某已进行外包装的快件开箱验视，但同意魏某某为快件保价 22 万元，并收取了保价费及运费。速运公司在魏某某自行包装的基础上，用 2 个纸箱板拼合重新包装了快件。2022 年 7 月 4 日，快件寄到客户处时，因外包装破损，客户拒收。2022 年 8 月 9 日，该快件被退回并由速运公司存放保管。魏某某多次向速运公司索赔未果后诉至法院。

问题：此案例中速运公司存在哪些不规范操作？

 同步案例

物流公司未查验寄件人身份被处罚

（信息新报 2022-09-08）2022 年 8 月 22 日，无锡市邮政管理局做出锡邮处〔2022〕23 号处罚决定书。江苏德邦物流有限公司无锡宜兴林凯物流园营业部（备案号：苏邮备 0220211××）疑存在收寄快件未查验、记录寄件人真实身份证件信息的行为（快递单号：DPK21071222×××），安易递实名收寄公共服务系统查询不到该单号实名寄递信息，且该公司无法出具实名收寄证明。依据《邮件快件实名收寄管理办法》第 19 条第 5 款，责令改正，并处以 5 000 元罚款。

3. 收取运杂费用的权利

承运人有向托运人、收货人收取运杂费用的权利。如果托运人、收货人不交或不按时交纳规定的运杂费用，承运人有权暂时扣押货物。

查不到收货人或者收货人拒绝签收货物时，承运人应及时与托运人联系，在规定期限内负责保管货物并有权收取相应的保管费。对于超过规定期限仍无法交付的货物，承运人有权按有关规定进行处理。

二、承运人的义务

1. 按约定运输货物的义务

承运人应当在约定期限或者合理期限内，按照约定的或者通常的运输路线将货物安全运输到约定地点；货物从接收到交付这一期间，承运人有责任安全运输和妥善保管货物；货物运输到达约定地点后，承运人知道收货人的，应当及时通知收货人。

2. 按要求投递快件的义务

经营快递业务的企业应当将快件投递到约定的收件地址、收件人或者收件人指定的代收人。交由他人代收的，应当经收货人同意。快递物流服务提供者有义务核实收货人同意的真实性。针对没有收到真实同意致使商品被冒领的情况，快递物流服务提供者应当承担相应责任。

快件无法投递的，经营快递业务的企业应当将快件退回寄件人或者根据寄件人的要求进行处理；属于进出境快件的，经营快递业务的企业应当依法办理海关和检验检疫手续。

快件无法投递又无法退回的，依照下列规定处理（见图 3.2）：①属于信件，自确认无法退回之日起超过 6 个月无人认领的，由经营快递业务的企业在所在地邮政管理部门的监督下销毁；②属于信件以外的其他快件的，经营快递业务的企业应当登记，并按照国务院邮政管理部门的规定处理；③属于进境快件的，交由海关依法处理，其中有依法应当实施检疫的物品的，由出入境检验检疫部门依法处理。

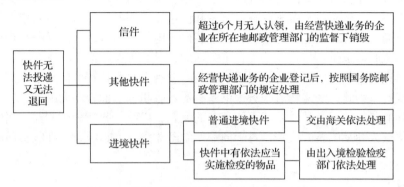

图 3.2　快递无法投递又无法退回的处理规定

案例讨论

快递公司擅自更改投递地址

2023 年 5 月 6 日，社保中心通过顺丰公司的快递业务向邓某某邮寄社保卡，快递单载明：收件人为某某能源公司邓某某，收件人电话（邓某某的电话号码），收件地址为北京市房山区。后该快件未妥投。2023 年 5 月 10 日，顺丰公司在未与收件人邓某某联系确认的情况下，根据系统识别结果，直接将收件地址更改为北京市大兴区某一地址，该地址系邓某某当时的工作单位某某会通公司的办公地址。顺丰公司派送员将该邮件送至会通公司前台，在邓某某未在场的情况下拆开快件，并将快件交至会通公司其他工作人员手中。

该快件封皮粘贴了一张提示单，内容为："社会保障卡专用，禁止私自转址（非常重要），此件为对公业务（非常重要），此件有回单业务（非常重要）。派件员注意事项如下。①派件物品为社保卡，此件只对单位负责人不对参保个人；其投递时间为 5 天，5 天内无法投递的请务必将原件速退回虎坊路点部(010SA)。②签收时，请收件人拆包核对卡数及单位名称，清点无误后，收件人需提供单位公章或者社保登记证复印件或者收件人的身份证复印件，三者取其一即可；并在《回执单》下方签上联系人姓名及电话。③必须在回单资料上盖单位公章（若收件地址为居委会社保所，盖业务章即可），若无法盖公章，需将回单资料和社保登记证复印件或收件人身份证复印件一并寄回。④签《回执单》不规范，必投诉。如有疑问拨打：7930／7005。注：《回执单》全称为《北京市社会保障卡发行回执单》。"顺丰公司表示快件派送后，未签《回执单》。

邓某某自认其在能源公司兼职（法院认定此兼职属于邓某某的个人隐私信息），并表示顺丰公司的做法导致自己兼职的信息被会通公司其他工作人员及其直属领导知晓，对自己在会通公司的工作造成了影响，要求顺丰公司赔偿损失。

问题：顺丰公司在投递邮件的过程存在哪些过错行为？是否泄露了邓某某的个人信息？

3. 按要求使用智能快件箱投放快递

作为快递业不断发展的新生事物，智能快件箱是提供快件收寄、投递服务的智能末端服务设施。根据《智能快件箱寄递服务管理办法》的规定，经营快递业务的企业征得收件人同意后才能将快件放入智能快件箱；收件人不同意时，应当按照快递服务合同约定的名址提供投递服务。

经营快递业务的企业按照约定将快件放至智能快件箱的，应当及时通知收件人取出快件，告知收件人智能快件箱名称、地址、快件保管期限等信息。

当快件出现外包装明显破损、重量与寄递详情单记载明显不符等情况时，经营快递业务的企业不得使用智能快件箱投递。

4. 提示收货人当面查验的义务

快递物流服务提供者在交付商品时，应当提示收货人当面查验；收货人当面查验商品且无异议的，应当签收。查验对于电子商务经营者和快递物流服务提供者均具有重要的意义。合同的相对方只有通过对标的物进行查验确认，才能确定电子商务经营者的义务是否履行完毕，才能确认快递物流服务提供者是否完全履行了配送的义务。现实生活中，许多收货人没有当面查验商品的习惯，这也使本应发现的问题不能被及时发现，从而使得合同当事人间的关系长期处于不确定的状态。为此，快递物流服务提供者有提示收货人当面查验商品的义务，其目的就是提早确定合同的履行情况，及时发现可能存在的问题，以维护收货人的利益。当然，这种情况下查验的对象仅为商品的表面瑕疵，对于商品的隐蔽瑕疵，允许收货人在收货后的合理时间内进行查验。

 同步案例

收件人未当面验货签收，要求快递公司赔偿案

（海峡导报 2022-11-9）王某某从网上购买了足金首饰，购买价为 505 元，卖家委托 S 快递公司发货，并备注"当面验货，确定本人签收"。S 快递公司快递员在没有与王某某联系的情况下，将快递放置在收货地址门口，并在签收底单上签字确认签收。王某某拿到快递时发现快递已被浸湿，拆开后发现物品有损，随即与卖家联系。但卖家称快递显示已签收，无法判定责任，不予处理。王某某要求快递公司出具《快递红单证明》，但是快递公司拒绝出具。王某某将 S 快递公司诉至法院，要求其赔偿快递货品购买价款 505 元。S 快递公司认为：物品是应原告收件地址一楼门口两张 A4 纸打印告示"远程监控、请勿进入、请勿敲门""快递、外送请放地板上"的要求放在其门口地板上的，不是我方不按规定送货物上门；因公司派送完整流程需要，公司员工在签收底单上补签"王"。

法院认为，被告快递员派送案涉快递时，未采取电话等方式通知收件人、未经收件人同意，即将快递流程信息显示为"已签收"，显然与实际投递情况不符。另，原告王某某设置在门口的告示内容，明确指示"快递、外送请放地板上"，这也在一定程度上造成了快递员误解。虽原告王某某实际收到快递，但被告快递员未通知收件人、未给予收件人当面验收、未全面履行完整派送流程，在提供快递服务过程中确实存在一定的过错。由于快递人员的工作失误，导致王某某无法当面验视货物，未能全面保障收件人的利益。因此，法院一审依法判令 S 快递公司支付王某某经济补偿 100 元。

5. 物流信息的保护义务

现代信息技术的应用，使得电子商务物流作业实现了信息化。物流信息化产生了大量业务数据，使得物流大数据从理念变为现实，数据驱动的商业模式推动物流产业智能化变革，大幅度提高了生产效率。通过对物流大数据的处理与分析，挖掘对企业运营管理有价值的信息，科学合理地进行管理决策，成为电子商务物流企业的普遍需求。与此同时，确保物流信息的准确、可查询和可追溯也成为物流企业的基本义务。

（1）保证物流作业信息的准确和可追溯。电子商务物流企业应当规范订单接收、数据处理和数据管理程序，保证物流作业信息的准确和可追溯；应实行快件寄递全程信息化管理，以便客户对在运物品状态进行查询和跟踪；应向客户提供自交寄之日起不少于 1 年的免费查询服务。

（2）不得泄露客户信息。电子商务物流企业应妥善保管客户信息，不得利用客户信息牟取不

正当利益。《邮政法》第35条明确要求，除法律另有规定外，邮政企业及其从业人员不得向任何单位或者个人泄露用户使用邮政服务的信息。

同步案例

物流员工出售客户信息

（潇湘晨报2022-10-31）蔡某和庄某（另案处理）于2021年12月1日入职于某物流公司，蔡某负责分拣快递包裹，庄某负责扫描快递包裹。2021年12月2日至10日期间，蔡某与庄某合谋利用上班的便利，用手机对快递包裹上的快递单拍照，非法获取寄件人、收件人的个人信息，再以每条信息1.3元至1.5元不等的价格，非法出售8 000多条公民个人信息给李某（另案处理），从中非法获取12 884元。

普宁市人民法院生效判决认为，蔡某与庄某、李某在共同实施的侵犯公民个人信息的犯罪活动中，系主要实施者，在共同犯罪中起主要作用，系主犯，对蔡某应按其所参与的全部犯罪处罚。综合蔡某犯罪行为的性质、情节、危害后果及其认罪态度，依法判处蔡某有期徒刑10个月，并处罚金15 000元，追缴其违法所得12 884元。

物流公司在提供服务的过程中会获取大量公民个人信息，个别员工为获取非法利益而出售个人信息的行为不仅会侵扰公民生活安宁，也会破坏社会公众秩序，损害社会公共利益。本案通过依法处置物流公司工作人员利用公民个人信息牟利的不法行为，让人民群众在信息化发展中有更多安全感。

6. 寄递物品的损失赔偿义务

寄递物品的损失是指邮件丢失、损毁或者内件短少的情况。经营快递业务的企业对寄件损失应根据下列规定进行赔偿。

（1）按照保价金额赔偿。寄件人可以根据物品的重要性，自主选择保价或不保价递送服务品种。企业与用户之间未对赔偿事项进行约定的，对于购买保价的快件（邮件），应当按照保价金额赔偿。

（2）按照实际价值赔偿。《快递暂行条例》规定，对未保价的快件，依照民事法律的有关规定确定赔偿责任。《民法典》第833条规定，货物的毁损、灭失的赔偿额，当事人有约定的，按照其约定；没有约定或者约定不明确，依据本法第510条的规定仍不能确定的，按照交付或者应当交付时货物到达地的市场价格计算。法律、行政法规对赔偿额的计算方法和赔偿限额另有规定的，依照其规定。

（3）免责情形。《邮政法》第48条规定，因下列原因之一造成的给据邮件损失，邮政企业不承担赔偿责任：①不可抗力，但因不可抗力造成的保价的给据邮件的损失除外；②所寄物品本身的自然性质或者合理损耗；③寄件人、收件人的过错。

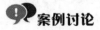
案例讨论

陈某某寄递的物品丢失

2022年8月1日，陈某某通过"某某快递"微信小程序邮寄货物，将价值3 980元的茶叶从江苏省溧阳市邮寄至新疆维吾尔自治区伊犁州，由某某物流公司快递员取件后承运，运单号为×××41。运费详情显示，①结算方式：现结；②是否保价：是；③保价金额：1 000元；④speed产品名称：特快送；⑤运费实收：222元。运单详情显示2022年8月5日快件由伊犁分拣中心准备发往伊犁师范营业部，到2022年10月，货物尚未送达。陈某某要求该物流公司赔偿自己3 980元。

问题：（1）陈某某与物流公司之间的合同是否有效？（2）陈某某的要求能否得到法院的支持？（3）物流公司应该赔偿多少？

任务四　知晓收货人的权利与义务

一、收货人的权利

（1）提货的权利。在承运人把货物运到约定地点后，收货人有以凭证领取货物的权利。《民法典》第 610 条规定，因标的物不符合质量要求，致使不能实现合同目的的，买受人可以拒绝接受标的物或者解除合同。买受人拒绝接受标的物或者解除合同的，标的物毁损、灭失的风险由出卖人承担。

（2）检验的权利。收货人提货时有权按照约定的期限检验货物。《民法典》第 620 条规定，买受人收到标的物时应当在约定的检验期限内检验。没有约定检验期限的，应当及时检验。

（3）变更的权利。必要时，收货人有权向承运人提出变更收货人和收货地点的要求。

二、收货人的义务

（1）及时提货的义务。货物运输到达后，承运人知道收货人的，应当及时通知收货人，收货人应当及时提货。《民法典》第 608 条规定，出卖人按照约定或者依据本法第 603 条第 2 款第 2 项的规定将标的物置于交付地点，买受人违反约定没有收取的，标的物毁损、灭失的风险自违反约定时起由买受人承担。

（2）及时检验的义务。《民法典》第 621 条规定，当事人约定检验期限的，买受人应当在检验期限内将标的物的数量或者质量不符合约定的情形通知出卖人。买受人怠于通知的，视为标的物的数量或者质量符合约定。当事人没有约定检验期限的，买受人应当在发现或者应当发现标的物的数量或者质量不符合约定的合理期限内通知出卖人。买受人在合理期限内未通知或者自收到标的物之日起 2 年内未通知出卖人的，视为标的物的数量或者质量符合约定；但是，对标的物有质量保证期的，适用质量保证期，不适用该 2 年的规定。

（3）支付费用的义务。在承运人履行完承运义务后，托运人或者收货人要履行支付运费、保管费或者其他费用的义务。

（4）支付保管费的义务。收货人逾期提货的，应当向承运人支付保管费等费用。

 情境导入 2 分析

问题（1）： 快递人员有权利验视李丽要寄递的物品。《邮政法》第 25 条规定，邮政企业应当依法建立并执行邮件收寄验视制度。《快递暂行条例》规定，经营快递业务的企业收寄快件，应当依照《邮政法》的规定验视内件，并做出验视标识。

问题（2）： 如果李丽拒绝打开纸箱验视，快递人员可以拒接寄递。《邮政法》第 25 条规定，对信件以外的邮件，邮政企业收寄时应当当场验视内件。用户拒绝验视的，邮政企业不予收寄。《快递暂行条例》规定，经营快递业务的企业收寄快件，应当依照《邮政法》的规定验视内件，并做出验视标识。寄件人拒绝验视的，经营快递业务的企业不得收寄。

📖 项目实训

请扫描二维码阅读案例全文，并完成以下任务：①以小组为单位进行讨论；②分析快递员有哪些违规操作；③分析本案该如何处理；④分析快递公司如何才能合理规避风险；⑤说一说本案在道德与法律层面的启示。

项目小结

　　大学生创业者会以卖家或买家的身份参与电子商务交易，产品交付是电子商务交易中卖方履行合同的核心内容，如需借助物流快递才能完成交付，那么会涉及多方当事人的权利与义务关系，极易引发纠纷。本项目的重点内容是介绍电子商务交易中各类产品的交付，以及实物产品交付中托运人、承运人、收货人的权利与义务。电子商务经营者应掌握和运用法律知识规范产品交付过程，以有效预防交付风险、顺利完成交易，用实际行动践行契约精神。

项目测试

一、案例分析题

　　张某某与案外人广州甲公司达成买卖灵武长红枣的协议，该公司宁夏代表曹某与张某某于某年9月10日签订采购合同一份。合同约定，广州甲公司向张某某采购长红枣5万斤，每斤2.7元，以10斤1箱的规格包装，每箱包装费3元，合同价款15万元。在供货过程中，为节省运费，张某某借用乙公司与顺丰宁夏公司月结客户的优惠条件，委托乙公司联系顺丰宁夏公司进行运输，运单号SF×××。顺丰宁夏公司接单后于9月29日将5万斤长红枣发往广州甲公司指定收货地广州南沙仓和江高仓。10月1日至10月2日货物到达，广州甲公司在开箱验货后，发现因冷藏运输环境温度未达标，导致货物严重损坏变质。广州甲公司在拒收货物的同时要求顺丰宁夏公司安排的送货人将货物拉回。后顺丰宁夏公司未将案涉长红枣拉回，也未做进一步的处理，最终导致该批货物全部损坏。

　　法院另查明，因张某某借用委托乙公司代其联系了与顺丰宁夏公司的业务，为张某某垫付了16 500元运费，后张某某向乙公司出具了欠条。

　　问题：（1）张某某以乙公司的名义与顺丰宁夏公司达成运输长红枣的协议是否有效？（2）张某某可以向法院提出哪些请求？（3）顺丰宁夏公司未履行哪种义务？

二、实操题

　　很多经常网购的人遇到过天上"掉馅饼"的事：没买东西却收到快递，里面装的是价格很低的小商品，有的甚至是空包裹。请同学们搜集关于空包裹的案例，并列出空包裹存在的原因，以及对商家、消费者和物流公司带来的影响。

自测题

项目四　电子支付结算法律规范

学习目标

知识目标：了解电子支付指令的发起和接收；重点掌握金融机构、非金融机构、电子支付用户在电子支付中的权利与义务；了解非金融机构的市场准入条件。

能力目标：能够明确电子支付各方的法律责任；能预防电子支付中的法律风险；能依法处理电子支付中的法律纠纷。

素质目标：树立遵守交易规则和交易习惯的意识；具有诚实守信的职业道德；具备安全防范的意识。

子项目一　电子支付行为与法律关系

情境导入 1

李丽通过支付宝进行实名认证

李丽在注册淘宝卖家时，通过支付宝进行实名认证，支付宝绑定的是李丽在某银行办理的一张借记卡，并开通了借记卡快捷支付服务、云闪付在线支付与二维码支付等服务。

问题：（1）李丽与开户银行之间是什么法律关系？（2）李丽与支付宝之间是什么法律关系？（3）支付宝与李丽的开户银行之间是什么法律关系？

任务一　识别电子支付行为

一、电子支付的界定

电子支付是买方履行电子合同的重要环节。《电子商务法》第 53 条规定，电子商务当事人可以约定采用电子支付方式支付价款。中国人民银行发布的《电子支付指引（第一号）》第 2 条规定，电子支付是指单位、个人（以下简称客户）直接或授权他人通过电子终端发出支付指令，实现货币支付与资金转移的行为。与传统的支付方式相比，电子支付具有以下鲜明特征。

（1）数字化。不同于传统支付方式通过现金的流转、票据的转让及银行的汇兑等物理实体的流转来完成款项支付，电子支付采用先进技术，通过数字流来完成信息的传输，电子信息的流转就是资金货币的流转。

（2）支付系统开放性。电子支付的工作环境基于一个开放的系统平台（即互联网），这使得支付不受支付对象、双方距离、资金信息等因素的限制。一般电子支付要求有联网的计算机、防火墙、相关的软件及其他一些配套设施，同时对软、硬件设施有很高的要求。

（3）方便、快捷、高效、经济。采用电子支付的用户只要拥有一个能上网的终端，便可足不出户，在很短的时间内完成整个支付过程，完全突破时空限制，满足每周 7 天、每天 24 小时的工作，其效率之高是传统支付望尘莫及的。电子支付所产生的费用仅相当于传统支付的几十分之一甚至更少。

二、电子支付的类型

电子支付按照不同的分类标准可以分为不同的类型，主要的分类如下。

1. 根据支付账户性质分类

根据支付账户性质的不同，电子支付可以分为银行卡支付、电子票据支付和电子货币支付。

（1）银行卡支付，是指以银行卡为工具在银行卡账户中进行的资金转移，包括电子银行在银行卡账户之间进行的资金转移。

（2）电子票据支付，是指将实物票据电子化，电子票据如同实物票据一样可以转让、贴现、质押、托收等。

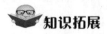

（3）电子货币支付。电子货币是指纸质现金的电子化，即以数据形式流通的货币，它把现金数值转换成为一系列的加密序列数，通过这些序列数来表示现实中各种金额的币值。电子货币的门槛很高，单用途的预付卡、虚拟货币，如网络游戏虚拟货币、Q 币，因为无法作为一般等价物流通而不是电子货币。

2. 根据是否存在支付中介分类

根据是否存在支付中介，电子支付可以分为网上银行直接支付和第三方机构支付。

（1）网上银行直接支付，是银行利用互联网技术，通过网上银行在银行账户间直接进行货币资金转移的支付方式。

（2）第三方机构支付，是指在第三方机构的账户之间，或者通过第三方机构在银行账户之间进行货币资金转移的支付方式。目前使用率较高的第三方机构支付有支付宝支付和微信支付。

知识拓展

静脉支付验证上线，终身防伪防盗刷

（新浪财经 2020-01-17）2019 年 12 月 27 日，四川省人民医院正式上线全国首家基于指静脉医保支付+聚合扫码支付的随诊随结结算系统。告别在医院看病缴费排长队的等待，在医生诊室，患者甚至不用花时间输入密码，就可以直接完成医保支付。值得注意的是，该结算系统是通过手指静脉图像进行验证的。选择医保支付的患者，再也不用带着医保卡刷卡，忘记密码也不用担心，更没有二次身份认证等烦琐环节；通过手指静脉图像验证，也减少了密码泄露和账户被盗刷的风险。

指纹、虹膜、面部等人体表面的生物特征，可能受到环境、人为改变等因素的影响而发生改变，而静脉生物特征是人体的内部特征，形成的图像是唯一且终生不会改变的，因此也是无法复制的，具有高防伪性。

即学即练

以下哪些支付行为属于电子支付：网银在线支付；刷脸支付；微信支付；超市购物卡支付；支付宝花呗支付；京东白条支付；公交卡支付；支票支付；二维码支付。

任务二　识别电子支付法律关系

电子支付法律关系是指在电子商务活动中，因采用电子支付方式而产生的电子支付主体之间的法律关系。电子支付法律关系中存在多个主体（见图 4.1，图中空心线代表电子支付的核心流程，

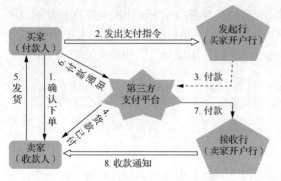

图4.1 电子支付流程图

实线代表电子支付的其他流程,虚线代表电子支付中付款的中间流程),因而包含多种类型的法律关系。各个主体之间可能存在各种各样的法律关系,其中以电子支付服务提供者和付款人、收款人之间的关系为前提和基础。

一、电子支付法律关系的主体

电子支付法律关系的主体是指在电子支付法律关系中依法享有权利和承担义务的自然人、法人或其他组织,包括付款人、收款人和完成电子支付须依靠的三个重要的第三方主体——电子支付服务提供者、电子认证服务机构和网络运营服务商。

1. 电子支付的用户

从电子支付的角度,电子支付的用户可以分为付款人和收款人。付款人是指电子商务交易中直接或者授权他人通过电子终端发出资金支付指令的人,通常是消费者或者其他产品或服务的买方。收款人是指在电子商务中依据付款人的支付指令而收取资金的人,通常是从事产品销售或提供服务的个体和工商企业。

2. 电子支付服务提供者

我国电子支付服务提供者主要有商业银行和非金融支付机构(或称第三方电子支付机构)。付款人银行可称为发起行,是指接受客户委托发出电子支付指令的银行。收款人银行可称为接收行,是指电子支付指令接收人的开户行。非金融支付机构经中国人民银行批准,可以依法从事电子支付业务,其重点在于为用户提供便捷、安全、高效的电子支付业务。非金融支付机构必须遵守我国法律规范,不得从事或者变相从事信贷、理财、融资担保、货币兑换等业务。未经许可的任何单位和个人都不得经营电子支付业务。

3. 电子认证服务机构

电子认证服务机构也称电子认证服务提供者,是指为需要第三方认证的电子签名提供认证服务的机构。

4. 网络运营服务商

网络运营服务商是进行网络运营和提供业务的实体,为电子支付活动提供硬件及软件服务。例如,目前我国的三大网络运营服务商为中国电信、中国移动、中国联通。

二、电子支付法律关系的客体

电子支付法律关系的客体是电子支付行为,即交易的双方通过银行或者非金融支付机构所提供的账户,实现货币资金从付款人账户向收款人账户转移的电子支付行为。

三、电子支付法律关系的内容

电子支付流程较为复杂,众多当事人之间都存在特定的法律关系,法律关系所指向的权利与义务共同构成了电子支付法律关系的内容。

1. 付款人和收款人之间的债权债务法律关系

资金的转移是因为付款人和收款人之间存在债权债务关系。一般是合同的买方向银行发出支付指令,银行向卖方划转资金。但是,如果资金并未到达收款人账户,那付款人的付款义务并不因其发出支付指令而解除,而应该以资金到达收款人账户并被收款人确认方可认定解除。

2. 付款人、收款人与银行的金融服务合同法律关系

电子支付中的银行包括发起行和接收行。银行和付款人、收款人之间是一种委托合同关系，付款人发出支付指令时，发起行应按照付款人的要求按时、足量地将资金划转到接收行；接收行应按照与客户（即收款人）的协议，妥善地接收划转过来的资金。

3. 付款人、收款人与非金融支付机构的委托和保管合同法律关系

非金融支付机构作为中间媒介为付款人、收款人提供资金清算业务。非金融支付机构与付款人之间是一种委托合同法律关系。当付款人发出支付指令时，非金融支付机构从付款人账户扣除需支付的款项，并存入其预先开设的账户。非金融支付机构与收款人之间是一种保管合同法律关系。当付款人确认收货后，非金融支付机构立即将货款从预先开设的账户转入收款人账户。

4. 非金融支付机构与银行的资金划拨服务合同法律关系

非金融支付机构必须依靠银行来完善自己的服务框架。非金融支付机构会与各大银行签订服务协议，从而明确各自的权利与义务，以及争议解决依据。

5. 电子认证服务机构与用户的身份验证服务合同法律关系

电子认证服务机构为电子支付法律关系中的各方主体提供相应的认证服务，像桥梁一样在各方之间建立起信任，同时对整个电子商务交易活动的秩序负责。

6. 网络运营服务商与其他主体之间的网络服务合同法律关系

网络运营服务商要按正确的模式，依据银行之间的协议传递信息；采取各种安全措施防止信息传递的失误以及信息的丢失；确保所传递信息的准确性，使信息准确地被接收人收到；保证信息的机密性和安全性。因网络系统的问题使电子支付使用者的权益受损时，其直接的追索对象应该是银行或其他中介机构等电子支付服务提供者，然后银行或其他中介机构再根据它们和网络运营服务商之间的合同确定双方的责任。

即学即练

2021 年 11 月 15 日，张某某向中国建设银行股份有限公司鄂尔多斯某支行申请办理卡号为×××的神州行汽车龙卡银行卡 1 张，开通网上银行、手机银行、电话银行、短信银行等服务；同时开通 ATM 转账，限额为 50 000 元。2022 年 7 月 30 日至 2023 年 7 月 28 日，张某某持有的该银行卡的交易均为境内交易。

2023 年 7 月 29 日 1 时 1 分至 1 时 3 分，张某某的银行卡发生境外交易支出 5 笔，分别为 796.94 元、797.21元、797.48 元、797.61 元、797.75 元共计 3 986.99 元。交易发生时，张某某在鄂尔多斯市东胜区，卡片由其持有。该 5 笔交易的受理方位于菲律宾境内，商户类型为五金商店，应用方机构代码为×××，该代码为云闪付机构代码。云闪付是非金融支付机构，主要提供网络支付业务。中国建设银行作为支付机构，受理的涉及银行账户的网络支付业务已于 2022 年 12 月 30 日全部通过网联平台处理。2023 年 7 月 29 日 19 时 54 分，张某某将银行卡临时挂失成功。2023 年 7 月 30 日，原告张某某向鄂尔多斯市公安局东胜区分局报案，同日该局审查认为涉案金额未达立案追诉标准，不予立案。张某某向法院起诉请求：要求中国建设银行鄂尔多斯某支行赔偿因其侵权给自己造成的损失 3 986.99 元。

问题：该案例中存在哪些法律关系？

情境导入 1 分析

问题（1）：李丽和其开户银行之间是一种金融服务法律关系。在电子支付过程中，二者之间是一种委托合同关系，李丽作为付款人发出支付指令时，其开户银行应按照要求按时、足量地将资金划转到其指定的接收银行。

问题（2）：李丽与支付宝之间是一种委托合同法律关系。当李丽发出支付指令时，支付宝作为非金融支

付机构从李丽的账户扣除需要支付的款项，并存入其预先开设的账户。

问题（3）：支付宝与李丽的开户银行之间是一种资金划拨服务合同法律关系。支付宝会与各大银行签订服务协议，从而作为中间媒介为付款人、收款人提供资金划拨业务。

子项目二　电子支付指令的安全与差错

情境导入2

李丽的银行卡被盗刷（1）

2023年7月27日，李丽收到了一条号码为008××××733发来的短信，内容为"【高速中心】您的高速通行卡显示7月27日已处于冻结状态，为避免影响您的正常通行，请于24小时内登录https://bg×××.com解冻。"李丽随即点击该短信中的链接，重新绑定了一张自己名下的银行卡，并输入了中国银联发送的验证码。中国银联发送的短信内容为"验证码123456，您正在云闪付App绑定银行卡，将开通在线支付与二维码支付。泄露验证码会影响资金安全，请勿泄露【中国银联】""不要告诉任何人！验证码234851，您于2023年7月27日10：04进行银联在线支付开通验证【中国银联】"。操作完成后，李丽的银行卡在当日连续发生49笔网络盗刷交易，被盗刷3万余元。款项被盗刷时，李丽陆续收到了银行的扣款提示短信。

问题：李丽银行卡被盗刷的损失，应该由谁来承担？

任务一　保障电子支付指令的安全

一、电子支付指令的界定

电子支付指令是指付款人向电子支付服务提供者发出的，将固定的或者可确定的货币金额交由收款人的无条件指令。

支付指令的本质是《民法典》和《电子签名法》所规定的数据电文的一种。在完整记载收付款人的真实姓名、交易金额、支付指令发起日期等事项，并经用户确认后，支付指令具有法律效力，可以认为是用户发起资金划拨的真实意思表达。支付指令按照业务规则发出后，用户不得变更或撤销，但双方另有约定的除外。因此，用户在确认支付指令前，必须认真核对支付指令所包含的金额、收款人等信息，确保其正确性。此外，用户授权他人发出的电子支付指令也是有效指令。

二、电子支付指令的安全性要求

电子支付指令的安全性要求是指电子支付服务提供者应当积极采取技术和制度措施，保障电子支付安全的法律要求。《电子商务法》第54条规定，电子支付服务提供者提供电子支付服务不符合国家有关支付安全管理要求，造成用户损失的，应当承担赔偿责任。

1. 电子支付指令发起的安全性要求

电子支付指令的发起行应建立必要的安全程序，对客户身份和电子支付指令进行确认，并妥善管理在电子支付业务处理系统中使用的密码、密钥等认证数据。对于较大数额或者特定时段的支付指令，电子支付服务提供者可以与用户约定进行多因素验证；发生支付指令可疑时，应当在取得用户确认后再进行安全的资金划拨。

发起行应采取有效措施，在客户发出电子支付指令前，提示客户对指令的准确性和完整性进行确认。

发起行应确保正确执行客户的电子支付指令，对电子支付指令进行确认后，应能够向客户提供纸质或电子交易回单，同时形成日志文件等记录，至少保存至交易后5年。

2. 电子支付指令接收的安全性要求

电子支付活动中，银行应确保电子支付指令传递的完整性、一致性、可跟踪稽核和不可篡改。发起行和接收行之间应按照协议规定及时发送、接收和执行电子支付指令，并回复确认。

接收行由于自身系统或内控制度等原因对电子支付指令未执行、未适当执行或迟延执行，致使客户款项未准确入账的，应及时纠正。

电子支付服务提供者完成电子支付后，应当及时准确地向用户提供符合约定方式的确认支付信息。在电子支付中，确认支付信息的方式很多，较为常见的是发送信息和在应用程序中发送通知。

同步案例

银行对储户尽到通知义务案

单某通过建行银川某支行的智慧柜员机为自己名下的建行借记卡办理了签约电子银行的业务，网上银行、手机银行、电话银行预留的签约号码均为139×××××××××，且网上银行的安全工具类型为短信动态口令。2023年6月，单某的银行卡通过无卡自助消费两笔，收款方均为福州某贸易有限责任公司，交易模式均为异地。单某认为此2笔消费为盗刷，要求建行银川某支行赔偿损失。

经查，此两笔消费系通过网购平台注册、下单、付款、商家发货以及快递配送等形式完成。经商户交易查询，订单信息、客户收货信息和发货信息明确。法院认为系无卡交易而非伪卡交易或盗刷。涉案银行卡交易发生时，单某确认收到了验证码及每笔消费的通知短信，建行银川某支行在履行合同过程中已经尽到了通知义务。交易过程中，银行根据单某在办理电子银行业务时确定的网上银行安全工具类型发送了验证码和交易短信，并根据验证信息的输入进行相应划款，银行按此操作并无违规。故对单某主张被告建行银川某支行赔付银行卡被盗的诉讼请求不予支持。

3. 保障电子支付用户的知情权

提供电子支付业务的银行要保障用户的知情权。用户办理电子支付业务时，银行应当以适当的方式告知用户如下信息：①银行名称、营业地址及联系方式；②办理电子支付业务的条件；③所提供的电子支付业务品种、操作程序和收费标准等；④电子支付交易品种可能存在的全部风险，包括该品种的操作风险、未采取的安全措施、无法采取安全措施的安全漏洞等；⑤使用电子支付交易品种可能产生的风险。

用户办理电子支付业务时，银行若要求客户提供有关资料信息，应告知客户所提供信息的使用目的和范围、安全保护措施，以及客户未提供或未真实提供相关资料信息的后果；还要提供提醒客户妥善保管、使用或授权他人使用电子支付交易存取工具（如卡、密码、密钥、电子签名制作数据等）的警示性信息，以及争议与差错的处理方式。

4. 电子支付用户应妥善保管交易密码

已开办电子支付服务的用户应当妥善保管交易密码、电子签名数据等安全工具。用户发现安全工具遗失、被盗用或者未经授权完成支付的，应当及时通知电子支付服务提供者。如果用户未履行这一义务，就可能承担相应的责任。

用户应当按照与发起行的协议规定，发起电子支付指令。在发出支付指令前，用户应当核对支付指令所包含的金额、收款人等完整信息。

任务二　明晰支付指令差错的责任主体

电子支付指令差错包括两种情况：一种是支付指令错误，是指支付指令在传递过程中出现所载内容与指令发出人真实意思表达不一致的瑕疵，包括支付命令表述错误、支付命令的错误执行等；另一种是非授权指令支付，是指因用户的电子支付工具被盗、丢失等原因而发生的未经用户确认的电子支付。在非授权指令支付中，电子支付账户的实际使用人不是用户本人，也未得到用户的授权。

一、电子支付指令错误的责任主体

电子支付指令错误造成损失的责任主体情况如下。

（1）因电子支付服务提供者信息系统故障和其他非用户原因等造成损失的，由电子支付服务提供者承担责任。只要电子支付服务提供者不能证明支付错误非自身原因造成，就要承担赔偿责任。

（2）因用户输入错误导致支付指令错误的，由用户承担责任。用户发现支付指令错误，应当及时通知电子支付服务提供者，电子支付服务提供者应当在收到通知后及时查找原因、采取措施，并将处理结果告知用户。电子支付服务提供者发现因用户原因造成电子支付指令未执行、未适当执行、延迟执行的，应主动通知用户改正或配合用户采取补救措施。因不可抗力造成电子支付指令未执行、未适当执行、延迟执行的，电子支付服务提供者应当采取积极措施防止损失扩大。电子支付服务提供者未及时采取措施导致损失扩大的，对损失扩大部分承担责任。

二、非授权指令支付的责任主体

非授权指令支付造成损失的责任主体情况如下。

（1）未经授权的支付造成的损失，由电子支付服务提供者承担；如果电子支付服务提供者能够证明未经授权的支付是因用户的过错造成的，就可以免责。

（2）如果有证据证明用户有意泄露交易密码，或者用户未按照服务协议尽到应尽的安全防范与保密义务造成损失的，损失由用户承担。

（3）电子支付服务提供者发现支付指令未经授权，或者收到用户支付指令未经授权的通知时，应当立即采取措施防止损失扩大。电子支付服务提供者未及时采取措施导致损失扩大的，对损失扩大部分承担责任。

（4）因第三方服务机构的原因造成用户损失的，电子支付服务提供者应予以赔偿，再根据与第三方服务机构的协议进行追偿。

 **案例讨论**

徐某某的银行卡被盗刷60万元

2021年，徐某某在招商银行上海某支行办理的银行卡被盗刷，该账户分12笔，将合计60万元的款项转至章某某的账户。另查，徐某某在招商银行北京分行某某支行的账户在2021年亦有两笔合计1万元的款项转至章某某账户。2022年，根据上海市第二中级人民法院的刑事裁定书，被告人童某某采用非法手段在2021年将上述被害人徐某某名下银行卡中的资金人民币610 000元转账至户名为章某某的银行卡内。2023年上海市黄浦区人民法院依据前述刑事案件，向徐某某发还了1万余元，并做出终结本次执行的裁定书。徐某某向法院提起诉讼，要求招商银行上海某支行赔偿存款损失59万余元及利息损失。

问题：（1）招商银行上海某支行对徐某某的账户存款应尽哪些义务？（2）徐某某账户遭网络盗刷后，与徐某某建立储蓄存款合同的招商银行上海某支行应否对被盗刷的款项承担支付责任？

情境导入2分析

由李丽自己承担。《电子商务法》第57条规定，用户应当妥善保管交易密码、电子签名数据等安全工具。用户发现安全工具遗失、被盗用或者未经授权的支付的，应当及时通知电子支付服务提供者。未经授权的支付造成的损失，由电子支付服务提供者承担；电子支付服务提供者能够证明未经授权的支付是因用户的过错造成的，不承担责任。在收到诈骗短信后，李丽未核实交易的必要性及真实性，点击不明绑卡链接并进行绑卡、输入验证码、开通在线支付与二维码支付等一系列操作，对其银行卡被盗刷存在过错。

子项目三　电子支付的监管

情境导入 3

李丽的银行卡被盗刷（2）

李丽在中国建设银行某支行办理了一张借记卡，开通了短信通知服务，多次使用该卡在第三方支付平台进行小额消费。2022 年 8 月 3 日，该卡发生 5 笔消费，共计 14 700 元。第一笔消费通过"中国银联股份有限公司上海分公司"发生，第二笔消费通过"深圳市财付通科技有限公司"发生，第三笔消费通过"迅付信息科技有限公司"发生，第四笔和第五笔均通过"智付"发生。李丽在 2022 年 8 月 9 日使用该卡过程中发现银行卡被盗刷。当日，李丽在建行珠海某支行打印交易清单，并于 2022 年 8 月 11 日向当地派出所报案。

问题：（1）李丽用建行借记卡在第三方支付平台进行的消费行为，建行是否尽到了相应的义务？（2）对于李丽损失的 14 700 元，建行是否应该承担赔偿责任？

我国电子支付市场分为金融机构电子支付市场和非金融机构电子支付市场。对于金融机构的电子支付，中国人民银行作为主管机构于 1991 年开始建设现代化支付体系，这标志着金融电子支付开始全面发展。非金融机构的电子支付起步虽晚于金融机构的电子支付，但是以支付宝、微信支付为代表的非金融机构的电子支付在后续获得了瞩目的发展。电子支付的快速发展带来了特定的风险，主要包括技术风险、操作风险、信用风险及市场风险。无论是金融机构电子支付还是非金融机构电子支付，都需要从市场准入、行为规范等方面进行监管。

任务一　知晓金融机构电子支付的监管

2006 年公布的《电子银行业务管理办法》（中国银行业监督管理委员会令 2006 年第 5 号）较为详细地规定了商业银行的网络银行业务规范。整体而言，金融机构的电子支付法律监管着重于保障支付安全、保护消费者权益等。

一、市场准入

根据《电子银行业务管理办法》第 10 条的规定，金融机构开办以互联网为媒介的网上银行业务、手机银行业务等电子银行业务，除应具备第 9 条所列条件外，还应具备以下条件。

（1）电子银行基础设施设备能够保障电子银行的正常运行。

（2）电子银行系统具备必要的业务处理能力，能够满足客户适时业务处理的需要。

（3）建立了有效的外部攻击侦测机制。

（4）中资银行业金融机构的电子银行业务运营系统和业务处理服务器设置在中华人民共和国境内。

（5）外资金融机构的电子银行业务运营系统和业务处理服务器可以设置在中华人民共和国境内或境外。设置在境外时，应在中华人民共和国境内设置可以记录和保存业务交易数据的设施设备，能够满足金融监管部门现场检查的要求，在出现法律纠纷时，能够满足中国司法机构调查取证的要求。

二、行为规范

1. 电子支付结算系统与客户信息的安全

银行开展电子支付业务采用的信息安全标准、技术标准、业务标准等应当符合有关规定。银行应针对与电子支付业务活动相关的风险，建立有效的管理制度。银行应确保电子支付业务处理系统的安全性，保证重要交易数据的不可抵赖性、数据存储的完整性、客户身份的真实性，并妥善管理客户在电子支付业务处理系统中使用的密码、密钥等认证数据。银行使用客户资料、交易记录等，不得超出法律法规许可和客户授权的范围。银行应依法对客户的资料信息、交易记录等保密。除国家法律、行政法规另有规定外，银行应当拒绝除客户本人以外的任何单位或个人的查询。由于银行保管、使用不当，导致客户资料信息被泄露或篡改的，银行应采取有效措施防止因此给客户造成损失，并及时通知和协助客户补救。

2. 电子支付结算的金额控制

银行应根据审慎性原则并针对不同客户，在电子支付类型、单笔支付金额和每日累计支付金额等方面做出合理限制。银行通过互联网为个人客户办理电子支付业务，除采用数字证书、电子签名等安全认证方式外，单笔金额不应超过 1 000 元人民币，每日累计金额不应超过 5 000 元人民币。银行为客户办理电子支付业务，单位客户从其银行结算账户支付给个人银行结算账户的款项，其单笔金额不得超过 5 万元人民币，但银行与客户通过协议约定，能够事先提供有效付款依据的除外。银行应在客户的信用卡授信额度内，设定用于网上支付交易的额度供客户选择，但该额度不得超过信用卡的预借现金额度。

3. 电子支付交易数据的完整性与可靠性

银行应采取必要措施保护电子支付交易数据的完整性和可靠性：第一，制定相应的风险控制策略，防止电子支付业务处理系统发生有意或无意的危害数据完整性和可靠性的变化，并具备有效的业务容量、业务连续性计划和应急计划；第二，保证电子支付交易与数据记录程序的设计发生擅自变更时能被有效侦测；第三，有效防止电子支付交易数据在传送、处理、存储、使用和修改过程中被篡改，任何对电子支付交易数据的篡改能通过交易处理、监测和数据记录功能被侦测；第四，按照会计档案管理的要求，对电子支付交易数据，以纸介质或磁性介质的方式进行妥善保存，保存期限为 5 年，并方便调阅。

银行应妥善保管电子支付业务的交易记录，对电子支付业务的差错应详细备案登记，记录内容应包括差错时间、差错内容与处理部门，以及人员姓名、客户资料、差错影响或损失、差错原因、处理结果等。

4. 电子支付交易数据的保密

银行应采取必要措施为电子支付交易数据保密：第一，对电子支付交易数据的访问须经合理授权和确认；第二，电子支付交易数据须以安全方式保存，并防止其在公共、私人或内部网络上传输时被擅自查看或非法截取；第三，第三方获取电子支付交易数据必须符合有关法律法规的规定以及银行关于数据使用和保护的标准与控制制度；第四，对电子支付交易数据的访问均须登记，并确保该登记不被篡改。

三、监督管理与法律责任

2018 年，按照国务院机构改革方案，银监会和保监会合并成立银保监会。2023 年在银保监会的基础上组建国家金融监督管理总局。中国金融监管架构从原先的"一行两会"（中国人民银行、银保监会、证监会）演变为"一行一总局一会"（中国人民银行、国家金融监督管理总局、证监会）。

国家金融监督管理总局依法对电子银行业务实施非现场监管、现场检查和安全监测，对电子银行安全评估实施管理，并对电子银行的行业自律组织进行指导和监督。国家金融监督管理总局根据监管的需要，可以依法对金融机构的电子银行业务实施现场检查，也可以聘请外部专业机构对电子银行业务系统进行安全漏洞扫描、攻击测试等检查。

开展电子银行业务的金融机构，应做到以下几点。第一，应定期对电子银行业务发展与管理情况进行自我评估，并应每年编制《电子银行年度评估报告》。第二，应当建立电子银行业务重大安全事故和风险事件的报告制度，并保持与监管部门的经常性沟通。对于电子银行系统被恶意攻破并已出现客户或银行损失，电子银行被病毒感染并导致机密资料外泄，以及可能会引发其他金融机构电子银行系统风险的事件，金融机构应在事件发生后 48 小时内向国家金融监督管理总局报告。第三，应按照国家金融监督管理总局的有关规定，定期对电子银行系统进行安全评估，并将其作为电子银行风险管理的重要组成部分。

金融机构开展电子银行业务违反审慎经营规则但尚不构成违法违规，并导致电子银行系统存在较大安全隐患的，国家金融监督管理总局将责令限期改正；逾期未改正，或者其安全隐患在短时间难以解决的，国家金融监督管理总局可以区别情形，采取下列措施：①暂停批准增加新的电子银行业务类型；②责令金融机构限制发展新的电子银行客户；③责令调整电子银行管理部门负责人。

同步案例

罕见，央行对银行开出电票业务罚单！

（网易 2019-08-15）央行公告一则处罚，涉及银行的票据业务，且关于电票事项。央行经常进行票据处罚，但主要对象是一般企业，对银行进行票据处罚的则不多，2019 年 8 月 1 日江苏紫金农村商业银行则打破了这一现状。

中国人民银行南京分行网站公布的行政处罚信息公示表 [（南银）罚字〔2019〕第 14 号] 显示，江苏紫金农村商业银行违反《人民币银行结算账户管理办法》《票据法》《电子商业汇票业务管理办法》等相关规定，中国人民银行南京分行依法对江苏紫金农村商业银行给予警告，罚款人民币 188.8 万元。

任务二　知晓非金融机构电子支付的监管

非金融机构电子支付也称第三方支付，是指非金融机构在收付款人之间作为中介机构提供的货币资金转移服务。第三方支付属于由互联网企业主导的金融业务，是独立于银行之外的第三方机构，为了保证电子商务交易的顺利进行，向买家和卖家提供资金结算担保系统。

一、市场准入

依据《非金融机构支付服务管理办法》的规定，非金融机构提供支付服务，应当依据本办法规定取得《支付业务许可证》，成为支付机构。支付机构依法接受中国人民银行的监督管理。未经中国人民银行批准，任何非金融机构和个人不得从事或变相从事支付业务。《非金融机构支付服务管理办法》第 8 条规定，《支付业务许可证》的申请人应当具备下列条件：①在中华人民共和国境内依法设立的有限责任公司或股份有限公司，且为非金融机构法人；②有符合本办法规定的注册资本最低限额；③有符合本办法规定的出资人；④有 5 名以上熟悉支付业务的高级管理人员；⑤有符合要求的反洗钱措施；⑥有符合要求的支付业务设施；⑦有健全的组织机构、内部控制制度和风险管理措施；⑧有符合要求的营业场所和安全保障措施；⑨申请人及其高级管理人员最近 3 年内未因利用支付业务实施违法犯罪活动或为违法犯罪活动办理支付业务等受过处罚。

《非金融机构支付服务管理办法》第 9 条规定，申请人拟在全国范围内从事支付业务的，其注册资本最低限额为 1 亿元人民币；拟在省（自治区、直辖市）范围内从事支付业务的，其注册资本最低限额为 3 000 万元人民币。注册资本最低限额为实缴货币资本。

 同步案例

深圳某网络科技有限公司未取得支付业务许可导致合同无效案

原告上海某商贸有限公司与被告深圳某网络科技有限公司签订了一份《"某某宝"平台业务运营商合作协议书》，在合同中约定以被告开发的"某某宝"作为平台，通过某某宝 POS 机对银联卡进行刷卡、收款的方式获取盈利，原、被告再按约定对盈利进行分配。POS 机属于金融支付终端，被告深圳某网络科技有限公司是非金融机构，按照《非金融机构支付服务管理办法》第 3 条的规定，非金融机构提供支付服务，应当依据本办法规定取得《支付业务许可证》，成为支付机构。而被告深圳某网络科技有限公司并未取得《支付业务许可证》。被告以 POS 机从事应取得国家支付许可的金融活动，并通过银联刷卡等方式作为与原告合作的手段，违反了金融管理的规定，依照《民法典》第 153 条"违反法律、行政法规的强制性规定的民事法律行为无效"的规定，上海某商贸有限公司与深圳某网络科技有限公司签订的《"某某宝"平台业务运营商合作协议书》是无效合同。

二、行为规范

1. 支付业务

第三方支付机构接到客户的支付指令后，要向客户开户银行发送支付指令，扣划客户银行账户中的资金。在此过程中，第三方支付机构和银行应当遵循下列要求。

（1）支付机构应当事先或在首笔交易时自主识别客户身份并分别取得客户和银行的协议授权，同意其向客户的银行账户发起支付指令扣划资金。

（2）银行应当事先或在首笔交易时自主识别客户身份并与客户直接签订授权协议，明确约定扣款适用范围和交易验证方式，设立与客户风险承受能力相匹配的单笔和单日累计交易限额，承诺无条件全额承担此类交易的风险损失先行赔付责任。

除单笔金额不超过 200 元的小额支付业务，公共事业缴费、税费缴纳、信用卡还款等收款人固定并且定期发生的支付业务，以及符合《非银行支付机构网络支付业务管理办法》第 37 条规定的情形以外，支付机构不得代替银行进行交易验证。

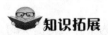 **知识拓展**

《非银行支付机构网络支付业务管理办法》第 37 条：评定为"A"类的支付机构按照第 10 条规定办理相关业务时，可以与银行根据业务需要，通过协议自主约定由支付机构代替进行交易验证的情形，但支付机构应在交易中向银行完整、准确发送交易渠道、交易终端或接口类型、交易类型、商户名称、商户编码、商户类别码、收付款客户名称和账号等交易信息；银行应核实支付机构验证手段或渠道的安全性，且对客户资金安全的管理责任不因支付机构代替验证而转移。

 **案例讨论**

朱某某17笔资金非其本人经财付通公司转入张某某账户

朱某某曾在贵州某银行办理综合业务，开通网上银行、手机银行、短信服务功能，ATM 日累计限额 5 万元，无卡业务单笔累计限额 5 000 元；并签订《贵州某银行个人银行结算账户管理协议》《贵州某银行股份有限公司电子银行个人客户服务协议》。朱某某在 2017 年 10 月 12 日添加张某某为微信好友，12 月 21 日发现银行卡被盗刷，遂报案并打印《贵州某银行股份有限公司账户历史交易明细清单》，该清单载明从 2017 年

10月至2017年12月共发生22笔账户支出，其中2笔为其个人通过银行自助设备终端支取，其余20笔经财付通公司转入张某某账户。朱某某表示其中3笔为个人支付行为，剩余17笔非其本人所为。朱某某因与银行就赔偿事宜未协商一致，向法院起诉请求：判令贵州某银行立即向自己赔偿借记卡被他人盗刷损失。而法院在审理过程中发现，该银行与第三方财付通公司均未向法院提交由存款人朱某某签约手机号、短信验证校验手机号发出付款请求或者支付指令的数据，也未向法院提交张某某在第三方公司登记的个人客户基本信息及通过第三方公司与朱某某交易的数据，第三方财付通公司也未提交取得客户朱某某授权向其存款银行发起支付指令扣划资金的任何证据。

问题：（1）本案例中的17笔资金转移是否属于第三方支付？（2）本案例中的银行是否有义务保障朱某某个人账户资金的安全？（3）朱某某被盗刷的17笔存款的损失应由谁先承担？

2. 交易信息管理

根据《电子商务法》第53条第3款的规定，电子支付服务提供者应当向用户免费提供对账服务以及最近3年的交易记录。第三方支付机构应当确保交易信息的真实性、完整性、可追溯性以及在支付全流程中的一致性，不得篡改或者隐匿交易信息。交易信息包括但不限于下列内容：①交易渠道、交易终端或接口类型、交易类型、交易金额、交易时间，以及直接向客户提供商品或者服务的特约商户名称、编码和按照国家与金融行业标准设置的商户类别码；②收付款客户名称，收付款支付账户账号或者银行账户的开户银行名称及账号；③付款客户的身份验证和交易授权信息；④有效追溯交易的标志；⑤单位客户单笔超过5万元的转账业务的付款用途和事由。

3. 交易额度限制

第三方支付机构应根据交易验证方式的安全级别，按照下列要求对个人客户使用支付账户余额付款的交易进行限额管理。

（1）支付机构采用包括数字证书或电子签名在内的两类（含）以上有效要素进行验证的交易，单日累计限额由支付机构与客户通过协议自主约定。

（2）支付机构采用不包括数字证书、电子签名在内的两类（含）以上有效要素进行验证的交易，单个客户所有支付账户单日累计金额应不超过5 000元（不包括支付账户向客户本人同名银行账户转账）。

（3）支付机构采用不足两类有效要素进行验证的交易，单个客户所有支付账户单日累计金额应不超过1 000元（不包括支付账户向客户本人同名银行账户转账），且支付机构应当承诺无条件全额承担此类交易的风险损失赔付责任。

4. 客户信息的保护

（1）对第三方支付机构自身的规定。第三方支付机构应当依照中国人民银行有关客户信息保护的规定，制定有效的客户信息保护措施和风险控制机制，履行客户信息保护责任。第三方支付机构不得存储客户银行卡的磁道信息或芯片信息、验证码、密码等敏感信息，原则上不得存储银行卡有效期。因特殊业务需要，支付机构确需存储客户银行卡有效期的，应当取得客户和开户银行的授权，以加密形式存储。第三方支付机构应当以"最小化"原则采集、使用、存储和传输客户信息，并告知客户相关信息的使用目的和范围；也不得向其他机构或个人提供客户信息，法律法规另有规定，以及经客户本人逐项确认并授权的除外。

（2）对特约商户的规定。特约商户是指与收单机构签订银行卡受理协议、按约定受理银行卡并委托收单机构为其完成交易资金结算的企事业单位、个体工商户或其他组织，以及按照国家市场监督管理机构有关规定，开展网络商品交易等经营活动的自然人。第三方支付机构应当通过协议约定禁止特约商户存储客户银行卡的磁道信息或芯片信息、验证码、有效期、密码等敏感信息，并采取定期检查、技术监测等必要监督措施。特约商户违反协议约定存储上述敏感信息的，第三方支付机构应当立即暂停或者终止为其提供网络支付服务，采取有效措施删除敏感信息、防止信息泄露，并依法承担因相关信息泄露造成的损失和责任。

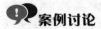**案例讨论**

广东省某电子支付有限公司的特约商户C公司擅自转移客户资金

原告龚某某在 A 集团公司的网页上注册账号进行理财。后龚某某登录 A 集团网站并提交订单，用自有银行账号通过广东省某电子支付有限公司的支付平台向该账号充值，但该笔资金未到龚某某用于理财的账号上，实际支付给了电子支付公司支付平台上商家号为 33×× 的 C 公司账户。经查，C 公司作为电子支付公司的特约商户，存在将电子支付公司的网络支付接口转接至"http://users.××"网站使用的行为。电子支付公司在收到相关投诉后，关闭了 C 公司的网络支付接口。

问题：（1）C 公司是否应当返还龚某某的充值资金？（2）广东省某电子支付有限公司是否应当承担责任？

三、监督管理与法律责任

《非金融机构支付服务管理办法》规定，中国人民银行及其分支机构依据法律、行政法规、中国人民银行的有关规定对支付机构的公司治理、业务活动、内部控制、风险状况、反洗钱工作等进行定期或不定期现场检查和非现场检查。支付机构应当接受中国人民银行及其分支机构定期或不定期的现场检查和非现场检查，如实提供有关资料，不得拒绝、阻挠、逃避检查，不得谎报、隐匿、销毁相关证据材料。

中国人民银行及其分支机构可以采取下列措施对支付机构进行现场检查：①询问支付机构的工作人员，要求其对被检查事项做出解释、说明；②查阅、复制与被检查事项有关的文件、资料，对可能被转移、藏匿或毁损的文件、资料予以封存；③检查支付机构的客户备付金专用存款账户及相关账户；④检查支付业务设施及相关设施。

支付机构有下列情形之一的，中国人民银行及其分支机构有权责令其停止办理部分或全部支付业务：①累计亏损超过其实缴货币资本的 50%；②有重大经营风险；③有重大违法违规行为。

支付机构有下列情形之一的，中国人民银行分支机构责令其限期改正，并给予警告或处 1 万元以上 3 万元以下罚款：①未按规定建立有关制度办法或风险管理措施的；②未按规定办理相关备案手续的；③未按规定公开披露相关事项的；④未按规定报送或保管相关资料的；⑤未按规定办理相关变更事项的；⑥未按规定向客户开具发票的；⑦未按规定保守客户商业秘密的。

支付机构有下列情形之一的，中国人民银行分支机构责令其限期改正，并处 3 万元罚款；情节严重的，中国人民银行注销其《支付业务许可证》；涉嫌犯罪的，依法移送公安机关立案侦查；构成犯罪的，依法追究刑事责任：①转让、出租、出借《支付业务许可证》的；②超出核准业务范围或将业务外包的；③未按规定存放或使用客户备付金的；④未遵守实缴货币资本与客户备付金比例管理规定的；⑤无正当理由中断或终止支付业务的；⑥拒绝或阻碍相关检查监督的；⑦其他危及支付机构稳健运行、损害客户合法权益或危害支付服务市场的违法违规行为。

支付机构未按规定履行反洗钱义务的，中国人民银行及其分支机构依据国家有关反洗钱法律法规等进行处罚；情节严重的，中国人民银行注销其《支付业务许可证》。

同步案例

中国人民银行营业管理部对滴滴支付实施行政处罚

（界面新闻 2022-07-15）2022 年 7 月 15 日，中国人民银行营业管理部（北京）发布的行政处罚信息公示显示，北京滴滴支付技术有限公司（下称"滴滴支付"）因 12 类违规行为被警告，并被罚款 427 万元。中国人民银行营业管理部披露的滴滴支付涉及的 12 类违规行为包括：上传交易信息错误，未落实交易信息真实、完整、可追溯的要求；未严格落实客户身份实名制要求，未按规定开展法人开户意愿核实工作；未严格落实客户身份实名制要求，未按规定留存相关材料；违规设置收单结算账户；为金融企业或从事金融业务的企业开立支付账户；未对个人异常交易进行交易背景调查；违规进行非同名资金划转；未及时报告重大风险事件；未按规定对支付服务协议格式条款进行备案；未按规定履行客户身份识别义务；侵害消费者金融信息依法得到保护的权利；利用格式合同条款做出对金融消费者不公平、不合理的规定。

同时，中国人民银行营业管理部还对滴滴支付两名时任高管做出警告，并合计罚款38万元人民币。

情境导入3分析

问题（1）：李丽用建行借记卡在第三方支付平台进行的消费行为，建行已尽到相应的义务。《非银行支付机构网络支付业务管理办法》第10条第2款规定：银行应当事先或在首笔交易时自主识别客户身份并与客户直接签订授权协议，明确约定扣款适用范围和交易验证方式，设立与客户风险承受能力相匹配的单笔和单日累计交易限额，承诺无条件全额承担此类交易的风险损失先行赔付责任。李丽曾多次通过第三方支付平台进行小额交易，说明系李丽本人将借记卡绑定第三方支付平台，建行已履行了客户身份的验证义务。

问题（2）：对于李丽损失的14 700元，建行应该承担一定的赔偿责任。《非银行支付机构网络支付业务管理办法》第27条规定，支付机构应当采取有效措施，确保客户在执行支付指令前可对收付款客户名称和账号、交易金额等交易信息进行确认，并在支付指令完成后及时将结果通知客户。《电子支付指引（第一号）》第28条规定，银行应与客户约定，及时或定期向客户提供交易记录、资金余额和账户状态等信息。李丽的借记卡发生第一次盗刷后，因建行未能在李丽账户资金发生变动后通过手机短信通知李丽，导致李丽未能及时发现其账户资金的异常变动，未及时办理挂失止付，导致损失的扩大，建行负有一定的责任。

项目实训

请扫描二维码阅读案例全文，并完成以下任务：①以小组为单位进行讨论；②完成本案件争议焦点归纳；③找出本案件适用的法律规定；④预测法院的判决结果；⑤说一说本案在道德与法律层面的启示。

项目小结

电子支付是买家履行电子合同的重要环节。大学生在日常生活和创业中，都会使用电子支付。其较传统支付具有方便快捷的优势，但同时也会引发许多新的风险和问题。本项目的重点是介绍电子支付法律关系的内容、电子支付中各方当事人的权利与义务、金融机构和非金融机构的监管等。电子商务从业者掌握电子支付法律知识，能有效避免电子支付风险，提高安全防范意识，保护好财产安全。

项目测试

一、案例分析题

（中国裁判文书网2022-06-30）北京某支付服务有限公司（甲方）与某财富投资管理（北京）

有限公司（乙方）签订特约商户受理银行卡业务服务协议，约定甲方向乙方提供支付服务受理终端（POS 机），在扣除手续费后将使用终端支付的剩余款项划拨至乙方指定账户，乙方主账户开户名为其法定代表人李某，开户账号为×××66，开户行为中国邮政储蓄银行北京通州区某支行。协议签订后，北京某支付服务有限公司（甲方）向张某某交付了 POS 机。张某某经由该 POS 机，用光大银行卡向该财富投资管理（北京）有限公司转账 30 万元，在支付公司的操作下，上述款项未转至该财富投资管理（北京）有限公司的账户，而直接转至上述业务服务协议中记载的李某账户内。张某某认为，支付服务公司（上述甲方）未按自己的支付授权将资金转移到财富投资管理公司（上述乙方）的账户中，擅自篡改了收款人的账号，造成资金损失，要求该支付服务公司退还 30 万元，并赔偿利息。

中国人民银行营业管理部认定，上述财富投资管理（北京）有限公司（乙方）为北京某支付服务有限公司（甲方）特约商户；甲方公司在对其特约商户的签约过程中存在未严格审核其入网材料、收单银行结算账户设置不规范的违规情况，且未能采取有效的检查措施和技术手段对特约商户的经营情况进行检查。

问题：（1）张某某与北京某支付服务有限公司是否存在合同法律关系？（2）北京某支付服务有限公司有哪些违约、违法行为？（3）张某某的主张能否得到法院的支持？

二、实操题

很多喜欢网购的消费者会接到自称是电商卖家客服打来的电话，告诉消费者购买的商品存在质量问题或者快递丢失，以办理赔偿为由发送不明链接或者二维码，借机获取消费者的身份证号、银行卡、验证码等信息，盗取消费者账户中的资金。请同学们查阅资料，搜集电商领域中威胁消费者资金安全的犯罪手段，并提出相应的预防措施。

 自测题

项目五　电商消费者权益保护法律规范

学习目标

知识目标：掌握电商消费者的界定标准；重点掌握电商消费者享有的权利；掌握电商经营者侵害消费者权益需承担的法律责任。

能力目标：能够识别电商消费者的身份；能够识别电商消费者享有的权益类型；预防侵害电商消费者的法律风险。

素质目标：树立诚信经营的理念；具有创业法律意识；具有网络法治意识；具有维护公平竞争的市场秩序的意识。

子项目一　电商消费者身份认定与保护机构

情境导入 1

李丽在淘宝上买错针线

李丽在淘宝上开店出售自己制作的"创意十字绣"来赚取大学生活费。她通过淘宝购买制作"创意十字绣"所需的布料和针线，收到针线以后她发现买错了，并不是十字绣的专用针线。她感到很烦心，不知道能不能按"七天无理由退货"的规则把买错了的针线退掉。

问题：（1）请问李丽是电商消费者吗？（2）请问李丽能按"七天无理由退货"的规则退掉买错了的针线吗？

任务一　识别电商消费者身份

一、消费者的定义

根据《消费者权益保护法》第 2 条的规定"消费者为生活消费需要购买、使用商品或者接受服务，其权益受本法保护"，以及第 62 条的规定"农民购买、使用直接用于农业生产的生产资料，参照本法执行"，可以将消费者定义为以生活消费需要而非以营利为目的购买、使用商品或者接受服务的人，但购买、使用直接用于农业生产的生产资料的农民也视为消费者。

二、电商消费者的定义

电商消费者与一般消费者之间并没有本质的区别，只是购买、使用商品或者接受服务的方式不同，因此，电商消费者可以定义为通过网络、现代信息技术手段，以生活消费需要而非以营利为目的，购买、使用商品或者接受服务的人；但通过网络、现代信息技术手段，购买、使用直接用于农业生产的生产资料的农民也视为电商消费者。

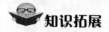

"职业打假人"属于消费者吗?

"职业打假人"做出购买行为不是为满足生活消费需要,而是以诉讼牟利为目的,因此不属于消费者。只是目前在食品和药品领域,从保护人民群众生命健康权出发,《最高人民法院关于审理食品药品纠纷案件适用法律若干问题的规定》第 3 条规定:"因食品、药品质量问题发生纠纷,购买者向生产者、销售者主张权利,生产者、销售者以购买者明知食品、药品存在质量问题而仍然购买为由进行抗辩的,人民法院不予支持。"

韩某某与某芳疗食品商行网络购物合同纠纷案

(中国裁判文书网 2021-02-24)韩某某于 2019 年 11 月 11 日在某芳疗食品商行开设的淘宝网店铺中购买了"OrthomolMental 奥适宝中老年营养素缓解老人痴呆叶黄素维生素"6 盒、"德国 Orthomol 奥适宝 beauty 胶原蛋白肽玻尿酸美肌口服液 30 天装"3 盒,共计支付货款 4 294 元。韩某某收到包裹后,发现涉诉产品没有中文标签,未标注不适宜人群、产品原产地、生产日期、境内代理商名称等我国《食品安全法》强制规定标注的内容,没有取得我国的保健食品批准文号(国食健字,卫食健字),属于普通食品,但涉诉产品的成分中却添加了药材"银杏叶提取物、辅酶 Q10"。韩某某向法院提出诉讼请求:①判令解除双方的买卖合同,某芳疗食品商行退货款 4 294 元;②判令某芳疗食品商行依法按购物款的 10 倍进行赔偿。被告某芳疗食品商行提出抗辩,称韩某某乃网络"职业打假人",其同时起诉多名商家,从 2021 年 3 月起,陆续在西安、北京、成都等地实施恶意诈骗 10 倍赔偿的行为,在某平台已经可查询到此信息,要求法院驳回原告韩某某的诉讼请求。

问题: 法院会支持被告某芳疗食品商行的抗辩理由吗?

任务二 知晓电商消费者保护机构

一、电商消费者权益保护的基本原则

《消费者权益保护法》的基本原则包括平等、自愿、诚实信用原则,对消费者特别保护原则,国家保护与社会监督相结合原则等。在网络市场迅速发展的今天,网络交易市场所占份额不断提高,成为国民经济的重要组成部分。在原有的消费者权益保护原则的基础上,网络消费者权益保护的基本原则也有其特殊性。

1. 诚实信用原则

《民法典》第 7 条规定:"民事主体从事民事活动,应当遵循诚信原则,秉持诚实,恪守承诺。"作为中华民族传统美德之一的诚实守信,也是商品交易所应遵循的基本原则。由于网络自身所具有的虚拟性特点,网络交易对诚实守信要求更多、更高。电商消费者的知情权、隐私权、自主选择权等权益的保护均建立在电商经营者诚实守信的基础之上,上述权利的保护使得电商经营者诚信经营的内容大大增多。例如电商经营者要全面披露商品交易信息,不擅自获取消费者的个人信息,充分保障消费者的知情权和隐私权。

2. 给予电商消费者特殊保护原则

由于网络交易的特殊性,电商消费者在网络交易中处于弱势地位,其弱势地位不仅体现在交易过程中,还体现在维权过程中。在交易过程中,电商消费者要根据电商经营者所提供的商品或服务的文字、图片或者视频等信息来做出购买决定,电商经营者处于优势地位。在维权过程中,

电商消费者作为损失方，不仅面临着技术困难，还面临着取证难等问题。所以，必须在立法等多方面对电商消费者给予特殊保护，对电商经营者的活动进行一定的限制与约束。

3. 国家与社会适度干预原则

电商消费者与电商经营者相比较处于弱势地位，其在财力、能力等方面都不足以和电商经营者相抗衡，因此对电商消费者合法权益的保护需要国家和社会两方面的适度干预。一方面，国家的干预体现在完善立法，通过法律制度对网络交易进行宏观规范，同时加强监管部门的监管。国家要花力气对电商交易的各个环节进行监督和规制，发现违法行为及时处理，全面地保护电商消费者的合法权益。另一方面，社会的适度干预体现在随着网络科技的发展，多种社交媒体已成为人们日常生活中不可缺少的一部分，电商消费者作为社会成员的一分子，当合法权益受到侵害时，可通过社交媒体、正当利用舆论等方式维护自身权益。

二、电商消费者权益保护机构

1. 行政部门

《消费者权益保护法》第 31 条规定："各级人民政府应当加强领导，组织、协调、督促有关行政部门做好保护消费者合法权益的工作，落实保护消费者合法权益的职责。"

具体而言，保护消费者权益的行政部门有两类。一类是行政执法机关，包括市场监督管理部门、卫生监督管理部门、进出口商品检验部门等。例如市场监督管理部门通过对市场经营主体的监督管理，制止违法经营，防止损害消费者权益行为的发生；通过对广告的监督管理，查处虚假广告和引人误解的宣传行为，维护消费者的合法权益。

同步案例

凤台县市场监督管理局落实履行保护消费者的职责

（中国市场监管报 2022-01-27）2021 年 8 月 9 日，凤台县市场监督管理局根据消费者投诉，对某食品超市进行现场检查。经查，某食品超市在美团外卖平台的"某零食超市"售卖过期食品，采购食品时未建立进货查验记录制度，违反了《食品安全法》的规定。凤台县市场监督管理局依法责令当事人改正违法行为，并处警告、没收违法所得和违法食品，罚款 1 万元。

另一类是行业主管部门，即政府职能部门中负责具体某一行业的行政管理部门。例如商务部就是管理商业贸易的职能部门，工业和信息化部就是管理工业与信息化的职能部门，乡镇企业管理局是管理乡镇企业的职能部门。这些部门负责本行业的社会发展规划、行政许可审批等，同时也是消费者权益保护机关。

2. 消费者组织

《消费者权益保护法》第 36 条规定："消费者协会和其他消费者组织是依法成立的对商品和服务进行社会监督的保护消费者合法权益的社会组织。"中国消费者协会是中国广大消费者的组织，是一个具有半官方性质的群众性社会团体。

消费者协会的任务有两项：一是对商品和服务进行社会监督，二是保护消费者权益。我国法律规定消费者协会有以下职能：①向消费者提供消费信息和咨询服务；②参与制定有关消费者权益的法律、法规、规章和强制性标准；③参与有关行政部门对商品和服务的监督、检查；④就有关消费者合法权益的问题，向有关行政部门反映、查询，提出建议；⑤受理消费者的投诉，并对投诉事项进行调查、调解；⑥投诉事项涉及商品和服务质量问题的，可以提请鉴定部门鉴定，鉴定部门应当告知鉴定结论；⑦就损害消费者合法权益的行为，支持受损害的消费者提起诉讼；⑧对损害消费者合法权益的行为，通过大众传播媒介予以揭露、批评。

同步案例

江苏省消费者权益保护委员会提起公益诉讼案

（北京青年报 2022-03-15）2019 年下半年起，江苏省消费者权益保护委员会针对智能电视开机广告无法关闭问题开展系列调查、约谈、诉讼维权行动，于 2019 年 12 月 12 日对拒不整改的乐视电视所属企业乐融致新有限公司依法提起消费民事公益诉讼，请求法院判令被告为其销售的带开机广告的智能电视提供一键关闭开机广告的功能等。经南京市中级人民法院一审、江苏省高级人民法院二审，2021 年 3 月，江苏省消费者权益保护委员会胜诉。在此期间，江苏省消费者权益保护委员会还联合中国电子商会出台了《智能电视开机广告技术规范》团体标准，有利于更好地引领智能电视行业健康发展。

情境导入 1 分析

问题（1）：李丽不是电商消费者。因为根据《消费者权益保护法》第 2 条的规定，"消费者是为生活消费需要购买、使用商品或者接受服务的主体"，而李丽在淘宝上购买布料和针线是为了制作"创意十字绣"进行出售，所以她做出的不是为了满足生活需要的消费行为，而是为了满足生产需要购买生产资料的消费行为。

问题（2）：李丽不能按"七天无理由退货"的规则退掉买错了的针线。根据《网络购买商品七日无理由退货暂行办法》第 2 条的规定，"消费者为生活消费需要通过网络购买商品"，可以依照《消费者权益保护法》第 25 条规定进行退货。李丽购买针线不是为了满足生活消费需要，所以不适用"七天无理由退货"的法律规定。

子项目二　电商消费者安全保障权

情境导入 2

网约车司机杀害乘客

李丽看到一则新闻："2018 年 8 月 24 日，乐清警方接到报案并经初步侦查，网约车司机钟某交代了对赵某实施强奸，并将其杀害的犯罪事实。根据相关报道来看，在犯罪行为发生的前一天，一名乘客就遭遇过犯罪嫌疑人的'预备'犯罪，这名乘客向网约车平台客服就相关具体经过进行了投诉，网约车平台客服承诺两小时之内回复，而后却不了了之。"李丽为网约车平台的不负责任感到非常气愤。

问题：（1）网约车司机钟某、网约车平台共同侵害了赵某的什么权益？（2）网约车平台需要承担什么法律责任？

任务一　识别电商消费者安全保障权

一、电商消费者安全保障权的含义

《消费者权益保护法》第 7 条规定，消费者在购买、使用商品和接受服务时享有人身、财产安全不受损害的权利。它具体包括两个方面——人身安全权和财产安全权，其中人身安全权包括生命安全权和健康安全权。

二、经营者保护电商消费者安全保障权的义务

为确保电商消费者的安全保障权，经营者需履行以下法定义务。

（1）经营者应当保证其提供的商品或者服务符合保障人身、财产安全的要求。对可能危及人身、财产安全的商品和服务，应当向消费者做出真实的说明和明确的警示，并说明和标明正确使用商品或者接受服务的方法以及防止危害发生的方法。

（2）宾馆、商场、餐馆、银行、机场、车站、港口、影剧院等经营场所的经营者，应当对消费者尽到安全保障义务。

（3）电子商务的网络安全和交易安全不仅涉及电子商务各方主体的人身和财产安全，还直接影响到国家的经济安全。因此，电子商务平台经营者应当采取技术措施和其他必要措施保证其网络安全、稳定运行，防范网络违法犯罪活动，有效应对网络安全事件，保障电子商务交易安全。

 **知识拓展**

消费者在经营场所受到第三人侵害，经营者需要承担责任吗？

根据《民法典》第 1198 条第 2 款的规定，因第三人的行为造成他人损害的，由第三人承担侵权责任；经营者、管理者或者组织者未尽到安全保障义务的，承担相应的补充责任。经营者、管理者或者组织者承担补充责任后，可以向第三人追偿。

任务二　知晓侵害安全保障权的法律责任

经营者侵犯电商消费者安全保障权，需要承担相应的法律责任，主要包括民事责任和行政责任。如果该行为造成严重后果，符合犯罪构成要件的，还需要承担刑事责任。

一、民事责任

经营者未尽到安全保障义务，根据《消费者权益保护法》第 48、49、52、55 条以及《电子商务法》第 38 条的规定，需向电商消费者承担相应的民事责任。

（1）造成人身伤害，应当赔偿医疗费、护理费、交通费等为治疗和康复支出的合理费用，以及因误工减少的收入。造成残疾的，还应当赔偿残疾生活辅助具费和残疾赔偿金。造成死亡的，还应当赔偿丧葬费和死亡赔偿金。

（2）造成财产损害，应当依照法律规定或者当事人约定承担修理、重作、更换、退货、补足商品数量、退还货款和服务费用或者赔偿损失等民事责任。

（3）电子商务平台经营者知道或者应当知道平台内经营者销售的商品或者提供的服务不符合保障人身、财产安全的要求，或者有其他侵害消费者合法权益行为，未采取必要措施的，依法与该平台内经营者承担连带责任。

（4）对关系消费者生命健康的商品或者服务，电子商务平台经营者对平台内经营者的资质资格未尽到审核义务，或者对消费者未尽到安全保障义务，造成消费者损害的，依法承担相应的责任。

二、行政责任

经营者未尽到安全保障义务的，还需承担行政责任。经营者有下列情形之一，由市场监督管理部门或者其他有关行政部门责令改正，可以根据情节单处或者并处警告、没收违法所得、处以违法所得 1 倍以上 10 倍以下的罚款，没有违法所得的，处以 50 万元以下的罚款；情节严重的，责令停业整顿、吊销营业执照。

（1）提供的商品或者服务不符合保障人身、财产安全要求的。

（2）对消费者提出的修理、重作、更换、退货、补足商品数量、退还货款和服务费用或者赔偿损失的要求，故意拖延或者无理拒绝的。

经营者有前款规定情形的，除依照法律、法规规定予以处罚外，处罚机关应当记入信用档案，向社会公布。

 **案例讨论**

网约车乘客突发疾病死亡

2021年11月22日7时许，周女士通过北京某出行科技有限公司的网约车App为其父老周（71岁）预约了一辆网约车。7时10分左右，老周上车并与驾驶员陈某闲谈片刻，7时12分50秒，老周开始发出鼾声（之后全程没有呼救）。7时13分25秒，司机陈某右转头看时发现，老周仍在发出鼾声并且胳膊伴有抽筋状。7时14分33秒，司机再次右转头看时，老周头靠在副驾驶座椅后背上，不再发出鼾声。7时15分12秒，陈某停车并打电话给周女士说明情况，周女士要求陈某尽快将老周送往无锡市惠山区人民医院并拨打120急救电话。陈某随即拨打了120急救电话，并全程鸣笛快速行驶，7时25分50秒，到达医院。老周经过医护人员80多分钟的抢救，8时54分被宣告临床死亡，死亡原因为心源性猝死。

周女士认为，其父在乘坐陈某驾驶的车辆过程中突发疾病，但陈某未予理会也没有采取任何救治措施，最终延误救治导致其父死亡，故陈某应对其父的死亡承担50%的赔偿责任；北京某出行科技有限公司作为网约车平台公司，承担承运人责任，应当保证运营安全，保障乘客的合法权益，由于其未尽到相关义务，应对陈某的赔偿责任承担连带责任。

问题：本案中，网约车司机和平台要承担责任吗？并说明理由。

〰〰〰 **情境导入2分析** 〰〰〰

问题（1）：网约车司机钟某、网约车平台共同侵害了赵某的安全保障权。网约车司机钟某是赵某生命安全权的直接施害者；网约车平台客服接到投诉，承诺两小时内回复但并未做到，也没有及时针对这一投诉进行调查处置，网约车平台未尽到保护乘客出行安全权的义务，侵害了消费者赵某的安全保障权。

问题（2）：网约车平台需要承担人身伤害的侵权赔偿民事责任。本案发生后，网约车平台承诺在平台上发生的所有刑事案件，都将参照法律规定的人身伤害赔偿标准给予3倍补偿。

网约车平台还需承担行政责任。本案发生后，交通运输部联合公安部以及北京市、天津市交通运输、公安部门，对网约车公司开展联合约谈，责令其立即对顺风车业务进行全面整改，加快推进合规化进程，严守安全底线，切实落实承运人安全稳定管理主体责任，保障乘客出行安全和合法权益，及时向社会公布有关整改情况。

子项目三　电商消费者知悉真情权

〰〰〰 **情境导入3** 〰〰〰

李丽在纯棉线里面掺杂涤纶线

李丽制作的"创意十字绣"一直都使用纯棉线，手感顺滑，色彩鲜艳。上次错买成了涤纶线，于是她想在十字绣里面掺杂一些涤纶线，这样就能够降低成本，而且也不容易被买家发现。她在介绍作品时还是表示是用纯棉线制作的，其中有一幅作品卖了150元。买家收到货后，发现作品不完全是纯棉线制作的，遂要求退货和赔偿。

问题：（1）李丽用涤纶线冒充纯棉线侵害了买家的什么权益？（2）李丽需要向买家承担什么样的法律责任？

任务一　识别电商消费者知悉真情权

一、电商消费者知悉真情权的含义

《消费者权益保护法》第 8 条规定，消费者享有知悉其购买、使用的商品或者接受的服务的真实情况的权利。消费者有权根据商品或者服务的不同情况，要求经营者提供商品的价格、产地、生产者、用途、性能、规格、等级、主要成分、生产日期、有效期限、检验合格证明、使用方法说明书、售后服务，或者服务的内容、规格、费用等有关情况。

二、经营者保护电商消费者知悉真情权的义务

为确保电商消费者的知情权，经营者需履行以下法定义务。

（1）经营者向消费者提供有关商品或者服务的质量、性能、用途、有效期限等信息，应当真实、全面，不得作虚假或者引人误解的宣传。

（2）经营者对消费者就其提供的商品或者服务的质量和使用方法等问题提出的询问，应当做出真实、明确的答复。

（3）经营者提供商品或者服务应当明码标价。

（4）经营者应当标明其真实名称和标记。

（5）电子商务经营者不得以虚构交易、编造用户评价等方式进行虚假或者引人误解的商业宣传，欺骗、误导消费者。

（6）电子商务平台经营者应当建立健全信用评价制度，公示信用评价规则，为消费者提供对平台内销售的商品或者提供的服务进行评价的途径。电子商务平台经营者不得删除消费者对其平台内销售的商品或者提供的服务的评价。

（7）电子商务平台经营者应当根据商品或者服务的价格、销量、信用等以多种方式向消费者显示商品或者服务的搜索结果；对于竞价排名的商品或者服务，应当显著标明"广告"。

任务二　知晓侵害知悉真情权的法律责任

经营者侵犯电商消费者知悉真情权，需要承担相应的法律责任，主要包括民事责任和行政责任。如果该行为造成严重后果，符合犯罪构成要件的，还需要承担刑事责任。

一、民事责任

经营者侵害电商消费者的知悉真情权，需承担如下民事责任。

（1）一方以欺诈手段，使对方在违背真实意思的情况下实施的民事法律行为，受欺诈方有权请求人民法院或者仲裁机构予以撤销。民事法律行为被撤销后，行为人因该行为取得的财产，应当予以返还；不能返还或者没有必要返还的，应当折价补偿。有过错的一方应当赔偿对方由此所受到的损失；各方都有过错的，应当各自承担相应的责任。法律另有规定的，依照其规定。

（2）经营者提供商品或者服务有欺诈行为的，应当按照消费者的要求增加赔偿其受到的损失，增加赔偿的金额为消费者购买商品的价款或者接受服务的费用的 3 倍；增加赔偿的金额不足 500 元的，为 500 元。法律另有规定的，依照其规定。

（3）经营者明知商品或者服务存在缺陷，仍然向消费者提供，造成消费者或者其他受害人死亡或者健康严重损害的，受害人有权要求赔偿医疗费、护理费、交通费等为治疗和康复支出的合理费用，以及因误工减少的收入。造成残疾的，还应当赔偿残疾生活辅助具费和残疾赔偿金。造成死亡的，还应当赔偿丧葬费和死亡赔偿金。除了有权要求以上赔偿外，还有权要求所受损失 2

倍以下的惩罚性赔偿。

同步案例

"明知而购买"，消费者索要3倍赔偿被驳回

（澎湃新闻 2021-3-15）2020 年 2 月，李某通过某电商平台，购买"韩国 KF94"口罩 360 只，共计 1.1 万余元。李某付款后，发货人孙某向李某邮寄口罩，李某收货后录制了验货及开箱视频，口罩为单只独立包装，包装上无中文标识。2020 年 3 月 4 日，原告李某将口罩销售方告上法庭，要求其赔偿购物款 1.1 万元及 3 倍赔偿金 3.4 万余元。

经审理查明，案涉口罩是韩国生产的防沙尘口罩（KF94 口罩为普通口罩，非医用），被告向本院提交了韩国的试验检验成绩书（韩文）、海关证明、进货单等，证明案涉口罩非三无产品，但单只口罩包装上只有韩文标识，无中文标识。

法院经审理认为，被告在中国境内销售口罩，应该受《产品质量法》的约束，被告销售的案涉口罩没有中文标识和中国产品质量合格证明，存在瑕疵，原告主张退款本院予以支持，双方之间买卖合同解除。根据原告提交的订单快照及订单截图，被告在其网站上展示的口罩名称为"顺丰空运防护韩国 KF94 防病菌男女时尚穿戴防雾霾防尘防毒面罩"，单只口罩包装上只有韩文标识。原告作为完全民事行为能力人，以个人防护为目的，购买案涉口罩对以上被告的展示和案涉口罩的描述是明知的。原告收到案涉口罩后，以没有中文标识主张被告欺诈，法院不予认定。原告没有证据证实被告出售的案涉口罩存在《侵害消费者权益行为处罚办法》中规定的欺骗、误导消费者的情形，所以原告有关被告向其赔偿 3 倍价款损失的诉讼请求，缺乏事实及法律依据。

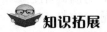
知识拓展

"假一赔十"的适用情形

（1）商家自愿以"假一赔十"作为销售条件的。从商家做出的"假一赔十"的行为特征分析，"假一赔十"应为商家自愿向不特定消费者群体做出的承诺。商家做出"假一赔十"的承诺后，只要消费者完成特定的行为，就应视为合同要约的承诺和条件的成就，在该承诺人未及时撤销的情况下，应为有效。

（2）食品药品纠纷案件。生产不符合食品安全标准的食品或者经营明知是不符合食品安全标准的食品，消费者除要求赔偿损失外，还可以向生产者或者经营者要求支付价款 10 倍或者损失 3 倍的赔偿金；增加赔偿的金额不足 1 000 元的，为 1 000 元。同时，根据《最高人民法院关于审理食品药品纠纷案件适用法律若干问题的规定》第 3 条，即便没有"假一赔十"的单方允诺，消费者明知销售者食品、药品有质量问题还进行投机性购买的，法院也会适用惩罚性赔偿责任。

二、行政责任

经营者侵害电商消费者的知悉真情权，还需承担行政责任：经营者有下列情形之一，由市场监督管理部门或者其他有关行政部门责令改正，可以根据情节单处或者并处警告、没收违法所得、处以违法所得 1 倍以上 10 倍以下的罚款，没有违法所得的，处以 50 万元以下的罚款；情节严重的，责令停业整顿、吊销营业执照。

（1）伪造商品的产地，伪造或者冒用他人的厂名、厂址，篡改生产日期，伪造或者冒用认证标志等质量标志的。

（2）对商品或者服务作虚假或者引人误解的宣传的。

对有前款规定情形的经营者，除依照法律、法规规定予以处罚外，处罚机关应当记入信用档案，向社会公布。

"秒杀"成功后被告知要承担高昂的运费

2021年8月26日，消费者在主播某某直播间参与粉丝福利节"秒杀"活动，抢购下单多个1分钱商品后，运费却显示为999元。对此，北京和石家庄地区消费者咨询客服，得到种种前后矛盾的回复："活动商品是限量的，如果抢完了，运费就会显示为999元。"消费者质疑，为何不直接将商品下架，工作人员又称："运费设置为999元，是因为有些地区不支持发货，而省会城市是支持发货的。"消费者大呼上当，并发起了集体投诉。

问题：（1）"秒杀"成功后被告知要承担高昂的运费，侵害了消费者的什么权利？（2）商家要承担什么样的法律责任？

情境导入3分析

问题（1）：李丽用涤纶线冒充纯棉线，属于欺诈行为，侵害了买家的知悉真情权。买家知悉真情权是指买家享有知悉其购买、使用的商品或者接受的服务的真实情况的权利，包括要求经营者提供商品的主要成分。

问题（2）：根据《消费者权益保护法》第55条的规定，李丽需要向买家承担"假一赔三"的民事责任，增加赔偿的金额不足500元的，为500元；根据《消费者权益保护法》第56条的规定，李丽还需要承担行政责任。

子项目四　电商消费者自主选择权

情境导入4

口罩与"创意十字绣"捆绑销售

曾有一段时间，口罩在很多药店被一扫而空，网购平台也经常"手慢无"，引发了消费者通过各种渠道抢购口罩的场面。李丽的同学就给李丽出主意：将口罩与"创意十字绣"捆绑销售。

问题：李丽应该接受这位同学的建议吗？为什么？

任务一　识别电商消费者自主选择权

一、电商消费者自主选择权的定义

《消费者权益保护法》第9条规定，消费者有权自主选择提供商品或者服务的经营者，自主选择商品品种或者服务方式，自主决定购买或者不购买任何一种商品、接受或者不接受任何一项服务。消费者在自主选择商品或者服务时，有权进行比较、鉴别和挑选。

二、经营者保护电商消费者自主选择权的义务

为确保电商消费者的自主选择权，《电子商务法》第18、19条规定了经营者需履行以下法定义务。

（1）电子商务经营者根据消费者的兴趣爱好、消费习惯等特征向其提供商品或者服务的搜索结果的，应当同时向该消费者提供不针对其个人特征的选项，尊重和平等保护消费者合法权益。

（2）电子商务经营者搭售商品或者服务，应当以显著方式提请消费者注意，不得将搭售商品或者服务作为默认同意的选项。

任务二　知晓侵害自主选择权的法律责任

经营者侵犯电商消费者知悉真情权，需要承担相应的法律责任，主要包括民事责任和行政责任。如果该行为造成严重后果，符合犯罪构成要件的，还需要承担刑事责任。

一、民事责任

经营者侵害电商消费者的自主选择权，根据《民法典》第 148、157 条，需向电商消费者承担的民事责任如下。

（1）一方以欺诈手段，使对方在违背真实意思的情况下实施的民事法律行为，受欺诈方有权请求人民法院或者仲裁机构予以撤销。

（2）民事法律行为无效、被撤销或者确定不发生效力后，行为人因该行为取得的财产，应当予以返还；不能返还或者没有必要返还的，应当折价补偿。有过错的一方应当赔偿对方由此所受到的损失；各方都有过错的，应当各自承担相应的责任。法律另有规定的，依照其规定。

二、行政责任

经营者侵害电商消费者的自主选择权，根据《电子商务法》第 77 条的规定，经营者有下列情形之一还需承担行政责任：电子商务经营者违反本法第 18 条第 1 款规定提供搜索结果，或者违反本法第 19 条规定搭售商品、服务的，由市场监督管理部门责令限期改正，没收违法所得，可以并处 5 万元以上 20 万元以下的罚款；情节严重的，并处 20 万元以上 50 万元以下的罚款。

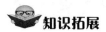知识拓展

App自动续费收割会员用户"记忆税"

（中国青年网 2021-11-23）随着移动互联网的飞速发展，App 融入人们日常生活的方方面面，给人们带来便利的同时，诸多问题也浮出水面。在相关消费者投诉平台上，以"自动续费"为关键词的投诉多达 6 万余条。自动续费对于 App 来说，对提高用户黏度和获利有很多好处；对于消费者而言，不仅信息不对等，而且缺乏信息沟通的能力。App 和消费者其实达成了一个并不公平的条款，如果消费者默认，就意味着开通自动续费，并且会不断续下去，乃至于一些消费者不使用这款 App 了，续费还在继续。一些 App 经营者通过人为设置烦琐的退出步骤、自动续费不提醒、故意使用小字提示等方式，给消费者行使知情权和选择权制造障碍，从而达到让消费者维持续费的目的。

2021 年 5 月 1 日，国家市场监督管理总局颁布的《网络交易监督管理办法》正式施行，其中明确规定"网络交易经营者采取自动展期、自动续费等方式提供服务的，应当在消费者接受服务前和自动展期、自动续费等日期前 5 日，以显著方式提请消费者注意，由消费者自主选择"。

现在法律直接规定平台必须每次都要向消费者征求意见，这就是举证责任，谁主张谁举证，平台说消费者同意，就要拿出证据，证明消费者同意。《网络交易监督管理办法》的出台，对司法、诉讼、监管等方面都产生了很大的影响。涉事各方面主体必须履行，不履行就会面临严格处罚。

情境导入 4 分析

李丽不应该接受这位同学的建议。因为《消费者权益保护法》第 9 条规定，消费者享有自主选择商品或者服务的权利。消费者有权自主选择提供商品或者服务的经营者，自主选择商品品种或者服务方式，自主决

定购买或者不购买任何一种商品、接受或者不接受任何一项服务。消费者在自主选择商品或者服务时，有权进行比较、鉴别和挑选。经营者在消费者购买口罩等紧缺防疫物品时，滥用相对优势地位，欺骗、利诱消费者在违背真实意愿的情况下购买"被搭售品"，侵犯了消费者的自主选择权。

子项目五　电商消费者公平交易权

情境导入 5

"创意十字绣"捆绑销售+抬高价格

李丽的同学不仅建议她将口罩与"创意十字绣"捆绑销售，还建议她可以趁机抬高口罩和"创意十字绣"的价格。

问题：（1）李丽如果接受了同学的建议，会侵害电商消费者的什么权益？（2）需要承担什么法律责任？

任务一　识别电商消费者公平交易权

一、电商消费者公平交易权的定义

《消费者权益保护法》第 10 条规定，消费者在购买商品或者接受服务时，有权获得质量保障、价格合理、计量正确等公平交易条件，有权拒绝经营者的强制交易行为。

二、经营者保护电商消费者公平交易权的义务

为确保电商消费者的公平交易权，经营者需履行以下法定义务。

（1）经营者在经营活动中使用格式条款的，应当以显著方式提请消费者注意商品或者服务的数量和质量、价款或者费用、履行期限和方式、安全注意事项和风险警示、售后服务、民事责任等与消费者有重大利害关系的内容，并按照消费者的要求予以说明。

（2）经营者不得以格式条款、通知、声明、店堂告示等方式，做出排除或者限制消费者权利、减轻或者免除经营者责任、加重消费者责任等对消费者不公平、不合理的规定，不得利用格式条款并借助技术手段强制交易。

任务二　知晓侵害公平交易权的法律责任

经营者侵犯电商消费者公平交易权，需要承担相应的法律责任，主要包括民事责任和行政责任。如果该行为造成严重后果，符合犯罪构成要件的，还需要承担刑事责任。

一、民事责任

经营者侵害电商消费者的公平交易权，根据《消费者权益保护法》第 26 条和《民法典》第 157 条，需承担的民事法律责任如下。

（1）格式条款、通知、声明、店堂告示等含有排除或者限制消费者权利、减轻或者免除经营者责任、加重消费者责任等对消费者不公平、不合理的规定，利用格式条款并借助技术手段强制交易内容的，其内容无效。

（2）民事法律行为无效、被撤销或者确定不发生效力后，行为人因该行为取得的财产，应当予以返还；不能返还或者没有必要返还的，应当折价补偿。有过错的一方应当赔偿对方由此所受到的损失；各方都有过错的，应当各自承担相应的责任。法律另有规定的，依照其规定。

二、行政责任

经营者侵害电商消费者的公平交易权，还需承担行政责任：由市场监督管理部门或者其他有关行政部门责令改正，可以根据情节单处或者并处警告、没收违法所得、处以违法所得 1 倍以上 10 倍以下的罚款，没有违法所得的，处以 50 万元以下的罚款；情节严重的，责令停业整顿、吊销营业执照。

 **案例讨论**

卖家在"商品详情"页面声明了签收即代表认可商品质量无问题

梁小姐在某电商平台购买了一双鞋，第二天接到快递员的电话派件，当时梁小姐正在上班，便要求快递员将快递放置在小区值班室。当梁小姐回家拆开快递后，发现鞋子做工粗糙，表面存在明显胶痕。梁小姐与卖家联系，并拍摄图片进行佐证，要求卖家办理退货。卖家却表示已在"商品详情"页面声明了签收即代表认可商品质量无问题，卖家不再对质量相关的问题进行售后服务。梁小姐虽然生气不解，却无法反驳卖家的说法。

问题：（1）网购中商家在售后服务一栏里，加上"签收商品即视为认可商品质量合格"的条款属于什么条款？（2）"签收商品即视为认可商品质量合格"的条款侵害了消费者的什么权益？（3）本案中，商家应该承担什么样的法律责任？

情境导入 5 分析

问题（1）： 李丽如果强制搭售并抬高价格，会侵害消费者的自主选择权和公平交易权。因为根据《消费者权益保护法》第 9 条和第 10 条的规定，如果经营者在销售过程中违背诚实信用，限定交易条件，通过搭售形式使消费者在违背真实意愿的情况下购买"被搭售品"，是侵害了消费者的自主选择权；趁机抬高口罩和"创意十字绣"销售价格的行为，侵害了消费者获得价格合理的公平交易条件的权利，即侵犯了消费者的公平交易权。

问题（2）： 李丽首先要承担合同无效的民事责任；其次还要承担相应的行政责任。强制搭售的行为侵害了消费者的自主选择权，需要承担《电子商务法》第 77 条规定的行政责任；抬高价格的行为侵害了消费者的公平交易权，需要承担《消费者权益保护法》第 56 条规定的行政责任。

子项目六 电商消费者个人信息权

情境导入 6

李丽想购买客户电话信息

李丽想提高销量，正好有人向李丽兜售根据大数据筛选出来的，有意向购买"创意十字绣"的客户的电话信息，李丽很犹豫是否要购买。

问题： 李丽如果购买了，会侵害客户的什么权益？会承担怎样的法律责任？

任务一　识别电商消费者个人信息权

一、电商消费者个人信息权的定义

电商消费者个人信息权是指电商消费者享有的对本人信息的支配、控制和排除他人侵害的权利。电商消费者个人信息权的内容包括信息决定权、信息保密权、信息查询权、信息更正权、信息封锁权、信息删除权和信息报酬请求权等。

根据《个人信息保护法》的规定，个人信息是以电子或者其他方式记录的与已识别或者可识别的自然人有关的各种信息，不包括匿名化处理后的信息。个人信息的处理包括个人信息的收集、存储、使用、加工、传输、提供、公开、删除等。

二、经营者保护电商消费者个人信息权的义务

为确保电商消费者的个人信息权，《消费者权益保护法》第 29 条和《电子商务法》第 23、24条规定经营者需履行以下法定义务。

（1）经营者收集、使用消费者个人信息，应当遵循合法、正当、必要的原则，明示收集、使用信息的目的、方式和范围，并经消费者同意。经营者收集、使用消费者个人信息，应当公开其收集、使用规则，不得违反法律、法规的规定和双方的约定收集、使用信息。

（2）经营者及其工作人员对收集的消费者个人信息必须严格保密，不得泄露、出售或者非法向他人提供。经营者应当采取技术措施和其他必要措施，确保信息安全，防止消费者个人信息泄露、丢失。在发生或者可能发生信息泄露、丢失的情况时，应当立即采取补救措施。

（3）经营者未经消费者同意或者请求，或者消费者明确表示拒绝的，不得向其发送商业性信息。

（4）电子商务经营者收集、使用其用户的个人信息，应当遵守法律、行政法规有关个人信息保护的规定。

（5）电子商务经营者应当明示用户信息查询、更正、删除以及用户注销的方式、程序，不得对用户信息查询、更正、删除以及用户注销设置不合理条件。

（6）电子商务经营者收到用户信息查询或者更正、删除的申请的，应当在核实身份后及时提供查询或者更正、删除用户信息。用户注销的，电子商务经营者应当立即删除该用户的信息；依照法律、行政法规的规定或者双方约定保存的，依照其规定。

任务二　知晓侵害个人信息权的法律责任

经营者侵犯电商消费者个人信息权，需要承担相应的法律责任，主要包括民事责任和行政责任。如果该行为造成严重后果，符合犯罪构成要件的，还需要承担刑事责任。

一、民事责任

经营者侵害电商消费者的个人信息权，根据《消费者权益保护法》第 50 条的规定，需向消费者承担相应民事责任：经营者侵害消费者个人信息依法得到保护的权利的，应当停止侵害、恢复名誉、消除影响、赔礼道歉，并赔偿损失。

二、行政责任

经营者侵害电商消费者的个人信息权，还需承担相应行政责任：侵害消费者人格尊严、侵犯消费者人身自由或者侵害消费者个人信息依法得到保护的权利的，由市场监督管理部门或者其他

有关行政部门责令改正，可以根据情节单处或者并处警告、没收违法所得、处以违法所得 1 倍以上 10 倍以下的罚款，没有违法所得的，处以 50 万元以下的罚款；情节严重的，责令停业整顿、吊销营业执照。

经营者有前款规定情形的，除依照法律、法规规定予以处罚外，处罚机关应当记入信用档案，向社会公布。

同步案例

App强制收集用户画像信息用于个性化推送被判侵权

（鞭牛士 2022-12-30）2022 年 12 月，北京互联网法院审结了 App 强制收集用户画像信息侵权案。原告罗某诉称，被告运营的 App 在未告知隐私政策的情况下，要求用户必须填写姓名、职业、学习目的、英语水平等内容才能完成登录，属于强制收集用户画像信息行为。同时，原告还主张被告存在未经同意向其发送营销短信、向关联软件共享信息等行为，侵犯其个人信息权益。原告诉至法院，要求法院判令被告涉案 App 运营者向原告提供个人信息副本、停止侵权、删除个人信息、赔礼道歉并赔偿损失。

法院查明，涉案 App 在用户首次登录界面要求用户提交画像信息，未设置"跳过""拒绝"等不同意提交相关信息外的登录方式，使得提交相关信息成为成功登录、进入首页使用 App 的唯一方式。此种产品设计将导致不同意相关信息收集的用户为实现成功使用 App 的目的，不得不勾选同意或提交相应的信息。此种同意或对个人信息的提供，是在信息主体不自由或不自愿的情况下，强迫或变相强迫地做出的，不能被认定为有效同意。

综上，被告收集用户画像信息的行为并非"履行合同所必需"，亦未征得用户有效同意，构成侵权。最终，法院判决被告涉案 App 运营者向原告罗某提供个人信息副本、删除个人信息并停止个人信息处理行为，赔礼道歉并赔偿维权支出 2 900 元。

〰〰 情境导入6分析 〰〰

李丽如果购买就会侵害客户的个人信息权，需承担相应民事责任，首先需要停止侵害，同时还需要根据《消费者权益保护法》第 56 条承担行政责任。

子项目七　电商消费者无理由退货权

〰〰 情境导入7 〰〰

李丽不同意客户退还定制的十字绣

李丽收到了某客户定制"黄金满地"十字绣的订单，客户还提出了具体尺寸要求。李丽完成后将十字绣邮寄给客户，但是客户收到后表示这个图案挂在家里和自己家的装修风格不匹配，要退货。李丽表示不同意。

问题：李丽不同意客户退货的行为合法吗？

〰〰〰〰〰〰〰〰〰〰

任务一　识别电商消费者无理由退货权

一、电商消费者无理由退货权的定义

电商消费者无理由退货权是指电商消费者按照法律规定或者约定，在期限内对所购买商品无

条件要求退货，而经营者应当无条件予以退货的权利。

二、经营者保护电商消费者无理由退货权的义务

为确保电商消费者的无理由退货权，《消费者权益保护法》和《网络购买商品七日无理由退货暂行办法》（2017年3月15日起施行）规定经营者需履行以下法定义务。

（1）经营者采用网络、电视、电话、邮购等方式销售商品，消费者有权自收到商品之日起七日内退货，且无须说明理由。但下列商品除外：①消费者定作的；②鲜活易腐的；③在线下载或者消费者拆封的音像制品、计算机软件等数字化商品；④交付的报纸、期刊；⑤其他根据商品性质并经消费者在购买时确认不宜退货的商品，不适用无理由退货。

（2）网络商品销售者收到退货通知后应当及时向消费者提供真实、准确的退货地址、退货联系人、退货联系电话等有效联系信息。

（3）消费者退回的商品完好的，网络商品销售者应当在收到退回商品之日起七日内向消费者返还已支付的商品价款。

（4）网络交易平台提供者应当引导和督促平台上的网络商品销售者履行七日无理由退货义务，进行监督检查，并提供技术保障。

《侵害消费者权益行为处罚办法》第9条规定，经营者采用网络、电视、电话、邮购等方式销售商品，应当依照法律规定承担无理由退货义务，不得故意拖延或者无理拒绝。经营者有下列情形之一的，视为故意拖延或者无理拒绝。

（1）对于适用无理由退货的商品，自收到消费者退货要求之日起超过15日未办理退货手续；

（2）未经消费者确认，以自行规定该商品不适用无理由退货为由拒绝退货；

（3）以消费者已拆封、查验影响商品完好为由拒绝退货；

（4）自收到退回商品之日起无正当理由超过15日未返还消费者支付的商品价款。

同步案例

滥用"七天无理由退货权"

2018年4月，吴某在某平台商城举行的生鲜大卖场活动中购买了1 852.08元的商品，在配送过程中，商品被拆分为4个订单，并由吴某支付全部快递费用。吴某不满，拒收了其中的商品白虾，并申请办理无理由退货退款手续。吴某购买了该平台的超级VIP服务，享有免邮和免费退货等权利，但因吴某于短时间内在该商城频繁购物，退货拒收率高达84.54%，某平台遂暂停其部分账户权限和超级VIP服务。吴某诉请：平台停止侵害，立即恢复账户的完整使用权限，恢复超级VIP等级及所有购买功能；平台赔偿500元；平台赔礼道歉，赔偿合理费用30 800元。

法院认为，吴某作为某平台商城的会员，虽然购买了超级VIP服务，但从权利的名称和规则来看，超级VIP享有的免费退货权利只是部分商品可以由某平台商城免费上门取件，不等于可以无限退货。吴某由于在短时间内频繁购物，退货拒收率高达84.54%，结合日常生活经验判断，此确属不合常理的高退货率。网络购物的用户虽然依法享有退货的权利，但吴某在较长时期内拥有如此高的退货率，反映其在购物时未能尽到起码的谨慎义务，在行使退货权利时又过于随意，这种做法不合理地增加了企业和社会的成本，有悖于诚实信用原则，是对自身权利的滥用。最终，法院判决：驳回原告吴某的全部诉讼请求。

任务二　知晓侵害无理由退货权的法律责任

经营者侵犯电商消费者的无理由退货权，需要承担相应的法律责任，主要包括民事责任和行政责任。如果该行为造成严重后果，符合犯罪构成要件的，还需要承担刑事责任。

一、民事责任

经营者侵害电商消费者的无理由退货权，应该根据《消费者权益保护法》第 52 条规定承担民事责任：经营者应当承担退还货款或者赔偿损失等民事责任。

二、行政责任

经营者侵害电商消费者的无理由退货权，需承担行政责任：由市场监督管理部门或者其他有关行政部门责令改正，可以根据情节单处或者并处警告、没收违法所得、处以违法所得 1 倍以上 10 倍以下的罚款，没有违法所得的，处以 50 万元以下的罚款；情节严重的，责令停业整顿、吊销营业执照。

经营者有前款规定情形的，除依照法律、法规规定予以处罚外，处罚机关应当记入信用档案，向社会公布。

任务三　识别电商消费者的其他权利

1. 电商消费者求偿权

电商消费者求偿权是指电商消费者因购买、使用商品或接受服务受到人身或财产损害的，可以依法获得赔偿的权利。《消费者权益保护法》第 11 条明确规定，消费者因购买、使用商品或者接受服务受到人身、财产损害的，享有依法获得赔偿的权利。

2. 电商消费者结社权

根据《消费者权益保护法》第 12 条，消费者享有依法成立维护自身合法权益的社会组织的权利。

3. 电商消费者获取知识权

电商消费者获取知识权是指电商消费者享有获得消费或消费者权益保护方面的知识的权利。《消费者权益保护法》第 13 条明确规定，消费者享有获得有关消费和消费者权益保护方面的知识的权利。消费者应当努力掌握所需商品或者服务的知识和使用技能，正确使用商品，提高自我保护意识。

4. 电商消费者受尊重权

《消费者权益保护法》第 14 条规定，消费者在购买、使用商品和接受服务时，享有人格尊严、民族风俗习惯得到尊重的权利，享有个人信息依法得到保护的权利。

5. 电商消费者监督批评权

《消费者权益保护法》第 15 条规定，消费者享有对商品和服务以及保护消费者权益工作进行监督的权利。消费者有权检举、控告侵害消费者权益的行为和国家机关及其工作人员在保护消费者权益工作中的违法失职行为，有权对保护消费者权益工作提出批评、建议。

〜〜〜 情境导入 7 分析 〜〜〜

李丽不同意客户退货的行为是合法的。因为"黄金满地"十字绣的订单属于根据客户要求定制的商品，而且客户退货的理由不是质量问题而是图案和自己家的装修风格不匹配，根据《消费者权益保护法》第 25 条和《网络购买商品七日无理由退货暂行办法》第 6 条，消费者定作的商品不适用七日无理由退货规定。

 **项目实训**

请扫描二维码阅读案例全文，并完成以下任务：①学生分成原告组和被告组；
②完成起诉状和答辩状；③说一说本案在道德与法律层面的启示

 **项目小结**

电商消费者权益侵权是电商行业必须重视的法律风险之一。电商经营者在追求盈利的同时，必须树立合法合规、诚实守信的经营理念，维护消费者的各项合法权益，否则会承担相应的法律责任。本项目的重点内容是介绍电商消费者享有的各项权益内容和电商经营者侵害消费者权益需承担的法律责任。保护消费者权益有利于规范电商经营者行为，促进电商经营者之间的公平竞争，维护稳定的市场秩序。

 **项目测试**

一、案例分析题

邬某通过 A 公司经营的旅游 App 预订境外客房，支付方式为"到店支付"，订单下单后即从银行卡中扣除房款，后原告未入住。原告认为应当到店后付款，A 公司先行违约，要求取消订单。A 公司认为其已经在服务条款中就"到店支付"补充说明"部分酒店住宿可能会对您的银行卡预先收取全额预订费用"，不构成违约，拒绝退款。邬某将 A 公司起诉至法院，请求判令退还预扣的房款。

问题：（1）A 公司在服务条款中就"到店支付"补充说明"部分酒店住宿可能会对您的银行卡预先收取全额预订费用"，补充说明部分的条款在法律上属于什么性质的条款？根据法律规定，本案中该条款有效吗？（2）邬某的主张能否得到法院的支持？

二、实操题

日常生活中我们几乎每时每刻都在消费，而价格欺诈、霸王条款、收费陷阱等几乎每天都在上演。因此，学会运用法律手段维权就显得特别重要。请同学们从消费者权利、经营者义务、消费争议解决、消费者权益的社会保护、法律责任等方面将重要知识点进行分析并整理出一份思维导图。

 **自测题**

项目六 互联网广告法律规范

学习目标

知识目标：重点掌握互联网广告的概念；了解互联网广告的类型；了解发布互联网虚假广告的法律后果；了解互联网禁止类广告的类型及法律后果。

能力目标：能够合法合规发布互联网广告；能够识别互联网虚假广告和互联网禁止类广告；能够预防互联网广告的法律风险。

素质目标：树立合法经营的理念；具有网络法治意识；具有维护网络秩序的意识。

子项目一 互联网广告的认定与法律关系

情境导入 1

李丽想为自己的网店打广告

李丽的网店最近生意一直不景气，在朋友的建议下，李丽决定为自己的网店打广告，以增加网店的知名度。李丽找到某广告策划公司，该公司给李丽提供了以下两种方案供其选择：①印刷"推荐 5 名顾客至本店购买产品的，本单可享受 5 折优惠"的宣传单，并放进给每一位顾客寄送的包裹中；②购买各大网站首页显眼的版面，上传宣传本店产品的图片以及网店链接，对网店进行宣传。

问题：（1）李丽应该选择哪一种方案？为什么？（2）方案二的广告属于哪种类型？

任务一 识别互联网广告

在媒介融合的时代背景下，网络技术不断发展，互联网广告也应运而生。网络技术、数字技术的迅速发展，带动了各种网络终端产品的涌现，并将信息传播带入了一个崭新的媒体时代。新媒体的诞生影响着广告的发展，由此广告行业也进入了新媒体时代。

从 2023 年 2 月 25 日国家市场监督管理总局令第 72 号公布的《互联网广告管理办法》第 2 条的规定可看出，互联网广告是指利用网站、网页、互联网应用程序等互联网媒介，以文字、图片、音频、视频或者其他形式，直接或者间接地推销商品或者服务的商业广告活动。

一、互联网广告的类型

随着网络技术的不断发展与成熟，互联网广告可以通过先进的多媒体技术采用多种投放方式。互联网广告根据投放形式可分为网页广告、独立网站广告、邮件广告、搜索引擎广告、App 广告等类型。

1. 网页广告

网页广告是指在他人网站中的某些页面加入自己的广告内容，网站用户浏览此页面时，就会看到广告内容。例如，网站在用户请求访问页面时强制插入或者弹出一个广告，使用户被动强制观看；浮动在页面上方重要位置或者页面底部的页眉页脚广告，由于出现的位置比较显著，浏览量也相对较大。

2. 独立网站广告

企业想要提升自身形象，建立属于自己的网站是一个不错的途径。建立网站不仅能够提升企业的形象，还能让企业在网站中详细深入地介绍自己，例如企业文化、企业历史、企业产品等，可以提高企业的可信度。企业还可以在网站上发布最新的产品和动态，进行在线交易活动。这种广告形式成为当今大多数企业的选择。

3. 邮件广告

网络的普及使电子邮件逐渐进入了人们的生活，它因快捷高效的特点成为人们广泛使用的交流工具。广告主可以利用电子邮件进行互联网广告的投放，向获取到的电子邮件地址发送包含文字、图片、动画等广告信息的电子邮件。广告主可以根据电子邮件用户的个人信息来进行有针对性的广告投放。只要电子邮件地址无误，含有广告信息的电子邮件就会及时到达目标用户的电子邮箱。邮件广告发送十分高效，制作流程简便快捷，传送速度快，可以在短时间内发送给大量目标用户，并且可以实现即时传送和定时传送。

4. 搜索引擎广告

搜索引擎广告是指广告主根据自己的产品或服务的内容、特点等，确定相关的关键词，撰写广告内容并自主定价投放的广告。当用户搜索广告主投放的关键词时，相应的广告就会展示在用户的搜索结果中。搜索引擎可以根据广告主的需求，精确匹配广告内容。

5. App 广告

App 广告是指智能手机和平板电脑这类移动设备中的第三方应用程序内置广告。按栏位形式不同，App 广告又可分为横幅广告、开屏广告、插屏广告、推荐列表、积分墙等。

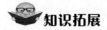 知识拓展

微信朋友圈原生广告的出现

这是一个人人都能制作、投放广告的时代，传播门槛和成本的降低，使得每个人既可以是信息的接收者，也可以是信息的发布者。有些时候，花费大量资金投放的广告收到的传播效果可能还不如一条简短的微博或微信朋友圈广告。但是，大众传媒资源的分流以及微信的普及使得微信朋友圈广告泛滥，硬性植入的微信朋友圈广告已经不再能抓住消费者的心理，微信朋友圈原生广告由此产生。

在传统媒体时期，传播渠道控制在少数团体手中，而投放广告的成本也相对较高，并且对投放后反馈效果的监控也要费一番心力。在新媒体时代，微信、微博等传播渠道是开放的，普通大众也可以利用这些传播渠道传播各种信息。在这种传播模式下，广告主可以自己编辑广告、传播广告，并适时得到消费者的评论反馈。但是，传统广告都是经由媒体认真挑选、精心制作、层层把关的，流程复杂，把控严格，因此在受众中拥有强大的公信力。而因为人人都可以是广告主，微信朋友圈广告的制作、编辑、投放流程简化，使得微信朋友圈广告中出现了垃圾广告和引人反感的硬性广告。这种情况就需要传播者改变广告风格，使广告成为一种建立在广告主和消费者之间的一种软性沟通方式。微信朋友圈原生广告就是一种软性广告，它在传播效果上追求渗透、互动和分享，使用户在无意识中与品牌建立起友好关系。广告主在使用微信朋友圈原生广告为产品打广告的同时，还可以把品牌观念植入用户心中。

二、互联网广告的法律规范

互联网广告作为广告的一种形式，受到现有广告法律制度的约束。广告法律制度的形成与商品经济的发展密不可分，随着商品经济的快速发展，广告开始逐渐增多，相关的法律制度也随着社会需要逐步形成。

我国现有的互联网广告法律制度主要包括《广告法》《电子商务法》《反不正当竞争法》《消费者权益保护法》等法律，以及《互联网广告管理办法》等其他相关行政法规、规章和规范性文件。总的来看，现有的广告法律制度以《广告法》为一般法，对广告内容、广告行为规范、广告监督管理等广告相关方面做出一般性规定，对广告行为进行规制。《反不正当竞争法》《消费者权益保护法》《食品安全法》《药品管理法》等各专门性法律规范作为特别法，对涉及这些专门性法律规范范围的广告行为做出特殊规定，进行专门规制。行政法规、规章与规范性文件等则作为补充和具体细化，主要从广告审查、批准、发布等广告管理方面出发对广告行为制定规制措施，如《互联网广告管理办法》这一规章细化了互联网广告相关经营主体的责任，明确了行为规范，强化了监管措施，对保护互联网消费者合法权益、进一步规范并促进互联网广告生态健康发展、指导互联网广告从业者合规实践具有重要意义。

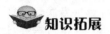 **知识拓展**

"达人探店"类短视频是广告吗？

2023 年 5 月 1 日实施的《互联网广告管理办法》，明确和细化了互联网广告行为规范，内容涉及利用智能设备发布广告、直播带货、明星代言等方方面面。对于如今遍布各大社交及媒体平台的"达人探店""达人种草""达人体验"类短视频，只要同时附上链接实现跳转，按照《互联网广告管理办法》的规定，明确属于互联网广告的，必须标明"广告"字样，不得误导消费者。

消费者要对各网络平台中流行的"达人探店"类短视频仔细甄别，避免被营销广告所诱导。在购买商品时，除注意索要购买发票或收据外，消费者还应对网络上的广告标语、宣传内容、订单详情等内容以截屏等方式保留，以便有需要时及时通过相关部门维权。

任务二　识别互联网广告的法律关系

互联网广告法律关系是指互联网广告法律规范在调整广告当事人在从事广告活动过程中形成的权利与义务关系，由互联网广告的主体、客体和内容组成。

一、主体

根据《广告法》和《互联网广告管理办法》的规定，"互联网广告的主体"既包含传统广告模式中的广告主、广告经营者、广告发布者、广告代言人，又包含互联网广告中特有的"互联网信息服务提供者"。

1. 广告主

《广告法》第 2 条第 2 款规定，广告主，是指为推销商品或者服务，自行或者委托他人设计、制作、发布广告的自然人、法人或者其他组织。广告主的定义包括以下内容：第一，广告主必须是以推销商品或服务为目的的自然人、法人或者其他组织；第二，广告主可以自行设计、制作广告，不必认定为广告经营者，此时广告经营者身份被广告主身份吸收；第三，广告主可以自行或委托他人发布广告，不必认定为广告发布者。《互联网广告管理办法》第 13 条第 3 款规定，广告主可以通过自建网站，以及自有的客户端、互联网应用程序、公众号、网络店铺页面等互联网媒介自行发布广告，也可以委托广告经营者、广告发布者发布广告。

2. 广告经营者、发布者

《广告法》第 2 条第 3 款规定，广告经营者，是指接受委托提供广告设计、制作、代理服务的自然人、法人或者其他组织。《广告法》第 2 条第 4 款规定，广告发布者，是指为广告主或者广告主委托的广告经营者发布广告的自然人、法人或者其他组织。根据《广告法》第 34

条第 2 款的规定，广告经营者、广告发布者依据法律、行政法规查验有关证明文件，核实广告内容。对内容不符或者证明文件不全的广告，广告经营者不得提供设计、制作、代理服务，广告发布者不得发布。区分广告经营者、发布者与广告主的关键点是"是否接受他人委托"。广告经营者、发布者要接受广告主的委托，为广告主提供服务，并为推销广告主的商品或服务而开展后续工作。

3. 广告代言人

广告代言人，是指广告主以外的，在广告中以自己的名义或者形象对商品、服务做推荐、证明的自然人、法人或者其他组织。界定互联网广告代言人需要注意以下几点：第一，"利用自己的独立人格""以自己的名义"指在广告中明确表明自己身份的名人或普通人都可以做广告代言人；第二，某些知名度较高的明星、名人，虽然在广告中没有明确表明自己的身份，但对广告受众而言，可以辨认其身份的，也属于广告代言人；第三，"证明""推荐"既包括直接以语言、行动，也包括以间接的、隐蔽的、引诱性的方式向消费者推荐某商品或服务。

4. 互联网信息服务提供者

互联网信息服务提供者是指通过互联网提供信息服务，未参与互联网广告设计、制作、代理、发布等活动的自然人、法人或者其他组织。一般而言，淘宝、京东、微信作为互联网巨头，吸引诸多用户入驻/使用他们的平台并发布广告，平台应为互联网信息服务提供者。按照《广告法》第 45 条的要求，公共场所的管理者或者电信业务经营者、互联网信息服务提供者对其明知或者应知的利用其场所或者信息传输、发布平台发送、发布违法广告的，应当予以制止。但淘宝、京东、微信实际上对外也承接广告业务，因此从接广告业务的层面上，平台应为"广告发布者"。

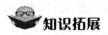 **知识拓展**

广告主还是广告代言人？

明星/企业员工作为公司的产品经理为企业推广商品或者服务，从法律关系层面难以界定其角色，其做出的此类行为可归纳为"代言人行为"，应受到《广告法》关于广告代言人相关条款的约束，例如"不得为其未使用过的商品或者未接受过的服务作推荐、证明"。互联网企业的法定代表人天然代表公司，法定代表人作为广告主推荐企业产品，应属于职务行为，宣传行为可归纳为"自我宣传"。例如聚美优品的法人代表陈欧的"我为自己代言"系列广告（见图 6.1），就属于此类情况。

图 6.1 聚美优品的法人代表陈欧的"我为自己代言"系列广告

二、客体

互联网广告法律关系的客体是指互联网广告主体所承担的权利与义务所指向的对象。互联网广告法律关系中的权利与义务关系是多种多样的，因此，广告法律关系的客体也是多种多样的，具体包括以下三个方面。

（1）广告品。它是有形的物品，是客观存在并可以直接感知的。如广告主与广告经营者的广告制作关系所指向的对象就是户外广告作品、宣传品。

（2）智力产品。它是无形产品，必须通过特定的载体才能记录、传播和被感知，是对人类精神活动的物化，如广告公司的策划方案等。

（3）行为结果。它既不是特定物品，也不是无形的智力成果，而是特定的广告行为。例如，广告代理活动就是广告主与广告公司以及广告发布者三方面基于广告合同而指向的行为结果。

三、内容

互联网广告法律关系的内容同样包括互联网广告法律关系主体的权利与义务两个方面。互联网广告法律关系主体的权利是指互联网广告法所规定的权利人享有的权利或利益。而互联网广告法律关系主体的义务是指互联网广告法所规定的义务人应该履行的职责。

（1）互联网广告法律关系主体的权利。互联网广告法律关系主体的权利主要包括互联网广告中广告主、广告经营者、广告发布者、广告代言人以及互联网信息服务提供者所拥有的所有合法权利，在法律允许范围内自主从事广告活动，自主进行市场竞争，不受非法干扰的权利，以及当自身权利受到损害可以寻求法律救济的权利。

（2）互联网广告法律关系主体的义务。互联网广告法律关系主体应当履行的职责或法定的义务，就广告监管机关而言，违法必究，执法必严，积极行使法律所赋予的职责是其义务；就互联网广告活动主体而言，认真遵守互联网广告法律法规，诚信经营，尊重消费者的合法权益，杜绝虚假互联网广告就是其法定义务。

〰 情境导入 1 分析

问题（1）： 李丽应该选择方案二，方案二的广告形式属于互联网广告，较方案一的传统广告具有如下优势：①互联网广告突破了时间和地域的限制，可以将广告信息 24 小时不间断地传播到世界的每一个角落；②互联网广告制作成本低，速度快，更改灵活；③互联网广告是多维的，传统广告是二维的，互联网广告能将文字、图像和声音有机地组合在一起，传递多感官的信息，让顾客身临其境般感受商品或服务；④互联网广告的广告主可以通过监视广告的浏览量、点击率等指标跟踪和衡量广告的效果，能够更好地跟踪广告受众的反应，及时了解顾客和潜在顾客的情况。

问题（2）： 属于互联网广告中的网页广告。在他人网站中的某些页面加入自己的广告内容，网站用户浏览到此页面时，就会看到广告内容。

子项目二　互联网虚假广告的认定与法律责任

〰 情境导入 2

李丽用虚假的"刷单交易量"进行宣传

李丽为提高网店的成交量和店铺的评分，动了歪心思。经朋友介绍，李丽认识了一个"刷单"中介，中介称只要钱到位，他们能让李丽的网店成交量"暴增"。李丽将订单金额和对应的佣金转账给中介，中介便联系"刷手"进行刷单，以小礼物充当订单货物交付物流公司发货，最后"刷手"确认收货，为店铺虚构交易记录。事后，李丽还将这段时间网店的成交量做成宣传内容，并放在网店首页显眼的位置，以吸引更多的买家。

问题： 李丽用虚假的"刷单交易量"进行宣传的行为属于什么性质的行为？

任务一　识别互联网虚假广告

当前，网络购物已成为人们的生活常态。然而有些不良商家为了招揽生意，发布各类虚假广告，侵害消费者的合法权益。互联网广告正在颠覆传统广告的形式与实质，也使虚假广告变得更复杂：在利益的驱动下，制作网页，利用电子邮件与论坛、搜索引擎、网络视频发布虚假信息等行为层出不穷，同时还出现了主播在"直播带货"过程中进行虚假宣传、网络刷单等行为。

一、互联网虚假广告的概念

相较于传统意义上的虚假广告，互联网虚假广告主体复杂、形式多样，但其源头和终点始终是一致的，即通过虚构失实的宣传信息，引诱、欺骗受众进而使其完成购买。因此，互联网虚假广告是指广告主、广告经营者、广告发布者或广告推荐者为谋取不正当利益，采取欺骗手段，对商品或服务的主要内容作虚假或引人误解的宣传，导致或足以导致消费者被欺骗或误导，对广告中的商品或服务产生过高期望从而做出错误判断的广告类型。

《广告法》第28条规定，广告以虚假或者引人误解的内容欺骗、误导消费者的，构成虚假广告。广告有下列情形之一的，为虚假广告：

（1）商品或者服务不存在的；

（2）商品的性能、功能、产地、用途、质量、规格、成分、价格、生产者、有效期限、销售状况、曾获荣誉等信息，或者服务的内容、提供者、形式、质量、价格、销售状况、曾获荣誉等信息，以及与商品或者服务有关的允诺等信息与实际情况不符，对购买行为有实质性影响的；

（3）使用虚构、伪造或者无法验证的科研成果、统计资料、调查结果、文摘、引用语等信息作证明材料的；

（4）虚构使用商品或者接受服务的效果的；

（5）以虚假或者引人误解的内容欺骗、误导消费者的其他情形。

 同步案例

查处××培训公司互联网虚假宣传案

2022年11月，当事人在其官方网站发布"××培训公司2017年学员考研上岸率突破90%、2018年学员考研上岸率达93%"等内容。该公司成立于2021年10月14日，未取得培训办学的相关资质，未实际开展过上述官方网站宣传考研培训的相关活动，以上内容均为虚假宣传。2023年1月6日，太原市市场监管局依法做出行政处罚，责令当事人改正，处罚款10万元。

二、互联网虚假广告的特征

互联网虚假广告与传统虚假广告既有相似之处又有区别，相似之处在于它们都是虚假广告，在虚假方面有天然的相似性，即都具有违法性和欺骗性等特点，区别是互联网虚假广告依托于互联网这一媒介。

（1）主体广泛化、复杂化。互联网相较于其他媒介的最大特点就是门槛低，只要具备网络使用权，任何法人、经济组织、自然人都可以不受时间、地域、广告主体资质的限制参与到广告活动中来。没有广告主体资质的限制会导致两个后果：第一，广告主体大量增加；第二，对广告主、广告经营者、广告发布者的界定没有传统广告那般明确，随便一个自然人都可以成为广告主、广告发布者。这样《广告法》中规定的广告主、广告经营者、广告发布者的权利与义务遭到破坏，各主体之间的内部监督机制被瓦解。

（2）针对性较强。互联网广告的针对性主要表现在两个方面：一是通过互联网对受众构成进行分析，进行匹配度识别，搜索并定位产品和服务的目标受众，向目标受众进行高强度、多维度、定向性传播，使得广告的宣传效果最大化；二是精确定位，也就是通过使用者浏览网站之后留下的浏览记录进行定向投放。

（3）隐蔽性更强。在一个广告信息铺天盖地的时代，只有把广告做得不像广告，让受众在没有任何戒备心理的情况下悄然接受，才能取得最好的效果。传统广告多通过直接的表白和诉求唤起受众对产品和服务的需求欲望，而互联网广告使用隐性广告更为频繁。隐性广告则通过精心策划，把产品或者品牌安排到媒介故事的某个情节当中，使它们成为媒体故事的重要组成部分，让受众在毫无戒备的情况下接受关于产品或者服务的信息，从而达到"润物细无声"的效果。隐性广告以更加隐蔽、积极、动人的形式潜入受众的视野，更容易突破受众对广告的心理防线。

任务二　知晓互联网虚假广告的法律责任

纵观我国规制虚假广告的法律规范，如《反不正当竞争法》《消费者权益保护法》《广告法》《刑法》等，主要围绕维护市场公平竞争秩序这一直接目的和保护消费者合法权益这一终极目的来展开。根据以上法律规范可以得知，发布互联网虚假广告各方主体具体需要承担的法律责任有民事责任和行政责任。如果该行为造成严重后果，符合犯罪的构成要件的，各方主体还要承担刑事责任。

一、民事责任

1. 赔偿损失

赔偿损失主要是指消费者在购买商品后发现商品质量、性能与广告内容严重不符的，消费者有权要求进行商品退换，或者要求经营者返还费用。若消费者因虚假广告购买了商品或服务，导致其合法权益受到损害，可以向经营者要求赔偿。同时广告发布者还需要承担赔偿消费者因购买商品而造成的经济损失及其他损失的责任。赔偿损失是虚假广告主体需承担的主要的民事责任，以最大限度地补偿消费者合法权益遭受的损害。

2. 消除负面影响

虚假广告不但会对广告受众财产、身体安全造成危害，而且可能会影响广告受众的人格尊严。《广告法》第 58 条关于违法广告的相关处罚规定提出，存在虚假广告行为，可由市场监督管理部门责令停止发布广告，责令广告主在相应范围内消除影响，并处以罚款，情节严重的，可以吊销营业执照，并由广告审查机关撤销广告审查批准文件、1 年内不受理其广告审查申请。因此，在虚假广告损害受众人格尊严时，可由市场监督管理部门责令其及时停止侵害；若虚假广告损害受众财产安全，则可以要求财产同等额度赔付，并由广告审查机关撤销广告审查批准文件。同时广告主应纠正因虚假广告带来的影响受众的错误意识，消除在社会层面的不利影响。

3. 连带责任

发布虚假广告，欺骗、误导消费者，使购买商品或者接受服务的消费者的合法权益受到损害的，由广告主依法承担民事责任。关系消费者生命健康的商品或者服务的虚假广告，造成消费者损害的，其广告经营者、广告发布者、广告代言人应当与广告主承担连带责任。

二、行政责任

（1）如果广告主发布虚假广告，广告主将被市场监督管理部门责令停止发布广告，在相应范围内消除影响，处广告费用 3～5 倍以下的罚款，广告费用无法计算或者明显偏低的，处 10 万元以上 20 万元以下的罚款。

（2）市场监督管理部门可吊销广告主营业执照，并由广告审查机关撤销广告审查批准文件、1 年内不受理其广告审查申请。

（3）若情节特别严重或者 2 年内有 3 次以上违法行为的，广告主将被罚款广告费用的 5～10 倍以下或者 100 万元至 200 万元的罚款。

（4）若被吊销营业执照，其法定代表人若负有个人责任，3 年之内不得担任任何公司的董事、监事和高级管理人员。

（5）被市场监督管理部门记入信用档案并公示。

同步案例

某科技有限公司发布违法广告案

某科技有限公司在其微信公众号发布某眼贴广告，广告中含有以下违法内容：①宣称获得国家发明专利却没有标明专利种类和专利号；②宣称其眼贴能治疗白内障等眼科疾病；③宣称其眼贴能预防和缓解中老年人眼病。

当事人的行为违反了《广告法》的相关规定，邯郸市丛台区市场监督管理局责令其停止发布该违法广告，并处罚款人民币 60 万元。

三、刑事责任

广告主、广告经营者、广告发布者违反国家规定，利用广告对商品或者服务作虚假宣传，情节严重的行为，构成虚假广告罪。《刑法》第 222 条规定，广告主、广告经营者、广告发布者违反国家规定，利用广告对商品或者服务作虚假宣传，情节严重的，处 2 年以下有期徒刑或者拘役，并处或者单处罚金。

最高人民检察院、公安部《关于公安机关管辖的刑事案件立案追诉标准的规定（二）》第 67 条规定：广告主、广告经营者、广告发布者违反国家规定，利用广告对商品或者服务作虚假宣传，涉嫌下列情形之一的，应予立案追诉：①违法所得数额在 10 万元以上的；②假借预防、控制突发事件、传染病防治的名义，利用广告作虚假宣传，致使多人上当受骗，违法所得数额在 3 万元以上的；③利用广告对食品、药品作虚假宣传，违法所得数额在 3 万元以上的；④虽未达到上述数额标准，但 2 年内因利用广告作虚假宣传受过 2 次以上行政处罚，又利用广告作虚假宣传的；⑤造成严重危害后果或者恶劣社会影响的；⑥其他情节严重的情形。

情境导入 2 分析

李丽的行为属于发布互联网虚假广告。根据《广告法》第 28 条的规定，其虚构店铺销售状况，并对此虚假信息进行宣传，导致或足以导致消费者被欺骗或误导、对广告中的商品或服务产生过高期望从而做出错误判断，属于发布虚假广告。为维护公平竞争秩序，保护消费者合法权益，李丽将承担相应的法律责任。

子项目三 互联网禁止类广告的认定与法律责任

情境导入 3

李丽在小红书发布广告

李丽为提高"创意十字绣"网店知名度，在小红书上发布了一条广告称"本店为中国十字绣行业第一品牌"，而且在其所出售的商品"坐莲观音十字绣"下，还标有"本商品为经过正统开光的本命观音守护神，挂在家里能够清除负能量，使家人改善跌宕起伏的运势，摆脱诸事不顺的厄运，化解流年凶灾，财源滚滚来"等内容。

问题： 李丽在小红书上发布的广告属于什么类型？

任务一 识别互联网禁止类广告

我国法律、行政法规规定了许多禁止生产、销售的产品或者提供的服务，以及禁止发布广告

的产品或者服务，针对这些禁止规定，任何单位或者个人不得利用互联网设计、制作、代理、发布广告。在现有的互联网广告法律规范中，我国的互联网禁止类广告包括两种情况：一是互联网广告中禁止的情形，二是禁止发布广告的产品与服务。

一、互联网广告中禁止的情形

互联网广告内容中禁止有下列情形：①使用或者变相使用中华人民共和国国旗、国歌、国徽，军旗、军歌、军徽；②使用或者变相使用国家机关、国家机关工作人员的名义或者形象；③使用"国家级""最高级""最佳"等用语；④损害国家的尊严或者利益，泄露国家秘密；⑤妨碍社会安定，损害社会公共利益；⑥危害人身、财产安全，泄露个人隐私；⑦妨碍社会公共秩序或者违背社会良好风尚；⑧含有淫秽、色情、赌博、迷信、恐怖、暴力的内容；⑨含有民族、种族、宗教、性别歧视的内容；⑩妨碍环境、自然资源或者文化遗产保护；⑪法律、行政法规规定禁止的其他情形，如互联网广告不得损害未成年人和残疾人的身心健康，不得贬低其他生产经营者的商品或服务。

📖 同步案例

查处××珠宝公司互联网违法广告案

2022年10月，当事人利用其微信公众号发布钻石广告，广告中含有"×××××钻石国庆七天欢乐不停，现场互动赢好礼"等内容，出现国旗、党旗图样，违反《广告法》有关规定。2023年3月13日，阳泉市市场监管局依法做出行政处罚，责令当事人停止该违法行为，处罚款2万元。

💬 案例讨论

"某床垫厂商在广告中宣称'××床垫连续七年全美销量第一'"，这样的广告内容违法吗？为什么？

除以上所有互联网广告内容中禁止的情形外，我国广告法律法规还针对一些特定领域的广告类型进行了专门的规范。

1. 互联网广告活动中禁止的情形

互联网广告应当具有可识别性，显著表明"广告"，使消费者能够辨明其为广告。以弹出式广告等形式发布的互联网广告，广告主、广告发布者应当显著标明关闭标志，确保一键关闭，不得有下列情形：①没有关闭标志或者计时结束后才能关闭广告；②关闭标志虚假、不可清晰辨识或者难以定位等，为关闭广告设置障碍；③关闭广告须经两次以上点击；④在浏览同一页面、同一文档过程中，关闭后继续弹出广告，影响用户的正常使用；⑤其他影响一键关闭的行为。

不得以下列方式欺骗、误导用户点击、浏览广告：①虚假的系统或者软件更新、报错、清理、通知等提示；②虚假的播放、开始、暂停、停止、返回等标志；③虚假的奖励承诺；④其他欺骗、误导用户点击、浏览广告的方式。

2. 医疗、药品、医疗器械互联网广告中禁止的情形

医疗、药品、医疗器械互联网广告中不得含有下列内容：①表示功效、安全性的断言或者保证；②说明治愈率或者有效率；③与其他药品、医疗器械的功效和安全性或者其他医疗机构比较；④利用广告代言人作推荐、证明；⑤法律、行政法规规定禁止的其他内容。药品广告的内容不得与国务院药品监督管理部门批准的说明书不一致，并应当显著标明禁忌、不良反应。处方药广告应当显著标明"本广告仅供医学药学专业人士阅读"，非处方药广告应当显著标明"请按药品说明

书或者在药师指导下购买和使用"。推荐给个人自用的医疗器械的广告，应当显著标明"请仔细阅读产品说明书或者在医务人员的指导下购买和使用"。医疗器械产品注册证明文件中有禁忌内容、注意事项的，广告中应当显著标明"禁忌内容或者注意事项详见说明书"。

同步案例

查处"××脑科"医疗互联网违法广告案

2022 年 10 月，当事人通过其微信公众号小程序发布"××脑科"医疗广告，广告中含有"微创治疗脑出血，3 天彻底清除血肿"等内容，并有患者病例。其行为违反了《广告法》有关规定。2023 年 5 月 10 日，大同市市场监管局依法做出行政处罚，责令当事人停止该违法行为，处罚款 2 万元。

3. 保健食品互联网广告中禁止的情形

保健食品广告不得含有下列内容：①表示功效、安全性的断言或者保证；②涉及疾病预防、治疗功能；③声称或者暗示广告商品为保障健康所必需；④与药品、其他保健食品进行比较；⑤利用广告代言人作推荐、证明；⑥法律、行政法规规定禁止的其他内容。保健食品广告应当显著标明"本品不能代替药物"。

4. 农药、兽药、饲料和饲料添加剂互联网广告中禁止的情形

农药、兽药、饲料和饲料添加剂广告不得含有下列内容：①表示功效、安全性的断言或者保证；②利用科研单位、学术机构、技术推广机构、行业协会或者专业人士、用户的名义或者形象作推荐、证明；③说明有效率；④违反安全使用规程的文字、语言或者画面；⑤法律、行政法规规定禁止的其他内容。

5. 酒类互联网广告中禁止的情形

酒类广告不得含有下列内容：①诱导、怂恿饮酒或者宣传无节制饮酒；②出现饮酒的动作；③表现驾驶车、船、飞机等活动；④明示或者暗示饮酒有消除紧张和焦虑、增加体力等功效。

6. 教育、培训互联网广告中禁止的情形

教育、培训互联网广告不得含有下列内容：①对升学、通过考试、获得学位学历或者合格证书，或者对教育、培训的效果做出明示或者暗示的保证性承诺；②明示或者暗示有相关考试机构或者其工作人员、考试命题人员参与教育、培训；③利用科研单位、学术机构、教育机构、行业协会、专业人士、受益者的名义或者形象作推荐、证明。

7. 针对未成年人互联网广告中禁止的情形

不得在中小学校、幼儿园内开展广告活动，不得利用中小学生和幼儿的教材、教辅材料、练习册、文具、教具、校服、校车等发布或者变相发布广告，但公益广告除外。

在针对未成年人的大众传播媒介上不得发布医疗、药品、保健食品、医疗器械、化妆品、酒类、美容广告，以及不利于未成年人身心健康的网络游戏广告。针对不满 14 周岁的未成年人的商品或者服务的广告不得含有下列内容：①劝诱其要求家长购买广告商品或者服务；②可能引发其模仿不安全行为。

二、禁止发布广告的产品与服务

1. 麻醉药品、精神药品、医疗用毒性药品、放射性药品等

麻醉药品、精神药品、医疗用毒性药品、放射性药品等特殊药品，药品类易制毒化学品，以及用于戒毒治疗的药品、医疗器械和治疗方法，不得作广告。并且，除此之外的处方药，只能在国务院卫生行政部门和国务院药品监督管理部门共同指定的医学、药学专业刊物上作广告。禁止以介绍健康、养生知识等形式，变相发布医疗、药品、医疗器械、保健食品、特殊医学用途配方

食品广告。

2. 烟草

禁止在大众传播媒介或者公共场所、公共交通工具、户外发布烟草广告。禁止向未成年人发送任何形式的烟草广告。禁止利用其他商品或者服务的广告、公益广告，宣传烟草制品名称、商标、包装、装潢以及类似内容。烟草制品生产者或者销售者发布的迁址、更名、招聘等启事中，不得含有烟草制品名称、商标、包装、装潢以及类似内容。

3. 野生动物及制品广告

禁止为出售、购买、利用野生动物或者禁止使用的猎捕工具发布广告；禁止为违法出售、购买、利用野生动物制品发布广告；不得发布含有宣传、诱导食用禁止食用的野生动物内容的广告；法律、行政法规规定禁止的其他内容或情形。

任务二　知晓互联网禁止类广告的法律责任

《民法典》《广告法》《互联网广告管理办法》在规定了许多互联网广告中禁止的情形以及禁止发布广告的商品或者服务的同时，也对相关主体，如广告主、广告发布者、广告经营者、互联网平台经营者的法律责任做出了规定，包括民事责任和行政责任。如果该行为造成的后果严重，符合犯罪构成要件的，还要承担刑事责任。

一、民事责任

广告主、广告经营者、广告发布者发布的广告若有损害他人人身权益、财产权益，构成侵权责任的，应当依法承担民事责任。如《广告法》第 68 条第 1 款规定，在广告中损害未成年人或者残疾人的身心健康的，广告主、广告经营者、广告发布者依法承担民事责任。《民法典》第 179 条规定，承担民事责任的方式主要有：①停止侵害；②排除妨碍；③消除危险；④返还财产；⑤恢复原状；⑥修理、重作、更换；⑦继续履行；⑧赔偿损失；⑨支付违约金；⑩消除影响、恢复名誉；⑪赔礼道歉。法律规定惩罚性赔偿的，依照其规定。本条规定的承担民事责任的方式，可以单独适用，也可以合并适用。因此，实务中广告主、广告经营者、广告发布者、互联网平台经营者若违法发布互联网禁止类广告，将会根据不同情形，承担民事责任。广告经营者、广告发布者、广告代言人也可能与广告主承担连带责任。

二、行政责任

（1）广告主。发布互联网禁止类广告的广告主将面临以下处罚：由市场监督管理部门责令停止发布广告，责令广告主在相应范围内消除影响，对广告主处 20 万元以上 100 万元以下的罚款；2 年内有 3 次以上违法行为或者有其他严重情节的，处广告费用 5 倍以上 10 倍以下的罚款，广告费用无法计算或者明显偏低的，处 100 万元以上 200 万元以下的罚款，可以吊销营业执照，并由广告审查机关撤销广告审查批准文件、1 年内不受理其广告审查申请。

（2）广告发布者、广告经营者。根据《互联网广告管理办法》第 25 条及《广告法》第 19 条、第 59 条的规定，变相发布医疗、药品、医疗器械、保健食品、特殊医学用途配方食品广告，或者互联网广告不具有可识别性的，由市场监督管理部门责令改正，对广告发布者处 10 万元以下的罚款。

（3）互联网平台经营者。根据《互联网广告管理办法》第 29 条第 2 款及《广告法》第 63 条的规定，互联网平台经营者明知或者应知互联网广告活动违法不予制止的，由市场监督管理部门没收违法所得，违法所得 5 万元以上的，并处违法所得 1 倍以上 3 倍以下的罚款，违法所得不足 5 万元的，并处 1 万元以上 5 万元以下的罚款；情节严重的，由有关部门依法停止相关业务。

 **案例讨论**

案例1　辽宁大连金英海产有限公司发布食品广告

辽宁大连某海产有限公司在其销售某牌海带菜产品的网页上宣称："海带是一种营养价值很高的蔬菜，同时具有一定的药用价值，含有丰富的碘等矿物质。海带热量低、蛋白质含量中等、矿物质丰富。研究发现，海带具有降血脂、降血糖、调节免疫、抗凝血、抗肿瘤、排铅解毒和抗氧化等多种生物功能。"

案例2　内蒙古世纪医院有限责任公司发布医疗广告

当事人在其公司官网上发布的医院介绍及"光动力基因免疫诱导治疗方法""前列腺多维汇聚治疗技术"等医疗广告内容中有多处表示功效、安全性的断言或者保证和说明治愈率或者有效率的内容。经核查，其官网上发布含有上述内容的医疗广告未经卫生部门审查，属未经审核擅自发布医疗药品广告行为。

问题： 以上两公司发布的互联网广告合法吗？为什么？

━━━━〔 情境导入 3 分析 〕━━━━

李丽在小红书上发布的广告属于互联网禁止类广告。因为广告中含有"国家级""第一"及迷信的相关内容，以上内容根据《广告法》，属于广告中禁止有的情形。

子项目四　互联网广告的法律监管

━━━━〔 情境导入 4 〕━━━━

李丽举报互联网虚假广告

李丽在某十字绣原材料店购买所需的彩线时，发现该店铺首页有"本店的棉线结实耐用，水洗不褪色，为国家级非物质文化遗产——苏州缂丝织造技艺的专用棉线"等宣传广告。李丽对该广告内容表示怀疑，通过查阅资料发现，苏州缂丝织造技艺所用的线为蚕丝线，并非棉线。她认为该互联网广告属于互联网虚假广告，决定举报该店铺。

问题： 李丽应该向哪里举报该店铺的虚假广告行为呢？

任务一　知晓互联网广告的监管主体

互联网广告作为促进商品经济发展的重要形式，互联网广告主、互联网广告经营者、互联网广告发布者、互联网广告代言人、互联网信息服务提供者既是互联网广告活动的主体，又是互联网广告监管的对象。互联网广告监管一直是维护广告市场秩序的重要手段。监管主要指的是对市场的一种干预和控制，是政府或非政府组织以解决市场失灵和维护市场经济秩序为目的，基于规则对市场经济活动的一种干预和控制。互联网广告的监管主体主要有广告监管机关、广告行业自律组织和广告社会监督。

一、广告监管机关

广告监管机关主要是指市场监督管理部门，其依照相关法律法规和政策规定，对广告经营主体的活动和广告信息实施监管活动。《广告法》还赋予其他相关部门一定的职权，其他相关部门与市场监督管理部门共同进行广告监管。例如《广告法》第55条第2款、第58条第2款规定，医疗机构违反《广告法》，除了市场监督管理部门可以依照《广告法》对其进行处罚外，卫生行政部门也可以吊销其医疗许可等。

为帮助市场监督管理部门快速、精准地打击网络违法广告行为，我国于 2016 年 9 月 1 日上线试运行全国互联网广告监测中心，该监测中心位于浙江省杭州市，由国家市场监督管理总局与浙江省人民政府签署战略合作协议，由浙江省市场监督管理局承建并受国家市场监督管理总局委托开展全国互联网广告监测。各省广告检测中心也相继建立，通常是该省市场监督管理局的直属单位。

二、广告行业自律组织

我国的广告行业自律组织主要是中国广告协会及各地方广告协会。根据中国广告协会章程，中国广告协会是由中国境内的广告主、广告经营者、广告发布者、广告代言人（经纪公司）、广告（市场）调查机构、广告设备器材供应机构等行业相关的企事业单位、地方性广告行业的社会组织、广告教学及研究机构等自愿结成的全国性、行业性、非营利性的社会团体。

三、广告社会监督

广告社会监督是指由消费者和社会舆论对违法广告进行监督和举报。社会监督是对行政监管和广告行业自律监管的补充。我国的广告社会监督组织主要指中国消费者协会和各地消费者协会。《广告法》第 54 条规定：消费者协会和其他消费者组织对违反本法规定，发布虚假广告侵害消费者合法权益，以及其他损害社会公共利益的行为，依法进行社会监督。

任务二　知晓互联网广告行政管辖权

互联网广告的行政管辖权是指具有行政事务管理监督处罚权的各部门对相应的行政管理监督对象发布互联网广告的行为所具有的首次处置权限。

一、级别管辖权

我国的广告监督管理实行的是级别管理。《广告法》第 6 条规定，国务院市场监督管理部门主管全国的广告监督管理工作，国务院有关部门在各自的职责范围内负责广告管理相关工作。县级以上地方市场监督管理部门主管本行政区域的广告监督管理工作，县级以上地方人民政府有关部门在各自的职责范围内负责广告管理相关工作。

二、地域管辖权

（1）以广告发布者所在地管辖为主。《互联网广告管理办法》第 20 条第 1 款规定，对违法互联网广告实施行政处罚，由广告发布者所在地市场监督管理部门管辖。广告发布者所在地市场监督管理部门管辖异地广告主、广告经营者、广告代言人以及互联网信息服务提供者有困难的，可以将违法情况移送其所在地市场监督管理部门处理。广告代言人为自然人的，为广告代言人提供经纪服务的机构所在地、广告代言人户籍地或者经常居住地为其所在地。

（2）以广告所在地、广告经营者所在地管辖为辅。《互联网广告管理办法》第 20 条第 2 款规定，广告主所在地、广告经营者所在地市场监督管理部门先行发现违法线索或者收到投诉、举报的，也可以进行管辖。

（3）广告主自行发布广告的，由广告主所在地管辖。《互联网广告管理办法》第 20 条第 3 款规定，对广告主自行发布违法广告的行为实施行政处罚，由广告主所在地市场监督管理部门管辖。

~~~ 情境导入 4 分析 ~~~

李丽可以向淘宝平台或者向该店铺经营者所在地市场监督管理部门举报。《互联网广告管理办法》第 16 条和第 20 条规定，互联网平台经营者在提供互联网信息服务过程中应当采取措施防范、制止违法广告，并建立有效的投诉、举报受理和处置机制，设置便捷的投诉举报入口或者公布投诉举报方式，及时受理和处理投诉举报；对广告主自行发布违法广告的行为实施行政处罚，由广告主所在地市场监督管理部门管辖。

 项目实训

请扫描二维码阅读案例全文，并完成以下任务：①以小组为单位进行讨论；②完成本案件各当事人的行为性质的判断；③找出本案件适用的法律规定；④预测法院的判决结果；⑤说一说本案在道德与法律层面的启示。

 项目小结

一个脍炙人口的广告标语、一次深入人心的广告宣传，对提高品牌知名度、增加产品销量非常重要。互联网时代，人人都可以营销，各个角落里都有广告的痕迹。互联网广告也要受到《广告法》等相关规定的严格约束。对广告宣传风险疏于防范，一不小心就会踩到虚假广告的地雷，付出惨痛代价。本项目围绕互联网广告的认定与法律关系、互联网虚假广告的认定与法律责任、互联网禁止类广告的认定与法律责任、互联网广告的法律监管等内容加以介绍，其中互联网虚假广告、互联网禁止类广告的识别及互联网广告的法律监管是本项目的重点所在。电商经营者必须深刻认识到互联网广告相关法律规范在市场活动中的地位和作用，深入学习本项目内容，做互联网广告法律规范的遵守者、维护者、践行者。

 项目测试

一、案例分析题

石台县仙寓镇某农家乐通过互联网发布含有"獐子""野猪"等野生动物制作的菜品图片、字样等内容的广告。

问题： 请运用所学知识，分析石台县仙寓镇某农家乐的行为。

二、实操题

请同学们登录淘宝 App，进入首页，点击首页底端"我的淘宝"，然后点击右上角"设置"，然后再点击"设置"最底端的《淘宝规则》进入规则中心，最后点击"合规课堂"观看广告法案例视频，观看后至少完成三个视频案例的简述。

 自测题

项目七　电子商务知识产权法律规范（上）

学习目标

知识目标：了解知识产权的概念、内涵与类型；掌握电子商务交易中的知识产权规则；熟悉电子商务中商标侵权的主要形式；熟悉电子商务中保护商标权的方法。

能力目标：能够辨别各种类型的知识产权；能够判断电子商务中的商标侵权行为，分析侵权责任，规避侵权风险；能够运用法律法规对商标权进行保护。

素质目标：培养维护知识产权法律公正性和权威性的意识；树立正确的知识产权保护意识；具有网络法治意识。

子项目一　《电子商务法》对知识产权的保护

情境导入1

李丽出售"冰墩墩"图案的十字绣

李丽是一个很用心、善钻研的人，市面上有什么好的图形、花样她都会尝试着用十字绣绣出来。她的十字绣图案特别多，也很别致、新颖。这不，北京冬奥会刚结束，李丽以"冰墩墩"为图案的十字绣就上市了。

问题：（1）李丽绣的"冰墩墩"图案十字绣是否涉嫌侵犯知识产权？（2）销售这样的十字绣会有什么法律后果？

任务一　识别知识产权侵权类型

一、知识产权概述

知识产权是指人们就其智力劳动成果所依法享有的专有权利。《民法典》第123条规定，知识产权是权利人依法就下列客体享有的专有的权利：①作品；②发明、实用新型、外观设计；③商标；④地理标志；⑤商业秘密；⑥集成电路布图设计；⑦植物新品种；⑧法律规定的其他客体。

知识产权具有以下特征：①权利客体是一种无形财产；②权利内容具有人身权和财产权双重属性；③知识产权是一种以独占实施权为核心的专有性权利；④知识产权具有地域性；⑤知识产权具有时间性。

二、商标侵权

商标侵权是指在未经许可和授权的情况下，私自使用与注册商标相同或高度相似的商标。一般情况下，就是指出现了假冒伪劣产品、抢占商标、关键词侵权等现象，造成消费者认识上的混淆。

 **案例讨论**

女生欲购蓝月亮却收到"蓝月壳"

有个女生在网上买了一瓶 2.5 千克装的蓝月亮牌洗衣液，收到货后却发现是"蓝月壳"，最后细看才发现，商家发布的网络宣传图遮挡了部分商标，导致混淆。她购买的这瓶"蓝月壳"洗衣液的价格为 10.9 元（见图 7.1），购买时她还寻思为啥这么便宜。

问题："蓝月壳"品牌是否涉嫌"傍名牌"？蓝月亮品牌方应该如何保护自己的权益不受侵害？

图 7.1　蓝月壳图样

三、著作权（版权）侵权

《著作权法》第 5 章规定了"著作权和与著作权有关的权利的保护"，凡未经著作权人许可，有不符合法律规定的情形，私自使用受著作权法保护的作品的行为，即为侵犯著作权的行为。

在电子商务领域，侵犯著作权行为包括但不限于对其他网页内容的仿制；未经授权，私自盗用、剽窃权利人的商品图片、文案、图形和文字设计等。所谓的商品图片和文案盗用，是指未经原作者或所有者的许可，使用（包括二次编辑）商店的首页、栏目页面、橱窗、宝贝详细信息和其他促销页面，以及图片的原始文本作品（包括产品图片）、视频等。图 7.2 所示为某平台多店铺展示的使用了星巴克图片和文字的猫爪杯。如果这些商家没有取得星巴克的授权，就涉嫌侵犯了星巴克猫爪杯的著作权。

图 7.2　某平台不同卖家销售的星巴克猫爪杯

四、专利侵权

专利权是专利人利用其发明创造的独占权利，专利主要包括发明专利、外观专利和实用新型专利。专利侵权是指未经专利权人许可，以生产经营为目的，实施了对依法受保护的有效专利的违法行为。

在电子商务活动中，专利侵权突出表现为：企业未经权利人的准许或授权，以电子商务方式销售其他企业的实用新型、外观设计产品，销售冒充专利技术、专利设计产品的；在广告、其他宣传材料和合同中使用权利人的专利号，使消费者误认为是其专利技术的；假造或变造权利人的专利证书、专利文件或专利申请文件的。

任务二　知晓《电子商务法》的主要规定

一、电子商务对知识产权的挑战

1. 电子商务对传统知识产权概念的挑战

电子商务对传统知识产权的概念提出了挑战。传统知识产权是单个知识产权权利，而网络知识产权可能是一个集多项权利内容的产权权利。例如，域名问题迫使人们将商标、厂商名称、商誉、不正当竞争结合起来考虑，甚至提出了"一体保护"的方法。

2. 电子商务对传统知识产权特点的挑战

知识产权具有与有形财产不同的一些特点，如垄断性、地域性、时间性、无形性、政府确认性等。知识产权应当保证权利人的专有权利。电子商务活动建立在互联网上，通过网络的传输表现出"公开"的开放性和"无国界"的全球性特点及状态。"公开"可能成为"公知""公用"，"无国界"使得地域性的知识产权受到了严峻的挑战。

3. 电子商务对知识产权法院管辖的挑战

传统知识产权纠纷案件多由被告所在地或者侵权行为地法院管辖。但是，互联网上的侵权行为，难以确定具体的行为地点和受害地点。行为主体难以确定，行为地点难以界定，行为的跨时空性、无国界性等特点，对传统的诉讼程序也提出了挑战。

二、电商平台经营者保护知识产权的义务

在电子商务领域，电商平台经营者直接控制着平台，平台内经营者需要服从电商平台经营者的管理才能完成交易。因此，电商平台经营者是最有能力保护知识产权的主体之一。当平台内经营者不遵从电商平台经营者的管理时，电商平台经营者可以采取强制终止交易、指令其下架等一系列强制手段予以控制和制裁。正是因为电商平台经营者的特殊地位及其足以进行有效管理的能力，所以《电子商务法》第41～45条专门规定了电商平台经营者的知识产权保护义务。

电商平台经营者的知识产权保护义务主要表现在建立保护规则、与权利人等各方合作以及实施治理措施等方面，详见表7.1。

表 7.1　电商平台经营者的知识产权保护义务

知识产权保护制度分类		《电子商务法》规定	法条解读
建立保护规则		第41条　电子商务平台经营者应当建立知识产权保护规则……	目的：履行知识产权保护的法定义务。 规则内容要将法律规范应用于平台环境，并使之具体化、细致化
与权利人等各方合作		第41条　电子商务平台经营者应当……与知识产权权利人加强合作，依法保护知识产权	应当依法给予平台内外的知识产权人同等的待遇，与知识产权人加强合作。 与平台内经营者、消费者等其他利益相关方合作。 与相关执法机构加强合作
实施治理措施	平台经营者采取治理措施	第42条　知识产权权利人认为其知识产权受到侵害的，有权通知电子商务平台经营者采取删除、屏蔽、断开链接、终止交易和服务等必要措施。通知应当包括构成侵权的初步证据。 电子商务平台经营者接到通知后，应当及时采取必要措施，并将该通知转送平台内经营者；未及时采取必要措施的，对损害的扩大部分与平台内经营者承担连带责任	知识产权人应当对其通知的真实性负责。 电子商务平台经营者接到知识产权人的通知后，依据表面证据的认定方法，认定通知的真实性与主张的合法性；依照通知要求对平台内相关经营者采取必要措施，并将该通知转送平台内经营者。 电子商务平台经营者借口无力对通知真实性加以判断，拒绝或逃避采取必要的治理措施，因此造成知识产权人损害扩大的，与平台内经营者就扩大的损害承担连带责任
	知识产权人恶意通知	第42条　……因通知错误造成平台内经营者损害的，依法承担民事责任。恶意发出错误通知，造成平台内经营者损失的，加倍承担赔偿责任	加重责任的规定是为了防止知识产权人滥用权利或者扰乱市场竞争秩序

知识产权保护制度分类		《电子商务法》规定	法条解读
实施治理措施	平台治理措施的终止	第43条 平台内经营者接到转送的通知后，可以向电子商务平台经营者提交不存在侵权行为的声明。声明应当包括不存在侵权行为的初步证据。电子商务平台经营者接到声明后，应当将该声明转送发出通知的知识产权权利人，并告知其可以向有关主管部门投诉或者向人民法院起诉。电子商务平台经营者在转送声明到达知识产权权利人后15日内，未收到权利人已经投诉或者起诉通知的，应当及时终止所采取的措施	目的：平衡知识产权人与平台内经营者双方的合法权益，一方面强化电子商务平台知识产权治理措施的效力，另一方面督促知识产权人及时寻求法律救济，将有关纠纷从电子商务平台转移到正式的途径加以解决
	信息公示义务	第44条 电子商务平台经营者应当及时公示收到的本法第42条、第43条规定的通知、声明及处理结果	目的：保证平台治理的公开透明，接受有关各方的监督
平台侵权责任		第45条 电子商务平台经营者知道或者应当知道平台内经营者侵犯知识产权的，应当采取删除、屏蔽、断开链接、终止交易和服务等必要措施；未采取必要措施的，与侵权人承担连带责任	平台过错的情形如下。 ① 平台经营者有意为之、明知故犯的情形。 ② 平台内侵权行为明显而平台经营者应当注意到的情形，属于有重大过失。 ③ 平台内经营者的侵权行为不容易被发现、不够明显，平台经营者不属于重大过失，仅有一般过失的，就不应与侵权人承担连带责任。但即便在此情况下，平台经营者如果收到知识产权人的通知，则属于上述第一种"知道"的情形

同步案例

电商交易平台构成知识产权的帮助型侵权

上海某时装公司诉浙江某网络有限公司、杜某侵害商标权纠纷案中，上海某时装公司（原告）持有某知名服装商标的独占许可使用权，杜某在某网站上销售的服装中使用该知名商标，侵犯了原告享有的注册商标专用权。原告就某网站上存在的大量侵权商品向浙江某网络有限公司提出警告，并要求其采取事先审查、屏蔽关键词等有效措施控制侵权行为的蔓延，但浙江某网络有限公司未采取合理措施，继续为侵权者提供网络服务，导致原告的经济损失进一步扩大。原告将浙江某网络有限公司列为共同被告，要求其共同承担赔偿责任，法院支持了原告的请求。

电商交易平台可以受到"通知—删除"的"避风港原则"的保护。当网络用户利用网络服务实施侵权行为时，权利人可通知网络服务提供者采取必要措施，包括但并不限于删除、屏蔽、断开链接。网络服务提供者收到有效通知后，视为"知道"侵权事实，此时应采取必要及合理的措施，避免侵权信息的扩大传播。本案中，被告浙江某网络有限公司接到上海某时装公司的警告后未采取合理措施，导致原告的经济损失进一步扩大，因此应当承担赔偿责任。

情境导入1分析

问题（1）：李丽绣的"冰墩墩"图案十字绣涉嫌知识产权侵权，侵犯了北京冬奥组委对于"冰墩墩"享有的商标专用权和著作权。北京冬奥组委在国家知识产权局备案了63件奥林匹克标志，其中包括"冰墩墩""雪容融"的造型。因此，未获北京冬奥组委的许可，任何人不得为商业目的使用"冰墩墩"形象和名称。

问题（2）：李丽未经许可，擅自在十字绣上使用"冰墩墩"图案并进行出售，有可能承担民事责任、行政责任，情节严重的还可能承担刑事责任。

子项目二　电子商务中对商标权的保护

李丽用"冰墩墩"做店招图片

　　李丽浏览了很多经营良好的网店，觉得自己的店铺装修得不好，无法让客户看一眼就产生进店的冲动。于是，李丽重新装修了店铺，并将自己的"冰墩墩"十字绣照片用在了店招上。她本来以为有了"冰墩墩"的宣传，一定会吸引大量客户，让她没想到的是，她接到了平台的消息，说她侵犯了北京冬奥组委对于"冰墩墩"的商标权，通知她撤下照片，并下架店铺中的"冰墩墩"十字绣。

　　问题：（1）李丽的"冰墩墩"十字绣侵权属于哪种类型的商标权侵权？（2）李丽如何做才可以销售她的"冰墩墩"十字绣？

任务一　识别商标侵权行为

一、商标权概述

　　商标是区分商品或服务来源的商业标记，是品牌的法律载体，也就是通常所说的"牌子"。商标可以保证生产者、经营者及他们的商品或服务的唯一性。

　　商标是指能够用以识别和区分商品或者服务来源的标志，包括文字、图形、字母、数字、三维标志、颜色组合、声音或者其他要素，以及上述要素的组合。

（一）商标注册与商标权

　　1. 商标注册

　　《商标法》对商标的获取途径作了规定，严格规范了注册程序，并确立了申请在先原则。自然人、法人或者非法人组织在生产经营活动中，对在其商品或者服务上使用或者承诺使用的商标需要取得商标专用权的，应当向国务院知识产权行政部门申请商标注册。经国务院知识产权行政部门核准注册的商标为注册商标，商标注册人享有商标专用权，受法律保护。

　　2. 商标权

　　商标权又称商标专用权，是指商标所有权人在法律规定的有效期内，对其经国务院知识产权行政部门核准注册的商标所享有的独占地、排他地使用和处分的权利。电子商务中商标权人的权利主要包括注册商标的专有使用权、禁止权、许可权、转让权等内容。

　　（1）专有使用权。专有使用权是电子商务中商标权最重要的内容，是电子商务中商标权最基本的核心权利。专有使用权表现为，电子商务中商标权人可在核定的商品上独占性地使用核准的商标，并通过使用获得其他合法权益。商标专用权具有相对性，只能在法律规定的范围内使用。《商标法修订草案（征求意见稿）》第71条规定："注册商标的专用权，以核准注册的商标和核定使用的商品为限。"即注册商标只能在注册时所核定的商品或者服务项目上使用，而不能使用在类似的商品或者服务项目上。

 即学即练

今日油条被今日头条起诉

　　2020年，郑州一家名为"今日油条"的店铺火爆网络。该店铺的装修、Logo与新闻App今日头条极度相似（见图7.3），它还把今日头条的slogan"你关心的，才是头条"改成"关心你的，才是好油条"，就连菜单也是根据今日头条 App 的界面来设计的。

图 7.3 "今日油条"与今日头条的比较

"今日油条"借着今日头条的热度迅速走红，据称当时首家店开业三个月便盈利 40 多万元，还对外开放了加盟。

对此，今日头条 App 所属的北京抖音信息服务有限公司以侵害商标权及不正当竞争为由，将河南今日油条餐饮管理有限公司及郑州市金水区今日油条早餐店、河南烧烤者食品有限公司告上法庭，要求停止侵权及不正当竞争行为，消除影响，并索赔 200 万元。

经过两年多的时间，法院一审判定"今日油条"的行为不构成对普通商标的侵权，不构成对驰名商标的侵权，未构成不正当竞争，驳回今日头条的全部诉讼请求。

问题：（1）法院一审驳回今日头条诉讼请求的法律依据是什么？（2）如果你是二审法院的法官，面对今日头条的上诉请求，你会怎样判决？法律依据是什么？

（2）禁止权。禁止权是指商标权人有权禁止他人未经其许可，在同一种或者类似商品或服务项目上使用与其注册商标相同或近似的商标。电子商务中商标权具有与财产所有权相同的属性，即不受他人干涉的排他性，具体表现为禁止他人非法使用、印制注册商标及其他侵权行为。由此可见，专有使用权和禁止权是电子商务中商标权的两个方面，区别在于两者之间有着不同的效力范围，详见图 7.4。

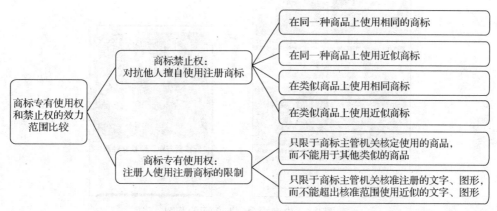

图 7.4 商标禁止权和商标专有使用权的效力范围比较

（3）许可权。许可权是指商标权人通过签订许可使用合同，许可他人使用其注册商标的权利。许可使用是电子商务中商标权人行使其权利的一种方式。许可人是注册商标所有人，被许可人根据合同约定，支付商标使用费后在合同约定的范围和时间内有权使用该注册商标。实质上，商标许可制度在企业发展横向联合，扩大名牌商品生产，活跃流通，满足消费者需要，提高社会经济效益等方面具有积极的意义。

（4）转让权。转让是指商标权人按照一定的条件，依法将其电子商务中的商标权转让给他人所有的行为。转让电子商务中商标权是商标权人行使其权利的一种方式，电子商务中商标权转让后，受让人取得注册商标所有权，原来的电子商务中商标权人则丧失了商标专用权，即电子商务中商标权从一方主体转移到另一方主体。转让注册商标，应由双方当事人签订合同，并应共同向商标局提出申请，经商标局核准公告后方为有效。

（二）电子商务中的特别商业标记

在电子商务中，除商标之外，还有几类重要的商业标记，如域名、网店名称等。其中域名侵权经最高人民法院认定，明确属于商标侵权。

网店名称类似于传统商业中的商号，同商标一样具有可识别性和独特性。商号和商标可以相互转化，商号通过商标注册可以成为商标。在我国，商号保护的法律依据主要是《企业名称登记管理规定》中商号侵权情形的规定。

微课堂

如何判断商标是否被侵权

二、电子商务中假冒或仿冒商标行为

假冒或仿冒行为是指未经商标权人的许可，在同一种商品或者类似商品上使用与其注册商标相同或者近似的商标，或者在类似商品上使用与其注册商标相同或者近似的商标。《商标法修订草案（征求意见稿）》第72条第3款规定，未经商标注册人的许可，在同一种商品或者类似商品有关的电子商务中使用与他人注册商标相同或者近似的标志，误导公众的，属侵犯注册商标专用权。

即学即练

图 7.5 是某电商平台浏览页面的截图，你从这些图片中可以获取哪些信息？这些产品信息是否存在侵权？请搜集你认为属于假冒或仿冒商标行为的商品。

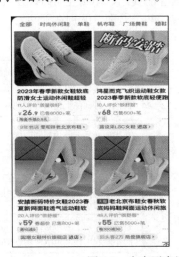

图 7.5　电商平台浏览页面的截图

三、通过电子商务方式销售侵犯商标权的商品

这类侵权行为的主体是电商经营者（商品经销商）。不管行为人主观上是否有过错，只要实施了销售侵犯商标权的商品的行为，都构成侵权。需要说明的是，即使行为人主观上是善意时，也要承担侵权责任。《商标法修订草案（征求意见稿）》第74条规定：销售不知道是侵犯注册商标专用权的商品，能证明该商品是自己合法取得并说明提供者的，由负责商标执法的部门责令

停止销售，没收侵权商品，并可以将案件情况通报侵权商品提供者所在地负责商标执法的部门处理。

同步案例

山西太原公安机关破获"9·26"销售假冒品牌服装箱包案

（中国青年网 2021-11-10）2021年9月，山西省太原市公安机关根据消费者举报，侦破一起线下实体店铺和网络直播平台销售假冒品牌服饰箱包案，抓获犯罪嫌疑人4名，现场查扣假冒品牌服饰、箱包等1 500余件，涉案金额2 000余万元。经查，犯罪嫌疑人宋某等人大量购进假冒品牌服饰、箱包，雇用店铺服务员和直播销售团队通过线下实体店铺和网络直播平台进行销售。

四、通过电子商务形式销售平行进口商品

平行进口又称真品输入、平行贸易，是指在国际贸易中，进口商未经进口地商标所有权人或商标独占使用人同意，从境外进口经合法授权生产的带相同商标的同类商品的行为。平行进口在实务中的常见途径见图7.6。

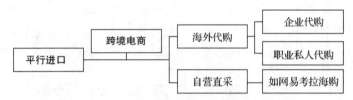

图7.6 平行进口在实务中的常见途径

侵权人未经进口地商标所有权人或者其授权人的同意，直接在电子商务平台上销售平行进口商品，虽然销售的是所谓的"正品"，但按照权利人经营管理的需要和与各自经销商的契约约定，这些商品应在其他国家和地区的市场上销售，而非进口地。

五、电子商务中的反向假冒与撤换商标行为

反向假冒与撤换商标行为是指未经商标权人同意，更换其注册商标并将该更换商标的商品又投入市场，即在电子商务活动中，消除商品上他人的商标，然后换上自己的商标，作为自己的商品进行销售的行为。这种行为既侵犯了商标权人的合法权益，也侵犯了消费者的知情权，导致消费者对商品的来源产生误认。

构成这种侵权行为必须具备两个要件：一是行为人未经商标权人同意而擅自更换商标，二是撤换商标的商品又投入市场进行销售。

同步案例

我国商标反向假冒第一案

1994年，北京同益广告公司（开发促进会原下属企业）在百盛购物中心设立专柜，与百盛购物中心联合销售"鳄鱼"牌及"卡帝乐"牌商品。同益广告公司将购买的"枫叶"牌西裤的商标撤换为"卡帝乐"商标，以高于原价198%的价格出售。北京服装一厂（"枫叶"牌生产商）认为该行为侵犯其合法权益，遂以百盛购物中心、同益广告公司、鳄鱼公司共为被告向法院提起诉讼，要求各被告停止侵权行为，赔礼道歉，赔偿经济损失。

法院认定开发促进会原下属企业北京同益广告公司损害了北京服装一厂的商业信誉，构成不正当竞争；百盛购物中心、鳄鱼公司没有过错，不承担侵权责任。开发促进会代原下属企业北京同益广告公司履行本案民事责任，故判决：一、被告开发促进会在《北京日报》上代原下属企业北京同益广告公司向原告北京服装

一厂赔礼道歉、消除影响；二、被告开发促进会赔偿原告北京服装一厂商业信誉损失及为本案支付的合理费用共计人民币 10 万元整（以原北京同益广告公司现存于北京百盛轻工发展有限公司的财产承担）。

六、电子商务中的隐形商标侵权行为

电子商务环境下的隐形商标侵权行为包括以下类型。

（1）恶意注册他人商标为域名。域名起到识别网站的作用，电子商务环境下，域名的知名度越高，就能获得越多的点击率和交易机会。因此出现了将他人商标尤其是驰名商标恶意注册为自己网站域名的侵权行为，从而和他人商标相混淆，以达到提高点击率和交易机会的目的。

（2）利用搜索引擎侵犯他人商标权。搜索引擎是一种根据一定的计算机程序，从互联网上检索信息，并对信息进行处理后将信息呈现给用户的信息检索系统。互联网上，有一些网站提供搜索查询服务，供网络用户查询相关信息，因此出现了将他人商标尤其是驰名商标作为自己网站的元标记的侵权行为。一旦网络用户借助搜索引擎搜索相关企业的商标，该网站就会被列于搜索结果中，达到误导用户点击浏览甚至进行交易的目的。相对于域名式的商标侵权，利用搜索引擎侵犯他人商标专用权更具有隐蔽性。利用搜索引擎侵犯他人商标专用权还有另一种表现方式。一些提供搜索服务的网站为了获得经济利益，采取了竞价排名的搜索方式，并且提供搜索结果页面广告位出租服务；有的网站将他人商标的关键词卖给侵权人，导致用户检索时出现的是侵权人的网页链接。这种行为一定程度上混淆了商标与其特定服务之间的联系，也是一种侵犯他人商标专用权的行为。

（3）在网页上恶意使用他人商标做链接。在互联网上，处于不同服务器上的文件可以通过超文本标记语言链接起来，网页上的超链接部分含有被链接文件的网址，这样用户只要点击相应的链接地址，就能打开另一个网页或者网页的其他部分。在实务中，故意使用他人的知名商标、字号、商品（服务）名称作为链接标志，以吸引用户的链接行为必然会直接或间接地引发商标侵权行为。

七、给他人的注册商标专用权造成其他损害的行为

根据最高人民法院《关于审理商标民事纠纷案件适用法律若干问题的解释》第 1 条的规定，下列行为属于"给他人注册商标专用权造成其他损害的"商标侵权行为。

（1）将与他人注册商标相同或者相近似的文字作为企业的字号在相同或者类似商品上突出使用，容易使相关公众产生误认的。

（2）复制、摹仿、翻译他人注册的驰名商标或其主要部分在不相同或者不相类似商品上作为商标使用，误导公众，致使该驰名商标注册人的利益可能受到损害的。

（3）将与他人注册商标相同或者相近似的文字注册为域名，并且通过该域名进行相关商品交易的电子商务，容易使相关公众产生误认的。

 **案例讨论**

"Camera Android smart phone NOTE3 NOTE4 Mobile phone"被三星公司投诉侵权

易贝（eBay）上一款 MIZO 的手机，仅仅在产品的描述语言上使用了"Camera Android smart phone NOTE3 NOTE4 Mobile phone"，就惨遭权利人投诉，被冻结账户。原因就是三星公司对"NOTE4"商标拥有专有使用权，而题述手机的描述使用该单词，在消费者搜索 NOTE4 的这款手机时会同时出现上述 MIZO 手机，让消费者产生混淆，误认为该商品与三星的 NOTE4 存在关联。而在美国，这种行为明确属于商标侵权行为中规定的未经许可复制、模仿、假冒他人商标，用于商品销售，并有可能造成混淆、误导、欺骗的商标侵权行为。

问题：如果描述一种商品用到"Wear as comfortable as Nike""Operates as smoothly as iPad"，你觉得有问题吗？

任务二　明晰域名与商标的关系

一、域名概述

1. 域名的概念

域名是计算机主机在国际互联网上的数字地址的一种转换形式，用于在数据传输时标识计算机的电子方位（有时也指地理位置，地理上的域名指代有行政自主权的一个地方区域），其功能近似于电话号码或者门牌号码。

域名具有唯一性的特点，其目的在于保障在一台计算机主机上搜索而不发生重复。这种唯一性使得域名在全世界具有排他性，只要某一域名被注册了，也就在全球范围内排除了被他人注册、使用相同域名的可能性。

2. 域名的法律特征

（1）标识性。与商标标识性的显著性要求不同，域名的标识性是计算机识别，只需存在细微差别即可，有较强的技术性特征。

（2）唯一性。域名的唯一性是绝对的、全球性的，这是由网络覆盖的全球性和网络 IP 地址分配的技术性特征所决定的。

（3）排他性。域名的排他性是其唯一性的延伸与保证。在任一注册机构注册的域名均在全球范围内具有通用效力，同时，"先申请先注册"的域名注册原则保证了一个域名只能被成功注册一次，这使得域名必然具有全球范围内的排他性。

域名所具有的特征使得域名具有了与注册商标相类似的意义，其所具有的原始技术意义被日渐淡化，而背后所蕴含的商业识别意义越发突出。

正是由于上述原因，域名与传统的商业识别标记体系形成了正面冲突。

二、将域名注册为商标

目前我国《商标法》没有规定域名不能注册为商标，因此只要符合条件，自然人、法人或者其他组织就可以把自己的域名注册为商标。具体而言，大致应符合下列要求。

（1）申请商标注册的域名不得违反《商标法》的禁止性规定，例如政府标志、国际组织标志、欺骗性标志、带有民族歧视的标志等。

（2）申请商标注册的域名应具有显著性特征，便于识别。所以域名注册时如果使用一些通用的没有显著特征的名称，如 "business"（商业），就不能被注册为商标。

（3）申请商标注册的域名必须按照其所表示的商品或服务的类别进行注册。

《商标法修订草案（征求意见稿）》第 28 条规定，注册商标需要在核定使用范围之外的商品上取得商标专用权的，应当另行提出注册申请；第 29 条规定，注册商标需要改变其标志的，应当重新提出注册申请。

三、域名与商标冲突的表现形式

实际生活中发生争议最多的商标与域名冲突的情形是商标权人对注册域名提出的争议。根据《最高人民法院关于审理涉及计算机网络域名民事纠纷案件适用法律若干问题的解释》（2020 年修正）的规定，主要有以下几种表现形式。

1. 域名抢注行为

域名抢注行为一般是指行为人明知或应知其所申请注册的域名是他人享有权利的商标，仍抢先在商标权人之前予以注册的行为。其特征为，将他人知名商标注册为域名，抢注数量众多的域名，公开出租或出售被抢注的域名以牟利。

域名注册人将他人注册商标注册为域名后，通常用于以下不同的目的。①将他人商标注册为域名后进行销售，获取暴利。②将他人商标注册为域名供自己使用，使用目的各有不同：第一种是将他人商标注册为域名，用于相同种类的商品或服务；第二种是将他人商标注册为域名，用于不同种类的商品或服务。

2. 域名恶意注册行为

域名恶意注册行为指行为人注册、使用域名构成侵犯他人民事权益的行为。根据《最高人民法院关于审理涉及计算机网络域名民事纠纷案件适用法律若干问题的解释》（2020 年修正）第 5 条的规定，被告的行为被证明具有下列情形之一的，人民法院应当认定其具有恶意。

（1）为商业目的将他人驰名商标注册为域名的。

（2）为商业目的注册、使用与原告的注册商标、域名等相同或近似的域名，故意造成与原告提供的产品、服务或者原告网站的混淆，误导网络用户访问其网站或其他在线站点的。

（3）曾要约高价出售、出租或者以其他方式转让该域名获取不正当利益的。

（4）注册域名后自己并不使用也未准备使用，而有意阻止权利人注册该域名的。

（5）具有其他恶意情形的。

案例讨论

谁动了你的域名？

与某体育明星的姓名相同或类似的域名被拍卖，其中域名 "liuxiangVISA.net" 的拍卖价格高达 188 500 元。

问题：案例中的域名侵犯了当事人的什么权利？法律依据是什么？

3. 反向域名侵夺行为

反向域名侵夺行为指域名注册人注册的域名与商标权人的商标近似，但没有侵害商标权人的权益，商标权人却对域名注册人进行诉讼或开展其他骚扰活动的行为。

四、注册使用域名侵权的认定

《最高人民法院关于审理涉及计算机网络域名民事纠纷案件适用法律若干问题的解释》（2020 年修正）第 4 条规定，人民法院审理域名纠纷案件，对符合以下各项条件的，应当认定被告注册、使用域名等行为构成侵权或者不正当竞争。

（1）原告请求保护的民事权益合法有效。

（2）被告域名或其主要部分构成对原告驰名商标的复制、模仿、翻译或音译；或者与原告的注册商标、域名等相同或近似，足以造成相关公众的误认。

（3）被告对该域名或其主要部分不享有权益，也无注册、使用该域名的正当理由。

（4）被告对该域名的注册、使用具有恶意。

任务三　知晓驰名商标的保护

一、驰名商标的概念

对于驰名商标的保护，在世界范围内都有可依照的国际条约，如《保护工业产权巴黎公约》（简称《巴黎公约》），以及高于《巴黎公约》保护标准的《与贸易有关的知识产权协定》（TRIPS 协议）。许多国家也对驰名商标的保护做出了各自的规定。

依据我国相关法律，驰名商标是指在中国境内为相关公众所熟知的商标。我国对于驰名商标的保护优于普通商标。

"同仁堂"在日本遭抢注

"同仁堂"创建于清康熙八年（公元 1669 年），至今已有 350 多年历史。作为一家中华老字号，同时也是商品和服务商标，它生产的中草药、中成药及各种饮片、膏丹，成为中华民族的宝贵文化遗产。在世界各地包括日本，同仁堂的产品畅销不衰。

1983 年，日本一家企业觊觎同仁堂的巨大市场和丰厚利润，抢先在日本注册了"日本同仁堂"。从此，中国同仁堂的药品进入日本，即为侵权。要想进入，或是重金赎回商标，或是改名换姓。消息传来，引起国人愤慨，一时舆论哗然。

1989 年 11 月 18 日，经我国商标局审定，确认"同仁堂"为中国驰名商标，我国同仁堂品牌方根据《保护工业产权巴黎公约》中关于"驰名商标特殊保护"的内容，将 5 年前"同仁堂"被抢注的问题诉诸日本商标主管机关，使"同仁堂"商标在日本失而复得。

二、驰名商标的特殊保护

2023 年《商标法修订草案（征求意见稿）》明确了对于驰名商标的保护原则："为相关公众所熟知的商标，持有人认为其权利受到侵害时，可以依照本法规定请求驰名商标保护。驰名商标保护遵循个案确认、被动保护和按需确认的原则。"

我国在商标权的取得方式上一直采用注册取得制度，注册是取得商标权的根据，未注册商标一般得不到法律的保护。未注册商标与注册商标冲突时，注册商标优先受保护。但我国相关商标保护的法律法规，赋予了未注册驰名商标人以商标权，体现了对驰名商标的特殊保护。《商标法修订草案（征求意见稿）》第 18 条第 1 款规定："在相同或者类似商品上使用、申请注册的商标是复制、摹仿或者翻译他人未在中国注册的驰名商标，容易导致混淆的，禁止使用并不予注册。"第 73 条规定："将他人注册商标、未注册的驰名商标作为企业名称中的字号使用，误导公众，构成不正当竞争行为的，依照《反不正当竞争法》处理。"

《商标法修订草案（征求意见稿）》第 18 条第 2 款、第 3 款规定："在不相类似商品上使用、申请注册的商标是复制、摹仿或者翻译他人驰名商标，误导公众，致使该驰名商标持有人的利益可能受到损害的，禁止使用并不予注册。使用、申请注册的商标是复制、摹仿或者翻译他人为广大公众所熟知的驰名商标，足以使相关公众认为该商标与该驰名商标具有相当程度的联系，而减弱驰名商标的显著特征、贬损驰名商标的市场声誉，或者不正当利用驰名商标的市场声誉的，禁止使用并不予注册。"

《商标法修订草案（征求意见稿）》第 45 条规定，对于恶意注册的，驰名商标所有人可以向国务院知识产权行政部门请求将该注册商标移转至自己名下，且不受"商标注册之日起 5 年内提出请求"的限制。

同步案例

突出使用"小米"商标并进行虚假宣传被判侵权

原告小米科技有限责任公司、小米通讯技术有限公司，认为涉案"小米"商标为驰名商标，被告周某某在某电商平台运营的店铺上展示的浴霸、暖风机、平板灯、凉霸商品销售页面及销售的商品中多处使用"小米"字样；被告周某某在店铺的商品宣传中使用"小米生活电器专售店""小米节能灯与市面次品灯 2 年电费对比"字样，以及"走进小米"二维码指向页面的内容系进行虚假和引人误解的商业宣传，系在不同类别的商品上擅自使用、销售与原告注册商标相同的商品，构成商标侵权；被告周某某的虚假宣传行为具有攀附"小米"商标及两原告企业知名度的故意，构成不正当竞争；被告上海寻梦信息技术有限公司怠于履行审查监督义务，且为被告周某某侵权提供便利、从中牟利，应承担相应法律责任。两原告请求法院判令被告周某某停止侵权及不正当竞争行为、刊登致歉声明消除影响、赔偿经济损失 500 万元及合理开支 10 万元，判令被告上海寻梦信息技术有限公司删除涉案链接。

上海知识产权法院对原告小米科技有限责任公司、小米通讯技术有限公司与被告周某某、上海寻梦信息技术有限公司侵害商标权及不正当竞争纠纷案做出一审判决，认定被告周某某的行为构成商标侵权及不正当竞争，判决周某某赔偿经济损失及合理开支共计 50 万元。宣判后，双方当事人均未上诉，判决已生效。

任务四　知晓商标侵权的法律责任

根据有关法律的规定，商标侵权人应当承担的法律责任包括民事责任、行政责任与刑事责任。

一、民事责任

根据我国相关法律的规定，侵犯商标权可能承担的民事责任有停止侵害、消除影响、赔偿损失。

（1）停止侵害、消除影响。停止侵害、消除影响是商标侵权案件中侵权人首先应承担的一项民事责任，商标侵权行为的首要后果是给消费者造成混淆，使商标权人的商品或服务在市场竞争中受到不利影响。停止侵害、消除影响可以减少商标权人的损失，尽快恢复商标权人在市场竞争中应有的地位。

（2）赔偿损失。《民法典》第 1185 条规定，故意侵害他人知识产权，情节严重的，被侵权人有权请求相应的惩罚性赔偿。《商标法修订草案（征求意见稿）》第 77 条规定，侵犯商标专用权的赔偿数额，按照权利人因被侵权所受到的实际损失或者侵权人因侵权所获得的利益确定；权利人的损失或者侵权人获得的利益难以确定的，参照该商标许可使用费的倍数合理确定。

二、行政责任

商标侵权行为中的行政责任包括责令立即停止侵权行为，没收、销毁侵权商品和主要用于制造侵权商品、伪造注册商标标识的工具，没收违法所得，违法经营额 5 万元以上的，可以处违法经营额 5 倍以下的罚款，没有违法经营额或者违法经营额不足 5 万元的，可以处 25 万元以下的罚款。对 5 年内实施 2 次以上商标侵权行为或者有其他严重情节的，应当从重处罚。销售不知道是侵犯注册商标专用权的商品，能证明该商品是自己合法取得并说明提供者的，由负责商标执法的部门责令停止销售，没收侵权商品，并可以将案件情况通报侵权商品提供者所在地负责商标执法的部门处理。

对于违法将"驰名商标"字样用于商品、商品包装或者容器上，或者用于广告宣传、展览以及其他商业活动中的，由负责商标执法的部门责令改正，并处 10 万元以下罚款。

同步案例

湖南长沙查处侵犯"茶颜悦色"注册商标专用权案

第 15335343 号、第 23460067 号商标是湖南茶悦文化产业发展集团有限公司在第 30 类茶饮料等商品上的注册商标（见图 7.7）。2021 年 3 月，执法人员现场检查发现，当事人湖南高桥大市场某商行销售的两款奶茶产品使用了"茶颜悦色"图文组合商标（见图 7.8）。

图 7.7　注册商标"茶颜悦色"

图 7.8　侵权商标

案件查办过程中，当事人提供了证明其销售的商品具有合法来源的证据材料。但是办案机关认为，当事人作为从业 23 年的食品批发商，与商标注册人同处长沙，理应知晓"茶颜悦色"的知名度与影响力，且在连续两次收到权利人警告后仍未停止宣传及销售行为。当事人属于主观上明知应知，不符合销售商不知道是侵犯注册商标专用权商品的免责要件。长沙市雨花区市场监督管理局认定，当事人构成《商标法》第 57 条第 3 款规定的侵权行为。2021 年 5 月 14 日，该局依据《商标法》第 60 条第 2 款规定，责令当事人立即停止侵权行为，并做出罚款 30 万元的行政处罚。

销售商销售商标侵权商品是商标行政管理中的热点及难点问题，侵权嫌疑人往往会以"不知道"为由进行抗辩，逃避处罚。该案中，"茶颜悦色"是长沙本地的原创品牌，在当地乃至全国都有很高的知名度，而销售者又是当地从业 20 多年的个体工商户，理应知晓"茶颜悦色"，尤其是两次收到警告后仍置若罔闻，情节较为严重。当地执法部门充分考虑相关侵权事实和情节，准确适用"应知"标准，并处以非法经营额 3 倍的罚款，既及时制止了侵权，也对其他市场经营者起到了很好的教育警示作用。

三、刑事责任

电子商务活动中发生的商标权纠纷有很大一部分与传统商标侵权行为类似，也适用于商标申请、取得、内容、限制、管理、侵权等方面的一般性规定。未经商标注册人许可，在同一种商品上使用与其注册商标相同的商标，构成犯罪的；伪造、擅自制造他人注册商标标识或者销售伪造、擅自制造的注册商标标识，构成犯罪的；销售明知是假冒注册商标的商品，构成犯罪的，除赔偿被侵权人的损失外，依法追究刑事责任。这条规定对应了《刑法》规定的以侵犯商标权为目的的三种犯罪：假冒注册商标罪（第 213 条）、销售假冒注册商标的商品罪（第 214 条）和非法制造、销售非法制造的注册商标标识罪（第 215 条）。

 **案例讨论**

大学生休学开网店，专卖高仿奢侈品

"90 后"女生耿某休学开网店，销售假冒迪奥、路易威登、圣罗兰等 9 个品牌注册商标的 198 种高仿商品，金额高达 591 万元，获利 100 多万元。经北京市门头沟区检察院依法审查并提起公诉，法院以销售假冒注册商标的商品罪判处耿某有期徒刑 4 年，并处罚金 120 万元。

问题：（1）本案中，耿某认为，自己从不出售质量不过关或是稍有瑕疵的商品，行为并没有社会危害性。你认同她的说法吗？为什么？（2）耿某自称在销售过程中，均告知消费者所售产品是高仿品，并没有欺骗消费者，是一个良心经营的卖家。你觉得呢？

情境导入 2 分析

问题（1）：李丽的"冰墩墩"十字绣是对驰名商标的侵权。《商标法修订草案（征求意见稿）》第 18 条第 1、2 款规定："在相同或者类似商品上使用、申请注册的商标是复制、摹仿或者翻译他人未在中国注册的驰名商标，容易导致混淆的，禁止使用并不予注册。在不相类似商品上使用、申请注册的商标是复制、摹仿或者翻译他人驰名商标，误导公众，致使该驰名商标持有人的利益可能受到损害的，禁止使用并不予注册。"

问题（2）：李丽不能制作销售"冰墩墩"十字绣。奥林匹克标志，包括"冰墩墩"形象的使用可以分为商业和非商业两种情况。一是商业使用。《奥林匹克标志保护条例》规定，未经奥林匹克标志权利人许可，任何人不得为商业目的使用奥林匹克标志。二是非商业使用。机关法人、基层群众性自治组织法人、事业单位等非营利法人或者组织可以申请非商业使用奥林匹克标志。

 项目实训

　　请扫描二维码阅读案例全文，并完成以下任务：①小组讨论，判断商标是否侵权应考虑哪些因素？郑渊洁作品中的人物是否适用驰名商标的特殊保护？怎样看待恶意抢注商标的行为？②厘清"在先权利"的界限；③分析郑渊洁胜诉案件适用的法律；④分析郑渊洁败诉案件适用的法律；⑤说一说本案在道德与法律层面的启示。

 项目小结

　　知识产权侵权是电子商务活动中频发的侵权类型。本项目的重点内容是电子商务中对商标权的保护，分析了不同情境中商标侵权行为的表现形式，明确了域名与商标的关系，驰名商标的特殊保护以及商标侵权行为人需要承担的法律责任。注册商标的数量是一个国家经济发展水平的具体反映。在电子商务活动中，企业或者个人具有商标意识，可以有效实现对自我商标的保护，并合法规避对他人商标的侵权。

 项目测试

一、案例分析题

　　2019 年，拥有 1 400 万粉丝的短视频博主敬汉卿收到一家公司的邮件。该公司在邮件中称，自己是"敬汉卿"注册商标持有人，因此敬汉卿自己在微信、腾讯、B 站等平台的账号"敬汉卿"已侵犯其注册商标专用权。对方要求敬汉卿及时对其账号整改更名，否则将委托律师发函，要求各大平台查封。

　　问题：（1）敬汉卿是否侵犯了该公司的商标专有权？为什么？（2）敬汉卿的权益是否被侵害？他应当如何维权？依据是什么？

二、实操题

　　查阅资料，并结合个人的社交媒体，搜集并分析互联网时代的商标欺诈有哪些主要形式，用思维导图的形式呈现。每种形式要有具体案例。

 自测题

项目八　电子商务知识产权法律规范（下）

学习目标

知识目标：了解著作权、专利权的主体、客体和内容；了解著作权与邻接权的区别；熟悉电子商务中著作权、专利侵权的主要形式；熟悉电子商务中著作权的限制与保护；熟悉专利权的保护与限制。

能力目标：能够判断电子商务活动中侵犯著作权和专利权的行为；能够运用著作权法和专利法的知识，保护自己的创新成果；能够避免侵犯他人的著作权和专利权；知道如何处理著作权和专利权的争端。

素质目标：具有著作权保护意识；具有专利权保护意识；树立公平竞争的营商理念。

子项目一　电子商务中对著作权的保护

情境导入 1

李丽的产品宣传文案涉嫌侵权

李丽的同学建议她多在朋友圈或者微博、今日头条上宣传她的店铺和产品，并说："过几天就是小满了，何不把二十四节气利用起来，每个节气都做一次宣传呢？"李丽自感文字功底有些差，不知道怎么写文案。同学自告奋勇，称可以帮李丽写一则与小满节气挂钩的产品宣传文案。随后，同学发给李丽一首小诗《人生小满就好》。李丽看了特别高兴，就把小诗发布在她的社交媒体上，引来一片点赞。但很快，李丽就高兴不起来了，有人联系她，说这首小诗抄袭一条抖音短视频里的文案，并将短视频发给了她。李丽看了短视频后，自己也觉得虽然小诗和短视频的文案不完全一致，但也像是"亲兄弟姊妹"。她心里暗暗叫苦，没想到自己又一次"翻车"了。

问题：李丽的《人生小满就好》是否构成侵权？如果构成侵权，属于哪种知识产权侵权类型？

任务一　知晓著作权的保护与限制

一、著作权概述

2021 年 1 月 1 日正式施行的《民法典》格外注重对网络延伸出的民事权利的保护。据统计，截至 2021 年 12 月 14 日，全国著作权权属、侵权纠纷案高达 91 万件，其中，侵害作品信息网络传播权纠纷占比高达 33.21%，是最为高频的侵权形式之一。

微课堂

著作权人的识别与认定

根据《著作权法》，著作权亦称版权，是指自然人、法人或其他组织对文学、艺术和科学作品依法享有的财产权利和精神权利的总称。著作权是基于文学艺术和科学作品依法产生的权利。

（一）著作权的主体

著作权的主体，即著作权人，是指依法对文学、艺术、科学作品享有著作权的人。根据《著作权法》的规定，著作权人包括以下两种类型。

（1）创作作品的自然人是作者，未成年的作者也可以是著作权人。由法人或者非法人组织主持，代表法人或者非法人组织意志创作，并由法人或者非法人组织承担责任的作品，法人或者非法人组织视为作者。

（2）其他依照《著作权法》享有著作权的自然人、法人或者非法人组织。例如，通过继承、遗赠、转让、委托关系可以成为著作权的主体。

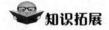 **知识拓展**

《著作权法》保护的主体范围

中国公民、法人或者非法人组织的作品，不论是否发表，依照本法享有著作权。

外国人、无国籍人的作品根据其作者所属国或者经常居住地国同中国签订的协议或者共同参加的国际条约享有的著作权，受本法保护。

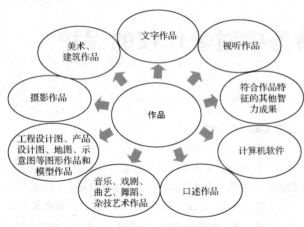

图 8.1　法律意义上的作品形式

外国人、无国籍人的作品首先在中国境内出版的，依照本法享有著作权。

未与中国签订协议或者共同参加国际条约的国家的作者以及无国籍人的作品首次在中国参加的国际条约的成员国出版的，或者在成员国和非成员国同时出版的，受本法保护。

（二）著作权的客体

著作权的客体是指著作权保护的对象，即作品。《著作权法》第 3 条规定：本法所称的作品，是指文学、艺术和科学领域内具有独创性并能以一定形式表现的智力成果。法律意义上的作品形式详见图8.1。

 **即学即练**

2023 年某卫视春晚有一段比较火爆的相声《兔年说兔》。该相声收获好评无数，但很快就陷入"侵权"热议中。这段相声作品的三位编剧联合声讨其乃"剽窃"之作，有"侵权"之嫌。

问题： 三位编剧如果要维权需要提供什么证据？请为他们搜集有效证据。

（三）著作权的内容

著作权内容是指著作权人对作品拥有的权利，分为两类，一类是精神权利，即《著作权法》所称的人身权，专属作者本人，与作者人身不可分离，不能继承、转让，不能被非法剥夺，或成为强制执行中的执行标的；另一类是经济权利，即《著作权法》所称的财产权，是作者利用其作品获益的权利，可以授权许可他人使用，也可以转让。

人身权与财产权既密切相关，又相互独立。财产权转让后，作者仍拥有人身权。受转让的著作权人一般只享有财产权而无人身权。

著作权的具体内容详见表8.1。

表 8.1　著作权的具体内容

人身权（人格利益）		财产权（使用权）			
内　容	释　义	内　容	释　义	内　容	释　义
发表权	即决定作品是否公之于众的权利。 （1）发表权只能行使一次； （2）发表权通常不能转移； （3）因作品而产生的权利涉及第三人的，发表权往往还受到第三人的制约	复制权	又称重制权，是著作权的财产使用权中最基本的权能。即以印刷、复印、拓印、录音、录像、翻录、翻拍、数字化等方式将作品制作一份或者多份的权利。 不同作品的复制方式不同，我国一般允许"异形复制"	放映权	即通过放映机、幻灯机等技术设备公开再现美术、摄影、视听作品等的权利
		发行权	即以出售或者赠与方式向公众提供作品的原件或者复制件的权利。 复制权和发行权通常连在一起	广播权	即以有线或者无线方式公开传播或者转播作品，以及通过扩音器或者其他传送符号、声音、图像的类似工具向公众传播广播的作品的权利，但不包括《著作权法》第 10 条第 12 项规定的权利
署名权	即表明作者身份，在作品上署名的权利，包括作者决定：①是否署名；②署真名、假名、笔名；③禁止或允许他人署名等权利	出租权	也可以称为租赁权，即有偿许可他人临时使用视听作品、计算机软件的原件或者复制件的权利，计算机软件不是出租的主要标的的除外。 出租权的客体包括：①电影和以类似的方法创作的作品；②计算机软件；③录音录像制品	信息网络传播权	即以有线或者无线方式向公众提供，使公众可以在其选定的时间和地点获得作品的权利。 主体：著作权人、表演者、录音录像制作者
修改权	即修改或者授权他人修改作品的权利。 这里讲的修改，是对作品内容作局部的变更以及文字、用语的修正。 修改作品，包括修改未发表的作品和修改已发表的作品	展览权	即公开陈列美术作品、摄影作品的原件或者复制件的权利。 （1）展览权的客体为美术作品、摄影作品； （2）原件物权人享有； （3）受其他权利限制	摄制权	也可以称为"制片权"，即以摄制视听作品的方法将作品固定在载体上的权利
保护作品完整权	即保护作品不受歪曲、篡改的权利。 这项权利的意义在于保护作者的名誉、声望以及维护作品的完整性	表演权	即公开表演作品（现场表演），以及用各种手段公开播送作品（机械表演）的表演的权利。 （1）现场表演指的是演员直接或者借助技术设备以动作、声音、表情公开再现作品或者演奏作品； （2）机械表演指借助录音机、录像机等技术设备将前述表演公开传播，即以机械的方式传播作品的表演	改编权	即改编作品，创作出具有独创性的新作品的权利。 改编是指在不改变作品基本内容的情况下，将作品由一种类型改变成另一种类型（如将小说改编成电影剧本）；或者不改变原作品类型而改变其体裁（如将科学专著改写成科普读物）
		汇编权	即将作品或者作品的片段通过选择或者编排，汇集成新作品的权利	翻译权	即将作品从一种语言文字转换成另一种语言文字的权利。 翻译权适用于文字作品、口述作品、电影类作品以及一切以文字为其表现形式的作品
应当由著作权人享有的其他权利					这是一条兜底条款，作者的权利不止明文规定的这 16 项。理论上讲，作品有多少种使用方式，作者就有多少种权利。著作权立法有一个一般原则，凡是没有进行明文限制的，其权利即归作者

109

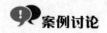

王某未经许可，在某直播平台上直播、录播《梦幻西游》

（中国日报网 2022-04-27）广州网易计算机系统有限公司（以下简称网易公司）是《梦幻西游》游戏权利人，其发现王某未经许可，在某直播平台上直播、录播《梦幻西游》画面，并在直播过程中为竞品游戏持续宣传导量，侵害网易公司复制权、信息网络传播权及其他权利。李某不仅为王某提供平台账号用以直播，还提供了多个游戏账号，协助王某转移游戏角色以逃避网易公司处罚，构成帮助侵权。网易公司多次对王某、李某做出游戏账号封号处罚，并书面通知其直播违规，但二人仍变更账号持续侵权。

问题：王某、李某的游戏直播行为是否构成侵权？侵犯了什么权？法律依据是什么？

（四）著作权与邻接权

邻接权既与著作权密切相关，又是独立于著作权外的一种权利。著作权是邻接权产生的基础，但没有对邻接权的保护，对著作权的保护就是不完全的。

1. 什么是邻接权

邻接权亦称作品传播者权，指作品的传播者在传播作品的过程中对其创造性劳动成果依法享有的专有权利，在我国法律中，将其称为"与著作权有关的权利"。邻接权的内容如图 8.2 所示。

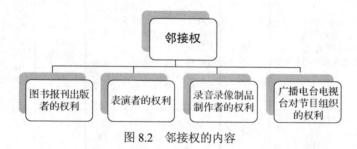

图 8.2　邻接权的内容

2. 著作权与邻接权的区别

邻接权虽然与著作权存在着"与生俱来"的关系，但邻接权只能是与著作权相关的权利，而不可能成为著作权。两者的区别如表 8.2 所示。

表 8.2　著作权与邻接权的区别

项　目	著作权	邻接权
主体不同	主体是智力作品的创作者，以及权利的后续享有者，即著作权人	主体是出版者、表演者、录音录像制品制作者、广播电台电视台
保护对象不同	著作权保护的对象是文学、艺术和科学作品	邻接权保护的是经过传播者艺术加工后的作品
内容不同	著作权是作者对作品享有的人身权及财产权	邻接权是出版者、表演者、录音录像制品制作者对出版、表演、音像制品的权利，以及广播电台电视台对其广播、电视节目的权利
受保护的前提不同	只要符合法定条件，一经产生就受保护	邻接权的取得须以著作权人的授权及对作品的再利用为前提

二、著作权的保护期限

《著作权法》规定了著作权的保护期限。

（1）作者的署名权、修改权、保护作品完整权的保护期不受限制。

（2）自然人的作品，其发表权和使用权的保护期为作者终生及其死亡后 50 年，截止于作者死亡后第 50 年的 12 月 31 日；如果是合作作品，截止于最后死亡的作者死亡后第 50 年的 12 月

31 日。

（3）法人或者其他组织的作品，其发表权和使用权的保护期为 50 年，截止于作品首次发表后第 50 年的 12 月 31 日。

（4）发表作者身份不明的作品，其使用权的保护期截止于作品首次发表后第 50 年的 12 月 31 日。

（5）上述各项作品自创作完成后 50 年内未发表的，著作权法不再保护。

 即学即练

《大闹天宫》是上海美术电影制片厂于 1961—1964 年制作的一部彩色动画片，该动画片为法人作品。武汉某珠宝首饰有限公司于 2016 年开始宣传、销售商品"2016 猴年贺岁金钞"，使用了《大闹天宫》中的"孙悟空"形象。

问题： 请根据《著作权法》的相关规定，分析武汉某珠宝首饰有限公司是否侵犯了上海美术电影制片厂的著作权。其法律依据是什么？

三、著作权限制的情形

（一）著作权的合理使用

合理使用是指在特定条件下，法律允许他人自由使用享有著作权的作品而不必征得著作权人的同意，也不必向著作权人支付报酬的制度。

在《著作权法》第 24 条规定的 13 种情形下使用作品，可以不经著作权人许可，不向其支付报酬，但应当指明作者姓名或者名称、作品名称，并且不得影响该作品的正常使用，也不得不合理地损害著作权人的合法权益。

 **知识拓展**

著作权合理使用范围

在下列情况下使用作品，可以不经著作权人许可，不向其支付报酬，但应当指明作者姓名或者名称、作品名称，并且不得影响该作品的正常使用，也不得不合理地损害著作权人的合法权益：

（1）为个人学习、研究或者欣赏，使用他人已经发表的作品；

（2）为介绍、评论某一作品或者说明某一问题，在作品中适当引用他人已经发表的作品；

（3）为报道新闻，在报纸、期刊、广播电台、电视台等媒体中不可避免地再现或者引用已经发表的作品；

（4）报纸、期刊、广播电台、电视台等媒体刊登或者播放其他报纸、期刊、广播电台、电视台等媒体已经发表的关于政治、经济、宗教问题的时事性文章，但著作权人声明不许刊登、播放的除外；

（5）报纸、期刊、广播电台、电视台等媒体刊登或者播放在公众集会上发表的讲话，但作者声明不许刊登、播放的除外；

（6）为学校课堂教学或者科学研究，翻译、改编、汇编、播放或者少量复制已经发表的作品，供教学或者科研人员使用，但不得出版发行；

（7）国家机关为执行公务在合理范围内使用已经发表的作品；

（8）图书馆、档案馆、纪念馆、博物馆、美术馆、文化馆等为陈列或者保存版本的需要，复制本馆收藏的作品；

（9）免费表演已经发表的作品，该表演未向公众收取费用，也未向表演者支付报酬，且不以营利为目的；

（10）对设置或者陈列在公共场所的艺术作品进行临摹、绘画、摄影、录像；

（11）将中国公民、法人或者非法人组织已经发表的以国家通用语言文字创作的作品翻译成少数民族语言文字作品在国内出版发行；

（12）以阅读障碍者能够感知的无障碍方式向其提供已经发表的作品；

（13）法律、行政法规规定的其他情形。

前款规定适用于对与著作权有关的权利的限制。

（二）著作权的法定许可使用

法定许可使用是指依《著作权法》的规定，使用者在使用他人已经发表的作品时，可以不经著作权人的许可，但应向其支付报酬，并尊重著作权人其他权利的制度。

《著作权法》第25条规定，为实施义务教育和国家教育规划而编写出版教科书，可以不经著

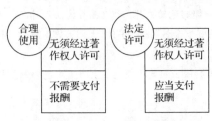

图8.3 著作权的合理使用与法定许可

作权人许可，在教科书中汇编已经发表的作品片段或者短小的文字作品、音乐作品或者单幅的美术作品、摄影作品、图形作品，但应当按照规定向著作权人支付报酬，指明作者姓名或者名称、作品名称，并且不得侵犯著作权人依照本法享有的其他权利。

著作权的合理使用与法定许可均是对著作权的限制使用，既有联系，又有区别，但须依据法律规定执行。两者的比较如图8.3所示。

（三）著作权的强制许可使用

强制许可使用是指在一定条件下，作品的使用者基于某种正当理由需要使用他人已发表的作品时，经申请由著作权行政管理部门授权，即可使用该作品，无须征得著作权人同意，但应当向其支付报酬的制度。

我国《著作权法》没有规定强制许可制度，但是我国已经加入《伯尔尼公约》和《世界版权公约》，故公约中有关强制许可的规定也可引用。

同步案例

一首歌曲的著作权纠纷

（承德市中级人民法院 2022-04-24）A音乐公司是一家从事音乐推广与版权贸易的独立音乐公司，是著名歌手李某的独家经纪及版权代理公司，经李某授权在授权期限内独家享有或管理其作品（包括本案案涉歌曲《××情歌》）的全部著作权。2017年，B企业与D公司签订合同，约定由D公司承办B企业独资主办的某演出，在该演出中，D公司安排的艺人C歌手未经李某和A音乐公司授权，演唱了歌曲《××情歌》。

本案涉作品《××情歌》的著作权人清晰明确，著作权人李某授权A音乐公司代表其行使权利，A音乐公司依授权取得案涉作品的著作权，原告主体适格。被告B企业和被告C歌手未经著作权人同意，在活动中表演案涉作品，侵权事实清楚。

任务二 知晓网络著作权的保护

电子商务中，著作权表现为一种新的形式——网络著作权，即著作权人的作品以新的表现形式和新的传播方式向大众传播。

一、网络著作权概述

网络著作权主要是指著作权人对其创作的网络作品所享有的人身权与财产权。网络著作权较之传统著作权，主要有以下几个特点：①著作权的主体较为复杂，是作者和网络管理者；②著作权的客体较为特殊，是以数字信号为形式，以网络为载体进行传播的作品；③著作权的范围不断扩大；④著作权获取和传播较为迅速。

1. 网络著作权的主体

网络数字化作品的著作权主体与一般作品的著作权主体一样，即作品的作者是著作权主体。一般来说，如无相反证明，在作品上署名的即作者。网络数字化作品所不同的是，作者往往不署真名，一旦发生网络著作权侵权，作者必须举证证明自己是作者。网络数字化作品作者的认定需要技术和立法的双重手段支持。

2. 网络著作权的客体

网络著作权的客体是指《著作权法》第 3 条规定的各类作品的数字化形式。

3. 网络著作权的内容

根据相关法律规定，《著作权法》第 10 条规定的各项权利均适用于网络数字化作品的著作权。网络数字化作品的著作权人也享有人身权和财产权。人身权包括发表权、署名权、修改权和保护作品完整权。财产权中，信息网络传播权是专门针对网络著作权而言的，即以有线或者无线方式向公众提供作品，使公众可以在其个人选定的时间和地点获得作品的权利。将作品通过网络向公众传播，著作权人享有以该种方式使用或许可他人使用作品，并由此获得报酬的权利。

二、电子商务中著作权的侵权形式

《民法典》第 1194 条规定"网络用户、网络服务提供者利用网络侵害他人民事权益的，应当承担侵权责任。法律另有规定的，依照其规定。"此条明确了网络用户、网络服务提供者的直接责任。根据《民法典》第 1195 条"网络用户利用网络服务实施侵权行为的，权利人有权通知网络服务提供者采取删除、屏蔽、断开链接等必要措施。通知应当包括构成侵权的初步证据及权利人的真实身份信息。网络服务提供者接到通知后，应当及时将该通知转送相关网络用户，并根据构成侵权的初步证据和服务类型采取必要措施；未及时采取必要措施的，对损害的扩大部分与该网络用户承担连带责任"及第 1197 条"网络服务提供者知道或者应当知道网络用户利用其网络服务侵害他人民事权益，未采取必要措施的，与该网络用户承担连带责任"，可确定网络服务提供者"间接侵权"。网络服务提供者正是基于其有过错的不作为，构成"间接侵权"，进而被要求与"直接侵权"行为人（网络用户）承担连带责任。

1. 电子商务中著作权直接侵权的表现形式

由于网络数字化作品具有"可复制性"和"独创性"等特征，因而将已有作品数字化属于著作权人的一项专有权利，应该受到《著作权法》的保护。将作品数字化本身就是一种"复制"行为，应受"复制权"的制约。未经作者或其他著作权人的许可而以任何方式复制、出版、发行、改编、翻译、广播、表演、展出、摄制电影等行为，均构成对著作权的直接侵权。在电子商务活动中，直接侵权具体表现为以下形式。

（1）未经许可擅自使用。未经许可擅自使用主要指未经著作权人同意或许可，将著作权人尚未公开发表的作品擅自上传、登载于网络上，这种行为侵犯的是著作权人的发表权和信息网络传播权。

（2）转载侵权。转载侵权指将著作权人已经发表、但明确声明不得转载的作品在网络上予以转载；或者著作权人虽然没有声明不得在网络上转载，但转载时没有标明著作权人姓名、转载发表后也没有向相关的著作权人支付使用费的行为。

即学即练

2021 年 8 月 25 日，高某在微信公众号发布了一篇文章。次日，高某作品版权所有人厦门某科技有限公司（原告）发现该文章发在玉树藏族自治州某科技股份有限公司（被告）的公众号上。原告认为被告在未经其允许的情况下随意转载原告拥有独创著作版权的文章，侵犯了自己的信息网络传播权，遂对侵权事实、发布主体进行公证并出具确认函后,向法院提起诉讼:要求被告某科技股份有限公司立即删除文章并赔偿损失。

问题:(1)法院是否应该支持原告的诉讼请求?(2)请依据你所学习的法律知识,对本案进行分析并进行裁判。

(3)网络抄袭与剽窃。网络抄袭与剽窃是指单位或者个人剽窃使用网络及其他媒体上已经发表的文字、图片、影音等资源用于非公益目的,即大段抄袭或者剽窃著作权人的作品,在网络上以自己的名义发表、传播并从中获利的行为。

(4)网页设计侵权。网络抄袭与剽窃的对象,除了登载于网络上的各种作品外,还包含网页设计等内容。网页设计既包括原创性的文字、图像、视频等内容,还包括网页整体的版式设计。

(5)链接侵权。一般的链接如果仅指向需要浏览的其他网站的首页,使用这类链接不构成侵权。但是,有些网站通过内链技术或纵深链技术,使设链与被设链网站的页面内容结合,或不经过链接网站主页而直接利用其分页内容。这样就构成了侵犯被链接者主页或分页作品著作权的问题。这种超链接行为会导致两种结果:①使用户难以辨别商品或服务的来源;②无偿利用被链接网站的优良商誉。

(6)下载侵权。下载侵权是指有些商业性组织未经网站和著作权人同意,私自下载、出版网络上的文字、影音等内容,从中获取高额利润的行为。私自下载他人享有著作权作品的行为,如果只是为了满足个人的欣赏需求,或者用于《著作权法》规定的合理使用的范畴,不构成侵权。但如果下载行为被用于商业目的,则侵犯了网站和著作权人的合法权利,客观上造成了对作品的无授权使用和对网站及著作权人财产权的侵犯。

 **案例讨论**

某杂志社从网上搜索下载并使用他人享有著作权的图片

原告某图片公司发现被告某杂志社在其新浪官方微博中使用的一张图片,与原告享有著作权的图片相同。该图片在原告的官方网站图片素材库中展示,标注有拍摄日期、编号、版权声明等信息。原告认为被告未经许可擅自使用了其享有著作权的图片,故起诉至法院要求被告停止侵权、赔偿损失。被告则认为其没有主观过错,不知道原告网站上展示有涉案图片,且所使用的图片是从互联网上搜索下载的,是网友上传分享的,其不知道著作权归何人,其行为不构成侵权。

问题:使用别人的图片时并没有主观过错、没有营利,是否构成侵权?理由是什么?

2. 电子商务中著作权间接侵权的表现形式

著作权间接侵权是指没有实施受著作权专有权利限制的行为(没有实施直接侵权),但故意引诱他人实施直接侵权,或者在明知或应知他人即将或正在实施直接侵权时为其提供实质性的帮助,以及为特定情况下直接侵权做准备和扩大其侵权后果的行为。

相对于直接侵权行为,间接侵权行为有两个鲜明特征:第一,间接侵权行为并不是著作权专有权利限制的行为;第二,间接侵权行为是直接侵权行为的帮助行为或预备行为。

间接侵权行为主要发生在网络服务提供者身上,主要表现形式有:①教唆他人实施侵犯著作权的违法行为;②网络服务提供者明知行为人存在利用其网络服务侵害他人网络著作权的行为,未采取必要制止措施。

 即学即练

某网络服务提供商提供链接方便广大网民下载某一受网络著作权保护的资源。

问题:(1)网民下载此受网络著作权保护的资源,其行为属于著作权直接侵权行为还是著作权间接侵权行为?

（2）该网络服务提供商是否构成侵权？如构成侵权，其侵权行为属于著作权直接侵权行为还是著作权间接侵权行为？

三、电子商务中侵犯著作权的法律责任

根据《著作权法》《信息网络传播权保护条例》等相关法律法规的规定，侵犯著作权应当根据情况承担停止侵害、消除影响、赔礼道歉、赔偿损失等民事责任；侵权行为同时损害公共利益的，由主管著作权的部门责令停止侵权行为，予以警告，没收违法所得，没收、无害化销毁处理侵权复制品以及主要用于制作侵权复制品的材料、工具、设备等，违法经营额 5 万元以上的，可以并处违法经营额 1 倍以上 5 倍以下的罚款；没有违法经营额、违法经营额难以计算或者不足 5 万元的，可以并处 25 万元以下的罚款；构成犯罪的，依法追究刑事责任。

同步案例

侵犯著作权、帮助信息网络犯罪活动案

（澎湃政务"指尖埔法"2022-04-27）原告广州某网络股份有限公司自主研发了《神武》游戏程序，并获国家广播电视总局许可出版运营。2017 年 6 月开始，被告人龙某卫受雇于"老大"（另案处理），在未经著作权人许可的情况下，去至泰国利用计算机和远程控制软件协助"老大"架设、运营私服游戏《歪歪神武》。2017 年 9 月始，被告人李某应被告人龙某卫邀请加入运营团队。过程中，二人按月获取报酬，主要负责通过 QQ 与玩家沟通，进行游戏推广，并按"老大"指示联系游戏充值平台管理员将玩家充值金额转至指定的银行账户。经鉴定，《歪歪神武》游戏程序对《神武》游戏程序对应部分进行了复制，二者相似度达"甚高同一性"。

2017 年 9 月开始，被告单位某机械公司和被告人程某，在明知《歪歪神武》运营方利用互联网实施架设、运营私服游戏的违法犯罪行为的情况下，仍通过"派爱支付"平台与《歪歪神武》私服网站进行连接，为《歪歪神武》提供玩家充值通道和支付结算服务。

被告人龙某卫、李某均犯侵犯著作权罪，分别被判处：有期徒刑 2 年，并处罚金 2 万元；有期徒刑 1 年零 6 个月，并处罚金 1 万元。被告单位犯帮助信息网络犯罪活动罪，判处罚金 3 万元。被告人程某犯帮助信息网络犯罪活动罪，判处有期徒刑 10 个月，并处罚金 1 万元。缴获的作案工具予以没收。

情境导入 1 分析

答案： 李丽的《人生小满就好》构成侵权。因为李丽的《人生小满就好》内容剽窃抖音短视频上已经发表的文案并用于非公益目的，即大段抄袭或者剽窃他人的作品，在网络上以自己的名义发表、传播。该侵权行为属于知识产权侵权中的著作权侵权。

子项目二　电子商务中对专利权的保护

情境导入 2

李丽害怕侵权将"一件代发"的商品下架

有过几次被投诉侵权的经历后，李丽变得谨慎了起来，对于侵权与被侵权的问题也敏感了。这天，她在网上浏览新闻时，看到一则新闻："一种带手机架的颈枕"实用新型专利权利人诉某电商平台店主公开销售侵犯其专利权的商品。于是，李丽仔细阅读了这个案子，案子中提到的"实用新型专利权"、侵权人通过"一

件代发"取得货源等问题让李丽警觉，因为她的店铺里也上架有"一件代发"的商品。于是，她先把这些商品下架，然后认真学习了专利权类型、保护及侵权行为等相关知识。

问题：（1）如何界定专利侵权？（2）李丽怎么做才能确认自己销售的产品是否侵权？

任务一　知晓专利权的保护与限制

一、专利的概念

专利是指受到《专利法》保护的发明创造，即专利技术，是受国家认可并在公开的基础上进行法律保护的专有技术。

根据《专利法》，发明创造分为发明专利、实用新型专利和外观设计专利。发明，是指对产品、方法或者其改进所提出的新的技术方案；实用新型，是指对产品的形状、构造或者其结合所提出的适于实用的新的技术方案；外观设计，是指对产品的整体或者局部的形状、图案或者其结合以及色彩与形状、图案的结合所做出的富有美感并适于工业应用的新设计。

二、专利权的概念

专利权是指一项发明创造向国家专利行政部门提出专利申请，经依法审查合格后，向专利申请人授予的在规定时间内对该项发明创造享有的专有权。

1. 专利权的主体

专利权的主体即专利权人，是指可以申请并取得专利权的单位和个人。专利权人包括以下三种类型。

（1）发明人、设计人所在单位。企事业单位、社会团体、国家机关的工作人员执行本单位的任务或者主要是利用本单位物质条件所完成的职务发明创造，申请专利的权利属于该单位。

（2）发明人、设计人。发明人或者设计人所完成的非职务发明创造，申请专利的权利属于发明人或者设计人。《专利法》所称发明人或者设计人，是指对发明创造的实质性特点做出突出贡献的人。在完成发明创造过程中只负责组织工作的人、为物质条件的利用提供方便的人或者其他从事辅助工作的人，不应当被认为是发明人或者设计人。

（3）共同发明人、共同设计人。由两个以上的单位或个人协作完成的发明创造，称为共同发明创造，完成此项发明创造的人称为共同发明人或共同设计人。除另有协议外，共同发明创造的专利申请权属于共同发明人，申请被批准后，专利权归共同发明人共有。一个单位接受其他单位委托的研究、设计任务所完成的发明创造，除另有协议的以外，申请专利的权利属于完成的单位，申请被批准后专利权归申请的单位所有或者持有。

表 8.3　专利权的客体

专利权类型	客体
发明专利权	产品、方法
实用新型专利权	产品
外观设计专利权	形状、图案及其结合；色彩与形状、图案的结合

2. 专利权的客体

专利权的客体因类型不同而有所差异，详见表 8.3。

3. 专利权的内容

专利权包括实施独占权、实施许可权、转让权、标记权、放弃权等内容。

（1）实施独占权。对发明创造的实施独占权是专利权人最主要的权利之一，其他权利均由此产生。实施独占权的权利内容包括：①专利权人有权自己实施专利，任何人不得干涉和限制；②除《专利法》另有规定的外，任何单位或个人未经专利权人许可，不得实施其专利。

（2）实施许可权。《专利法》对实施许可权做出了规定，是指专利权人享有许可他人实施专利的权利。

（3）转让权。专利转让权是指专利权人可以根据自己的意志依法将专利的所有权转让给他人的权利。专利申请权和专利权均可转让。但向外国人、外国企业或其他组织转让的，应当按照法律法规办理手续。专利转让后，原专利人不再享有专利权或专利申请权。

（4）标记权。标记权是指专利权人享有在其专利产品或者该产品的包装上标注专利标记和专利号的权利。标记权的意义在于提高发明创造的知名度，并在一定程度上防止假冒产品。

（5）放弃权。专利权人享有放弃其专利的权利，是专利权人对其专利的直接处置。专利权人实施放弃权分为两种情况：①推定放弃，表现为专利权人不按照规定缴纳专利年费；②明示放弃，表现为专利权人以书面声明放弃其专利权。

三、专利权的保护

（一）保护期限

《专利法》第 42 条规定专利权的保护期限，详见表8.4。专利权期限届满后，专利权终止。专利权一旦终止，发明创造不再受保护，该发明创造便进入公有领域。也就是说，权利人不再对该发明创造享有专有权，该发明创造可由他人进行商业性利用。

表8.4 专利权的保护期限

专利权类型	保护期限	起算日期
发明专利权	20 年	申请日起计算
实用新型专利权	10 年	
外观设计专利权	15 年	

（二）保护范围

专利权的保护范围是指发明、实用新型和外观设计专利权的法律效力所及的范围。专利权是一种无形财产权，由法律明确规定专利权的保护范围。划清专利侵权与非侵权的界限，既有利于依法充分保护专利权人的合法权益，又可以避免不适当地扩大专利保护的范围，损害专利权人以外的社会公众的利益。

1. 发明和实用新型专利权的保护范围

《专利法》第 84 条第 1 款规定，发明或者实用新型专利的保护范围以其权利要求的内容为准，说明书及附图可以用于解释权利的要求。这一规定包括两层含义。

（1）发明或者实用新型专利权的保护范围，须以其权利要求为准，即以由专利申请人提出的并经国务院专利行政部门批准的权利要求书中所记载的权利要求为准，不小于也不得超出权利要求书中所记载的权利要求的范围。

（2）说明书及附图对权利要求具有解释的功能，可以作为解释权利要求的依据。但是，说明书及附图只具有从属地位，基本依据只能是权利要求书。

2. 外观设计专利权的保护范围

《专利法》第 64 条第 2 款规定，外观设计专利权的保护范围以表示在图片或者照片中的该产品的外观设计为准，简要说明可以用于解释图片或者照片所表示的该产品的外观设计。这一规定表明，外观设计专利权的保护范围以体现该产品外观设计的图片或者照片为基本依据。需要说明的是，外观设计专利权所保护的"表示在图片或者照片中的该产品的外观设计"的范围，应当是同类产品的范围；不是同类产品，即使外观设计相同，也不能认为其侵犯了专利权。

四、专利权的限制

专利权的限制即专利的强制许可。专利的强制许可是指国务院专利行政部门在法定的情形下，不经专利权人许可，授权他人实施发明或者实用新型专利的法律制度。取得专利的强制许可的单位或者个人应当付给专利权人合理的使用费。专利的强制许可包括以下情形。

项目八 电子商务知识产权法律规范（下）

1. 一般强制许可

《专利法》第 53 条规定，有下列情形之一的，国务院专利行政部门根据具备实施条件的单位或者个人的申请，可以给予实施发明专利或者实用新型专利的强制许可。

（1）专利权人自专利权被授予之日起满 3 年，且自提出专利申请之日起满 4 年，无正当理由未实施或者未充分实施其专利的。

（2）专利权人行使专利权的行为被依法认定为垄断行为，为消除或者减少该行为对竞争产生的不利影响的。

2. 特殊强制许可

《专利法》第 54、55 条规定了特殊强制许可的情形。

（1）在国家出现紧急状态或者非常情况时，或者为了公共利益的目的，国务院专利行政部门可以给予实施发明专利或者实用新型专利的强制许可。

（2）为了公共健康目的，对取得专利权的药品，国务院专利行政部门可以给予制造并将其出口到符合中华人民共和国参加的有关国际条约规定的国家或者地区的强制许可。

3. 交叉强制许可

一项取得专利权的发明或者实用新型比之前已经取得专利权的发明或者实用新型具有显著经济意义的重大技术进步，其实施又有赖于前一发明或者实用新型的实施的，国务院专利行政部门根据后一专利权人的申请，可以给予实施前一发明或者实用新型的强制许可。

在依照前款规定给予实施强制许可的情形下，国务院专利行政部门根据前一专利权人的申请，也可以给予实施后一发明或者实用新型的强制许可。

任务二　识别专利侵权行为

一、电子商务中专利侵权的常见形式

在互联网繁盛发展的背景之下，民众在享受电子商务平台带来的便捷的同时，电子商务领域的专利侵权纠纷也在不断增加。基于网络的特性，电子商务的专利侵权纠纷相较于传统专利侵权纠纷更加复杂。电子商务中专利侵权的常见形式有以下几种。

1. 通过电子商务方式销售、许诺销售侵犯他人专利权的产品

侵权人未经专利权人许可直接在电子商务交易平台销售、许诺销售专利产品，是电子商务领域中常见的专利侵权行为。

2. 假冒专利行为

在电子商务领域，假冒专利行为通常表现为：①侵权人未经许可，在网站页面上将他人的专利号标注在其销售的产品、产品的包装上；②未经许可，在网站页面发布的广告或者其他宣传材料中使用他人的专利号，使用伪造或者变造的他人专利证书、专利文件或者专利申请文件，使人将所涉及的技术误认为是其专利技术。

3. 以非专利产品冒充专利产品、以非专利方法冒充专利方法

侵权人在电子商务交易平台上销售标有专利标记的非专利产品的；在专利权被撤销或者被宣告无效后、专利权届满或者终止后，继续在电子商务交易平台上销售标有该专利标记产品的，构成冒充专利行为。冒充专利行为虽然并未侵犯他人专利权，但是侵犯了消费者的知情权，也是一种违法行为。

二、电子商务专利侵权的法律责任

根据有关法律的规定，专利侵权人应当承担的法律责任包括民事责任、行政责任与刑事责任。

1. 民事责任

（1）停止侵权。停止侵权是指专利侵权人应当根据管理专利工作的部门的处理决定或者人民法院的裁判，立即停止正在实施的专利侵权行为。

（2）赔偿损失。侵犯专利权的赔偿数额，按照专利权人因被侵权所受到的损失或者侵权人获得的利益确定；被侵权人所受到的损失或侵权人获得的利益难以确定的，可以参照该专利许可使用费的倍数合理确定。

（3）消除影响。若侵权人实施侵权行为给专利产品在市场上的商誉造成损害，侵权人就应当采用适当的方式承担消除影响的法律责任，承认自己的侵权行为，以消除对专利产品造成的不良影响。

2. 行政责任

对专利侵权行为，管理专利工作的部门有权责令侵权人停止侵权行为、改正、缴纳罚款等，管理专利工作的部门应当事人的请求，还可以就侵犯专利权的赔偿数额进行调解。根据《专利法》第68条，假冒专利的，除依法承担民事责任外，由负责专利执法的部门责令改正并予公告，没收违法所得，可以处违法所得5倍以下的罚款；没有违法所得或者违法所得在5万元以下的，可以处25万元以下的罚款；构成犯罪的，依法追究刑事责任。

 同步案例

电商平台销售"汽车脚垫"实用新型专利侵权纠纷案

（中国深圳知识产权保护中心 2022-08-09）请求人温州市某汽车用品有限公司于2016年2月24日获得"汽车脚垫"的实用新型专利，专利号为ZL201520789058.9。请求人发现被请求人林某未经其许可，擅自在某电商平台上销售涉案专利产品。2019年5月，请求人请求温州市知识产权局依法处理，责令被请求人林某立即停止销售、许诺销售侵权产品的行为，并责令被请求人对其经营的相关网站上的侵权产品链接作下架处理。温州市知识产权局在调查中发现，在被请求人经营的电商平台店铺中除涉案链接外，还存在上百条与涉案专利产品相同或相似的产品链接，侵权情节严重。

2019年10月，温州市知识产权局根据《专利法》做出处理决定，责令被请求人立即停止销售、许诺销售侵权产品的行为。同时为实现快速维权，温州市知识产权局要求被请求人进行自查。随后，被请求人通过自查，对其经营店铺中的100余条涉案侵权产品链接作删除、下架处理。

3. 刑事责任

依照《专利法》和《刑法》的规定，假冒他人专利，情节严重的，应对直接责任人员追究刑事责任。《刑法》第216条规定，假冒他人专利，情节严重的，处3年以下有期徒刑或者拘役，并处或者单处罚金。

情境导入2分析

问题（1）：专利侵权的界定标准是，①实施行为侵犯的是受保护的专利权，实施行为是未经专利权人许可或者授权的；②以生产经营为目的；③实施的是制造、使用、许诺销售、销售、进口侵犯专利权的侵权行为。

问题（2）：李丽可以通过以下方法确认自己销售的产品是否侵权。产品侵权主要有三种情况，分别是商标侵权、专利侵权和著作权侵权。在判断产品是否侵权时，应该先了解自己产品所涉及的知识产权情况，然后对比已有的相关知识产权注册信息，判断是否存在侵权行为。如果发现存在侵权行为，应该尽快停止销售、制造和使用侵权产品，并支付相应的赔偿金。

 项目实训

请扫描二维码阅读案例全文，并完成以下任务：①小组讨论乙公司侵犯的是著作权还是外观设计专利权？涉案金额是否应当包括"刷单"虚增的销量所计算的金额？乙公司所在电商平台是否应当承担法律责任？②厘清所讨论问题的焦点；③找出本案件适用的法律规定；④预测法院的判决结果；⑤说一说本案在道德与法律层面的启示。

 项目小结

《著作权法》和《专利法》是知识产权法的重要组成部分，它们在电子商务环境中的重要性日益凸显。本项目概括性地阐述了著作权和专利权的主体、客体和内容，重点分析了不同的电子商务情境中侵犯著作权和专利权行为的表现形式，明确了著作权与专利权的保护与限制，并介绍了侵犯著作权和专利权应当承担的法律责任。理解和掌握著作权和专利权的基本原理和应用，对于保护电子商务活动中的知识产权，防止和解决知识产权纠纷具有重要意义。

 项目测试

一、案例分析题

甲系某报社记者，受报社社长指派，携带本社照相器材拍摄了一张反映少数民族人民欢度节日的照片，照片拍出后，报社即将该照片刊登于本报。2020 年 11 月 3 日，经报社许可后，某旅游企业将该照片用于新印刷的企业宣传册封面上，后甲知悉此事，起诉该旅游企业侵权。

问题：（1）照片的著作权归谁？为什么？（2）报社刊登照片的行为是否侵权？为什么？（3）某旅游企业是否侵权？为什么？如属侵权，侵犯了谁的何种著作权？

二、思考题

疫情对人类的危害不言而喻。身处疫情中，大家最大的期盼莫过于能有一种能快速进入临床并有特效的药品出现。假设现在真有这样一种特效药面世。

请思考：（1）能否对这种特效药实施专利强制许可？（2）实施强制许可需要具备哪些条件？

自测题

项目九　电子商务中的竞争法律规范

学习目标

知识目标：了解垄断和不正当竞争行为的概念与特征；了解《反垄断法》的主要内容；掌握电子商务环境下垄断协议的表现形式及法律规制；了解电子商务环境下不正当竞争行为的表现形式；掌握不正当竞争行为的法律规制。

能力目标：能够识别电子商务中出现的垄断行为和不正当竞争行为；能够运用《反垄断法》和《反不正当竞争法》的相关知识，为电子商务企业提供合法合规的经营建议，为消费者的合法权益提供保障。

素质目标：培养诚实守信、合法经营理念；树立公平竞争的意识；具有商业道德；培养批判性思维和独立思考的能力。

子项目一　电子商务中的反垄断

情境导入 1

李丽发现成为会员后，订餐费用反而比同学高

因为开网店，李丽很忙，经常叫外卖解决一日三餐的问题。为了能享受平台更多的福利，李丽在她常点餐的外卖平台注册了会员。有一天李丽叫餐的过程中，手机突然黑屏，她没有来得及确认订单付款，便委托同学帮她订，但她发现自己订的餐食比同学订的同样的餐食贵3元。她不敢相信这是真的，毕竟她是会员，应该更便宜才对啊。于是她又让另外一个不是会员的同学试着订餐，也比她以会员身份订餐要便宜。她的脑海里突然冒出一个词："杀熟"。没想到网上沸沸扬扬的大数据"杀熟"让她自己遇到了。

问题：（1）大数据"杀熟"违法吗？（2）商家进行大数据"杀熟"需要承担法律责任吗？

任务一　识别垄断与反垄断法

一、垄断的概念与特征

在经济学上，垄断是指经营者以独占或有组织联合等形式，凭借经济优势或行政权力操纵或支配市场，限制或排斥竞争的行为。

法律上对垄断的定义，是《反垄断法》中规定的，垄断主体对市场运行过程进行排他性控制、对市场竞争进行实质性的限制、妨碍公平竞争秩序的行为或状态。

法律意义上的垄断，具有如下特征。

（1）仅指垄断行为，不包括垄断结构。根据《反垄断法》第 3 条的规定，垄断行为包括经营者达成垄断协议；经营者滥用市场支配地位；具有或者可能具有排除、限制竞争效果的经营者集中。

（2）行为的主体是经营者或其利益的代表者。经营者是以营利为目的提供商品或服务的组织或个人，是垄断案件中最常见的主体，行业协会、行政机关或根据法律法规授权享有公共管理权力的其他组织，也会成为垄断行为的主体。

（3）行为目的或后果是排除、限制竞争，牟取超额利益。排除竞争或限制竞争，是垄断的核心特征。反垄断最重要的理由正在于垄断行为排除或限制竞争，使市场经济的竞争机制名存实亡。

（4）行为应当具有违法性。如果依法不构成垄断或者具备适用除外的条件，则不是法律意义上的垄断。

二、反垄断法概述

1. 反垄断法的概念

反垄断法是指国家制定的一系列法律法规，旨在保护市场竞争，防止垄断行为，维护消费者权益和公平竞争的市场环境。反垄断法律法规规制的是控制市场的行为、一切对市场竞争设置障碍的主体的行为，也包括行政机关和法律法规授权的具有管理公共事务职能的组织滥用行政权力排除、限制竞争的行为。

我国电子商务市场的反垄断法律法规主要表现为《反垄断法》《反不正当竞争法》《电子商务法》《价格法》等一系列法律法规。

2. 电子商务中垄断行为的特殊规制

随着电子商务领域的繁荣和人们对电子商务交易的依赖，电子商务平台的垄断行为层出不穷，互联网技术的发展也使得电子商务平台的这些行为具有极强的隐蔽性。电子商务领域的这些变化，向反垄断提出了新的挑战。国务院反垄断委员会《关于平台经济领域的反垄断指南》（以下简称《反垄断指南》）针对电子商务平台的特点，对电子商务中的垄断行为进行了特殊规制，详细内容在任务二中分别阐述。

任务二　知晓电子商务中垄断的法律规制

电子商务领域中，由于电子商务平台具有企业和市场的双重属性，其垄断行为具有某些特殊的表现形式。正确把握电子商务平台的双重属性，是理解电子商务中垄断行为特殊法律规制的关键。电子商务领域中，垄断具体表现为依靠网络提供没有近似替代品的商品或服务，这些商品或服务唯一的提供商是电子商务环境中的垄断企业。

一、垄断协议的表现形式及法律规制

垄断协议是较为常见的、典型的垄断行为，往往造成固定价格、划分市场，以及阻碍、限制其他经营者进入市场等排除、限制竞争的后果，对市场竞争危害很大，为各国反垄断法律法规所禁止。

垄断协议是指两个或者两个以上的经营者（包括行业协会、自然人、法人和其他组织）通过合谋性协议，安排或者协同行动来相互约束各自的经济活动，在一定的交易领域内排除、限制竞争的行为。

（一）垄断协议的特征

垄断协议一般具有三方面特征：一是以排除、限制竞争为目的，二是实施主体是两个或者两个以上的经营者，三是共同或者联合实施排除、限制竞争的行为。

（二）电子商务市场垄断协议的表现形式

《反垄断指南》第 2 章"垄断协议"对电子商务中的垄断协议进行了细化规定。垄断协议主要包括三类：横向垄断协议、纵向垄断协议与轴辐协议。

1. 横向垄断协议

横向垄断协议是指具有竞争关系的经营者之间达成的排除、限制竞争的协议，包括实施固定价格、限制产量、分割市场、限制购买或开发、联合抵制其他竞争对手等排除、限制竞争的行为。

横向垄断协议在电子商务领域主要表现为以下几种情形：①利用平台收集并且交换价格、销量、成本、客户等敏感信息；②利用技术手段进行意思联络；③利用数据、算法、平台规则等实现协调一致行为；④其他有助于实现协同的方式。

其中，比较值得关注的在于第三项"利用数据、算法、平台规则等实现协调一致行为"。大型电子商务平台彼此达成一致，统一制定高标准、高成本的平台规则，可能会限制那些规模较小的、无力承担相应高成本的中小型电子商务平台的发展。

2. 纵向垄断协议

纵向垄断协议是指经营者与交易相对人（一般不具有竞争关系）之间达成的排除限制竞争的协议，包括固定转售价格或限定最低转售价格向第三人转售商品等排除、限制竞争的行为。

《反垄断指南》重点规制平台通过技术手段和算法设计对平台内经营者的不当限制，具体内容包括：①利用技术手段对价格进行自动化设定；②利用平台规则对价格进行统一；③利用数据和算法对价格进行直接或者间接限定；④利用技术手段、平台规则、数据和算法等方式限定其他交易条件，排除、限制市场竞争。

平台经营者要求平台内经营者在商品价格、数量等方面向其提供等于或者优于其他竞争性平台的交易条件的行为可能构成垄断协议，也可能构成滥用市场支配地位行为。

分析上述行为是否构成《反垄断法》第 18 条规定的纵向垄断协议，可以综合考虑平台经营者的市场力量、相关市场竞争状况、对其他经营者进入相关市场的阻碍程度、对消费者利益和创新的影响等因素。

3. 轴辐协议

轴辐协议是一种特殊形式的垄断协议，它将当事人借助纵向关系而实现的横向共谋比喻为一个自行车轮。轴辐协议由三要素构成：纵向参与者构成轴，横向参与者构成辐条，各辐条间的意思联络构成轮缘。轴辐协议不是一个横向协议和多个纵向协议的相加，其本质上是横向垄断协议。

《反垄断指南》第 8 条规定，具有竞争关系的平台内经营者可能借助与平台经营者之间的纵向关系，或者由平台经营者组织、协调，达成具有横向垄断协议效果的轴辐协议。分析该协议是否属于《反垄断法》第 17 条、第 18 条规制的垄断协议，可以考虑具有竞争关系的平台内经营者之间是否利用技术手段、平台规则、数据和算法等方式，达成、实施垄断协议，排除、限制相关市场竞争。

（三）垄断协议的认定

1. 垄断协议的构成要件

（1）主体要件。主体是经营者、行业协会（经营者利益代表者）、行政机关以及法律法规授权的具有管理公共事务职能的组织。垄断协议必须发生在两个或两个以上有竞争关系的经营者之间，具有"多个主体共同行为"的特征，从而与由单个经营者所实施的市场垄断行为如滥用市场支配地位等区别开来。

（2）客体要件。经营者之间侵害了我国法律保护的市场公平竞争关系，影响了我国经济运行的效率，损害消费者和社会公共利益。

（3）客观要件。经营者之间存在共同或协同一致的行为。这种共同或协同一致的行为，可表现为各方签署形成的协议、合同、备忘录，也可表现为企业团体的决定或决议，还可以表现为行为人之间共同或协同一致的外在行为（即没有文字形式的协议或决定，但却出现了高度协调统一的动作，如在同一天有竞争关系的经营者集体提高某类商品的价格），其结果是排除或限制竞争。

（4）主观要件。经营者之间存在通谋或主观故意。经营者之间以限制竞争为目的，并希望或愿意就双方或多方的意志达成一致的主观愿望，即有谋取超额利益的故意。

2. 垄断协议的豁免

在实践中，经营者达成的某些协议虽然具有限制竞争的后果，但整体上有利于技术进步、经济发展和社会公共利益。因此，各国反垄断法律法规又大都规定在一定情况下，对经营者达成的这类协议予以豁免。《反垄断法》第20条规定，经营者能够证明所达成的协议属于下列情形之一的，不适用本法第17条、第18条第1款、第19条的规定：①为改进技术、研究开发新产品的；②为提高产品质量、降低成本、增进效率，统一产品规格、标准或者实行专业化分工的；③为提高中小经营者经营效率，增强中小经营者竞争力的；④为实现节约能源、保护环境、救灾救助等社会公共利益的；⑤因经济不景气，为缓解销售量严重下降或者生产明显过剩的；⑥为保障对外贸易和对外经济合作中的正当利益的；⑦法律和国务院规定的其他情形。

属于前款第1项至第5项情形，不适用本法第17条、第18条第1款、第19条规定的，经营者还应当证明所达成的协议不会严重限制相关市场的竞争，并且能够使消费者分享由此产生的利益。

（四）垄断协议的法律责任

我国反垄断法律法规对危害性比较明显的固定价格、分割市场、联合抵制等横向垄断协议，一般都直接认定为违法而予以禁止；对纵向垄断协议一般要区分其积极与消极后果。

《反垄断法》第56条对经营者达成垄断协议的法律责任做出了规定，规制措施包括责令停止违法行为、没收违法所得。《反垄断法》第60条、第64条、第67条规定了民事责任、失信惩戒、刑事责任等违法行为纠正和监督方式。

 同步案例

某品牌汽车生产厂家达成实施垄断协议案

（江苏高院公众号 2022-11-29）2017年12月，江苏省反垄断执法机构依法对某品牌汽车涉嫌实施纵向垄断协议的行为开展反垄断调查。经查，2015年6月至2018年2月，该品牌汽车生产厂家通过召开经销商会议、巡店、微信通知等方式，要求江苏省内经销商在互联网平台销售汽车时，统一按照各车型建议零售价进行报价，经销商不得擅自降低网络报价。2016年至2018年3月，该品牌汽车生产厂家通过召开地区经销商会议、微信通知等方式限制经销商销售重点车型最低转售价格。该品牌汽车生产厂家通过多项管理措施实施了上述价格控制。

该品牌汽车生产厂家的行为，违反了修改前的《反垄断法》第14条的规定。2019年12月，江苏省市场监管局依法做出行政处罚决定，责令其停止违法行为，并处以罚款8 761.3万元。

二、滥用市场支配地位的法律规制

市场支配地位又称市场优势地位或市场控制地位，是企业的一种状态，一般是指企业在特定市场上所具有的某种程度的支配或者控制力量，即在相关的产品市场、地域市场和时间市场上，拥有决定产品产量、价格和销售等的能力。

《反垄断法》关于市场支配地位是这样定义的：本法所称市场支配地位，是指经营者在相关市场内具有能够控制商品价格、数量或者其他交易条件，或者能够阻碍、影响其他经营者进入相关市场能力的市场地位。

（一）滥用市场支配地位的定义

滥用市场支配地位，又称滥用市场优势地位，是企业获得一定的市场优势地位后滥用这种地位，对市场中的其他主体进行不公平的交易或排斥竞争对手的行为。

《反垄断法》之所以规制市场支配地位滥用行为，是因为该行为给自由竞争、社会资源配置、消费者利益等带来诸多危害，阻止他人的创新与进步，阻碍了社会科学技术的发展。

（二）滥用市场支配地位的表现形式

滥用市场支配地位行为的表现形式大致可以分为以下几类。

1. 不公平价格行为

占有市场支配地位的企业以获得超额垄断利润或排挤竞争对手为目的，确定、维持和变更商品价格，以高于或低于在正常状态下可能实行的价格来销售其商品。

2. 低于成本销售

处于市场支配地位的企业为排挤竞争对手，以低于成本的价格销售商品。

3. 拒绝交易

根据《反垄断指南》第 14 条的规定，拒绝交易是指具有市场支配地位的平台经济领域经营者，可能滥用其市场支配地位，无正当理由拒绝与交易相对人进行交易，排除、限制市场竞争。对"拒绝交易"的规制旨在保障公平的市场准入。

分析是否构成拒绝交易，可以考虑以下因素：①停止、拖延、中断与交易相对人的现有交易；②拒绝与交易相对人开展新的交易；③实质性削减与交易相对人的现有交易数量；④在平台规则、算法、技术、流量分配等方面设置不合理的限制和障碍，使交易相对人难以开展交易；⑤控制平台经济领域必需设施的经营者拒绝与交易相对人以合理条件进行交易。

4. 限定交易

根据《反垄断指南》第 15 条的规定，限定交易是指具有市场支配地位的平台经济领域经营者，可能滥用市场支配地位，无正当理由对交易相对人进行限定交易，排除、限制市场竞争。对"限定交易"的规制旨在保障平台规则的平等适用。

分析是否构成限定交易行为，可以考虑以下因素：①要求平台内经营者在竞争性平台间进行"二选一"，或者限定交易相对人与其进行独家交易的其他行为；②限定交易相对人只能与其指定的经营者进行交易，或者通过其指定渠道等限定方式进行交易；③限定交易相对人不得与特定经营者进行交易。此外，判定限定交易，可以重点考虑平台是否对其内部的店铺采取屏蔽、搜索降权等惩罚性措施，或是通过补贴、流量资源支持等激励性方式实施限制。

 即学即练

请对照相关法条，分析"平台红包与补贴"的本质是什么，是否构成垄断行为，法律依据是什么？

5. 搭售和附加不合理交易条件

根据《反垄断指南》第 16 条的规定，搭售或者附加不合理交易条件是指具有市场支配地位的平台经济领域经营者，可能滥用市场支配地位，无正当理由实施搭售或者附加不合理交易条件，排除、限制市场竞争。

实务中，搭售行为对于企业是有利的，具体体现在：①将关联商品一起销售能够节约成本和开支；②在出售机器和设备的时候，特别是在出售高科技产品的时候，生产商或销售商要求购买者一并购买他们的零部件或辅助材料，有利于商品的安全使用，或提高商品的使用寿命，从而有利于提高企业的信誉和商品的声誉。

因此，搭售行为是否构成滥用市场支配地位，需要进行具体分析。图 9.1 所示为判断与识别搭售行为是否违反法律规定可参考的因素。分析是否构成搭售或者附加不合理交易条件，可以考虑以下因素：①利用格式条款、弹窗、操作必经步骤等交易相对人无法选择、更改、拒绝的方式，将不同商品进行捆绑销售；②以搜索降权、流量限制、技术障碍等惩罚性措施，强制交易相对人接受其他商品；③对交易条件和方式、服务提供方式、付款方式和手段、售后保障等附加不合理限制；④在交易价格之外额外收取不合理费用；⑤强制收集非必要用户信息或者附加与交易标的无关的交易条件、交易流程、服务项目。

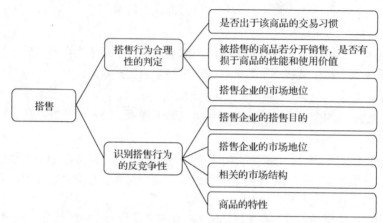

图 9.1　判断与识别搭售行为是否违反法律规定可参考的因素

6. 差别待遇

根据《反垄断指南》第 17 条的规定，差别待遇是指具有市场支配地位的平台经济领域经营者，可能滥用市场支配地位，无正当理由对交易条件相同的交易相对人实施差别待遇，排除、限制市场竞争。

分析是否构成差别待遇，可以考虑以下因素：①基于大数据和算法，根据交易相对人的支付能力、消费偏好、使用习惯等，实行差异性交易价格或者其他交易条件；②实行差异性标准、规则、算法；③实行差异性付款条件和交易方式。

这一规定针对当下社会的热点问题大数据"杀熟"，在法律层面上进行了回应。

大数据"杀熟"是指利用大数据技术提供算法，将消费者在平台的各项信息进行统计分析，掌握消费者能力、消费习惯、价格敏感度等，从而依据上述信息，对不同消费者进行差别定价的行为。

同步案例

胡某诉上海携程商务有限公司侵权纠纷案

原告胡某一直通过携程 App 预订机票、酒店。2020 年 7 月，原告通过携程 App 预订了一间酒店房间，支付价款 2 889 元。然而，离开酒店时，原告发现，酒店的实际挂牌价仅为 1 377.63 元，原告多支付了一倍的金额。原告认为携程 App 采集其个人非必要信息，进行大数据"杀熟"，将对其推送的酒店房价提高了一倍多。

法院判决：携程 App 作为中介平台对标的实际价值有如实报告义务；携程向原告承诺钻石贵宾享有优惠价，却无价格监管措施，向原告展现了一个溢价超 100% 的失实价格，未践行承诺；故认定被告存在虚假宣传、价格欺诈和欺骗行为，支持原告退一赔三。

同时，携程 App 要求用户授权携程自动收集用户的个人信息，包括日志信息、设备信息、软件信息、位置信息、订单数据，携程利用这些信息进行营销活动，从而形成用户画像。上述信息超越了形成订单必需的要素信息，属于非必要信息的采集和使用，其中用户信息分享给被告可随意界定的关联公司、业务合作伙伴进行进一步商业利用更是既无必要性，又无限增加用户个人信息使用风险。

（三）滥用市场支配地位的认定

（1）相关市场的确定。《反垄断法》第15条第2款规定，相关市场是指经营者在一定时期内就特定商品或者服务进行竞争的商品范围和地域范围。相关市场主要涉及两部分市场。①相关商品市场。相关商品市场是指可相互替代的商品所构成的特定市场。其可以从消费者需求的可替代性和生产者供给的可替代性两个方面进行界定。②相关地域市场。其可以从区域间交易的障碍和商品的特有性质两个方面进行界定。

（2）经营者具有市场支配地位的认定因素。①该经营者在相关市场的市场份额，以及相关市场的竞争状况；②该经营者控制销售市场或者原材料采购市场的能力；③该经营者的财力和技术条件；④其他经营者对该经营者在交易上的依赖程度；⑤其他经营者进入相关市场的难易程度；⑥与认定该经营者市场支配地位有关的其他因素。

（3）推定经营者具有市场支配地位的情形。①一个经营者在相关市场的市场份额达到1/2的；②两个经营者在相关市场的市场份额合计达到2/3的；③三个经营者在相关市场的市场份额合计达到3/4的。

（四）具有市场支配地位经营行为性质认定

企业占有市场支配地位本身并不具有违法性质，只有当特定的企业滥用这种市场优势地位时，法律才对其加以限制或禁止。《反垄断法》明确规定，禁止市场支配地位滥用的行为，意思是指具有市场支配地位的企业不能利用自身优势条件实行垄断行为。经营者是否滥用市场支配地位，需要根据具体情况进行认定，详见表9.1。

表9.1　滥用市场支配地位的认定标准

要　件	认定标准
主体要件	企业已取得市场支配（或优势）地位
客观方面	具有市场支配地位的企业必须实施了市场支配地位滥用的行为
客体要件	具有市场支配地位的企业实施的市场行为破坏了自由的竞争秩序，损害了其他竞争者与消费者的利益，则该市场行为即被认定为市场支配地位滥用行为
主观方面	具有市场支配地位的企业利用其支配地位的优势，在与交易相对人进行市场交易行为时，出于限制、阻止、遏制竞争的目的，故意采取低价倾销、搭售以及附加不合理条件、诋毁竞争对手等手段以造成将竞争者排挤出该相关市场的结果，从而实现其攫取高额利润的愿望

（五）滥用市场支配地位的法律制裁

《反垄断法》对于滥用市场支配地位的法律制裁包括约束性制裁、救济性制裁与惩罚性制裁。《反垄断法》第57条规定，经营者违反本法规定，滥用市场支配地位的，由反垄断执法机构责令停止违法行为，没收违法所得，并处上一年度销售额1%以上10%以下的罚款。《反垄断法》第60条规定，经营者实施垄断行为，给他人造成损失的，依法承担民事责任。

 **案例讨论**

格兰仕针对天猫的"二选一"行为提起诉讼

2019年11月5日，家电企业格兰仕宣布，已于10月28日就天猫涉嫌滥用市场支配地位等相关事宜提起诉讼，并于11月4日得到广州知识产权法院受理。格兰仕的诉讼针对的正是此前天猫方面强迫格兰仕实施的"二选一"行为，"我们认为天猫违反了《反垄断法》，涉嫌滥用市场支配地位"。格兰仕在6月就曾连发数份声明，称在天猫平台遭遇"搜索异常"。

问题：（1）天猫是否具有市场支配地位？（2）天猫是否滥用市场支配地位？为什么？

三、经营者集中的法律规制

根据《反垄断法》第 25 条的规定，经营者集中指经营者合并，通过取得股权、资产或合同等方式取得对其他经营者的控制权，或者能够对其他经营者施加决定性影响的情形。

经营者集中的后果是双重的。一方面，经营者集中有利于发挥规模经济的作用，增强经营者的竞争能力。另一方面，过度集中又会产生或加强市场支配地位，限制竞争，损害效率。

1. 经营者集中的构成条件

主观上，要求一个或几个企业有控制其他企业的意思；行为上，要求控制企业能够对被结合的企业施加控制性影响，控制其主要经营活动；效果上，要求控制的行为是有计划的长期行为。

2. 经营者集中的表现形式

（1）经营者合并。经营者合并指两个或两个以上经营者合为一个经营者，从而导致经营者集中的行为。《反垄断法》视角的经营者合并，可以根据参与合并的经营者在产业链上的关系，分为横向合并、纵向合并和混合合并。横向合并是指处于同一产业链同一环节的经营者之间的合并，纵向合并是指处于同一产业链上下环节的经营者之间的合并，混合合并是指不属于同一产业链的经营者之间的合并。

根据合并主体在合并后的存在状态，经营者合并有两种情形：一种是经营者吸收其他经营者，被吸收的经营者主体资格消灭，即吸收合并，如 2022 年字节跳动以 40 亿美金收购沐瞳游戏；另一种是两个以上的经营者合并后成为一个新的经营者，合并各方主体资格都不再存在，如 2015 年滴滴打车和快的打车合并为滴滴出行。

（2）经营者通过取得股权或者资产的方式取得对其他经营者的控制权。经营者通过取得其他经营者的股份（资产）进而直接或者间接地控制其他经营者的行为，这是通过借助股东的地位来取得对其他经营者的控制权的行为。

（3）经营者通过合同等方式取得对其他经营者的控制权或者能够对其他经营者施加决定性影响。经营结合是指通过订立经营合同的方式实现对其他经营者的控制权，彼此之间形成了人力、业务、技术等的相互配合，通过经营权的制约形成了事实上的集中形态。

3. 垄断性经营者集中的法律规制

法律对于垄断性经营者集中的规制方式主要包括禁止结合、资产剥离、解散已合并企业、赔偿损失以及其他方式。比如，2021 年 7 月，国家市场监督管理总局依法禁止腾讯系虎牙公司与斗鱼国际控股有限公司合并案，这是我国平台经济领域禁止经营者集中的第 1 案，也是《反垄断法》施行以来的第 3 案。

🔊 案例讨论

国家市场监督管理总局对阿里巴巴投资、阅文和丰巢网络的垄断行为予以处罚

2020 年 12 月 14 日，国家市场监督管理总局宣布了一个处罚决定，对阿里巴巴投资收购银泰商业股权、阅文集团（以下简称阅文）收购新丽传媒股权、丰巢网络收购中邮智递股权等三起未依法申报违法实施经营者集中案做出行政处罚决定，对三家企业分别处以 50 万元人民币罚款的行政处罚。此次处罚的三家企业均为互联网平台企业。其中，阿里巴巴投资是阿里巴巴集团开展投资并购的主要实体，阅文是腾讯的控股子公司，丰巢网络则是顺丰的关联公司。

中国互联网发展 20 多年，巨头们"从 0 到 1"，各自建立起了庞大的商业帝国。凭借资本与技术的壁垒，越来越多的资源向巨头们倾斜，这些企业也拥有越来越大的定价权。

问题：（1）你是否觉得互联网企业成长的尽头便是获得更大的市场份额，直至取得相对垄断的地位？
（2）你觉得这些互联网企业还有既有利于企业和经济发展，又不会排除和限制竞争的更好的做法吗？

问题（1）：大数据"杀熟"属于违法行为。大数据"杀熟"属于《反垄断法》中规定的滥用市场支配地位中的对消费者进行差别待遇的违法行为。

问题（2）：商家进行大数据"杀熟"需要承担法律责任。根据《反垄断法》第 60 条和第 57 条的规定，经营者实施垄断行为，给他人造成损失的，依法承担民事责任；经营者违反本法规定，滥用市场支配地位的，由反垄断执法机构责令停止违法行为，没收违法所得，并处上一年度销售额 1% 以上 10% 以下的罚款。

子项目二　电子商务中的反不正当竞争

情境导入 2

李丽请人修改销量数据

李丽为营造其网店在售商品销量巨高的假象，诱导消费者购买其商品，自 2021 年 3 月起，雇用他人对部分商品宣传页面中的销量数据进行修改，修改后的累计销量数据均为"5 万+"，远高于商品实际的销售量。

问题：（1）李丽的这种行为违法吗？（2）李丽需要承担法律责任吗？

任务一　识别不正当竞争行为

根据《反不正当竞争法》第 2 条的规定，不正当竞争行为是指经营者在生产经营活动中，违反本法规定，扰乱市场竞争秩序，损害其他经营者或者消费者的合法权益的行为。

一、混淆行为

混淆行为，又称欺骗性交易行为、仿冒行为，是指经营者采用欺骗手段，不正当地利用他人的商誉（商业信誉、商品声誉），使自己的商品或服务与特定竞争对手可辨识的商品或服务混淆，或者通过虚假的质量标识，使交易相对人产生混淆或误信，从而获得交易机会的行为。混淆行为可以分为商业混同行为和欺骗性质量标识行为两类，如图 9.2 所示。

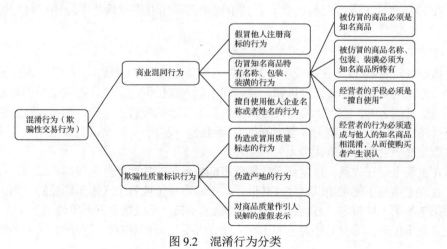

微课堂
混淆行为的识别

图 9.2　混淆行为分类

1. 商业混同行为

商业混同行为是指经营者不正当地利用他人的商誉,使自己的商品(含服务)与他人的商品相混淆,造成或者足以造成购买者误认误购的行为。《反不正当竞争法》第6条规定,经营者不得实施下列混淆行为,引人误认为是他人商品或者与他人存在特定联系:①擅自使用与他人有一定影响的商品名称、包装、装潢等相同或者近似的标识;②擅自使用他人有一定影响的企业名称(包括简称、字号等)、社会组织名称(包括简称等)、姓名(包括笔名、艺名、译名等);③擅自使用他人有一定影响的域名主体部分、网站名称、网页等;④其他足以引人误认为是他人商品或者与他人存在特定联系的混淆行为。

2. 欺骗性质量标识行为

经营者在商品上伪造或冒用质量标志、产地,或者对商品质量作引人误解的虚假表示,以欺骗购买者,进而获取交易机会的不正当竞争行为。

常见的质量标志有认证标志、生产许可证和证明商标(如绿色食品标志、真皮标志)等。

 同步案例

广州市青宫教育科技有限公司实施商业混淆案

2021年1月13日,执法机关根据投诉举报线索,对当事人的经营场所进行现场检查,发现其经营场所外悬挂有广州市青宫(番禺宫)招牌,店堂入口处摆放有广州市青宫(番禺宫)春季寒假招生简章、专业少儿时尚艺术培养基地等宣传单张,印有广州市青宫(番禺宫)字样;摆放的"寒假班火热报名中""珠心算"等宣传板画上印有广州市青宫(番禺宫)字样。当事人微信公众号名称为"广州市青宫",以广州市青宫(番禺宫)名义对外宣传。

经查,广州市青宫是广州市青年文化宫具有高知名度的简称,广州市青年文化宫是最早使用"广州市青宫"等字样进行宣传的单位,"广州市青宫"字样的简称已与广州市青年文化宫形成了公众所认知的对应关系。当事人未经广州市青年文化宫许可,登记企业名称为"广州市青宫教育科技有限公司",在其登记住所及微信公众号使用"广州市青宫(番禺宫)"对外宣传招生,从事与广州市青年文化宫相同领域的业务,引人误认为其与广州市青年文化宫存在特定联系,造成混淆。

当事人登记企业名称为"广州市青宫教育科技有限公司"并使用"广州市青宫(番禺宫)"对外招生宣传的行为,违反了《反不正当竞争法》第6条第(4)项的规定。依据《反不正当竞争法》第18条的规定,执法机关责令其停止违法行为,办理名称变更登记,处罚款59 299.8元。

二、商业贿赂行为

商业贿赂行为指经营者为了谋取交易机会或者竞争优势而采用财物或其他手段贿赂对方单位或个人的行为。

1. 商业贿赂的特征

(1)行为的主体是经营者。《反不正当竞争法》第7条第2款和第3款规定,经营者在交易活动中,可以以明示方式向交易相对方支付折扣,或者向中间人支付佣金。经营者向交易相对方支付折扣、向中间人支付佣金的,应当如实入账。接受折扣、佣金的经营者也应当如实入账。经营者的工作人员进行贿赂的,应当认定为经营者的行为;但是,经营者有证据证明该工作人员的行为与为经营者谋取交易机会或者竞争优势无关的除外。

(2)行为主体在主观上存在故意,且以获得销售或者购买商品的便利条件为目的。

(3)行为人在客观上实施了秘密地以财物或其他手段给对方单位或者个人输送利益的行为。《反不正当竞争法》第7条第1款规定,经营者不得采用财物或者其他手段贿赂下列单位或者个人,以谋取交易机会或者竞争优势:①交易相对方的工作人员;②受交易相对方委托办理相关事务的单位或者个人；③利用职权或者影响力影响交易的单位或者个人。

（4）行为人的行为具有违法性。

 即学即练

电子商务经营者通过返现、提供折扣券等方式诱使消费者给出好评的"贿赂好评行为"是否属于商业贿赂行为？理由是什么？

2. 商业贿赂与回扣、折扣、佣金的关系

（1）回扣。回扣是指经营者为了销售或购买商品，在账外暗中给予交易对方单位或个人的财物。其特征是：①回扣是由卖方或买方向交易对方所做的财物支付；②回扣体现为一定的财物，且以现金为主要表现形式，财物以外的非物质利益不能作为回扣；③回扣的给予和收受是在账外暗中进行的；④回扣具有违法性。回扣以秘密的方式给予和收受，违反了商业惯例，破坏了公平竞争秩序。"账外暗中"是指未在依法设立的反映其生产经营活动或者行政事业经费收支的财务账上按照财务会计制度规定明确如实记载，包括不入财务账、转入其他财务账或者做假账等。按照规定，在账外暗中给予对方单位或者个人回扣的，以行贿论处；对方单位或者个人在账外暗中收受回扣的，以受贿论处。

（2）折扣。折扣是指经营者为了销售或购买商品，以公开明示并如实入账的方式向交易对方给付的一定数额的财物。其特征是：①折扣是由卖方或买方向交易对方所作的财物支付；②折扣体现为一定的财物，并且以现金为主要表现形式；③折扣的给予和接受是以明示和入账的方式进行的；④折扣具有合法性。

（3）佣金。佣金是指经营者在市场交易中给予为其提供服务的具有合法经营资格的中间人的劳务报酬。其特征是：①佣金是一种劳务报酬，是对促成交易的中间人所付出的劳务的价值补偿；②佣金是经营者向中间人支付的；③佣金的支付和接受是以明示的方式进行的。

（4）三者之间的区别。回扣、折扣与佣金都是经营者给予他人一定财物的行为，但它们之间存在很多区别：①回扣、折扣都是由卖方或买方向交易对方所给予的财物，而佣金是经营者向中间人支付的，这一点使得回扣、折扣和佣金相区别；②回扣的给予和收受是在账外暗中进行的，而折扣的给予和接受是以明示和入账的方式进行的，佣金的支付和接受也是以明示的方式进行的，这是回扣区别于折扣和佣金的最主要方面；③回扣具有违法性，而折扣和佣金是合法的，这也是三者相区别的重要方面。

💬 **案例讨论**

某五星级酒店行政总厨毕某某收受回扣

2016年1月起，当事人上海永祥食品销售有限公司与某五星级酒店行政总厨毕某某达成合意：利用其行政总厨的职务之便，选取当事人作为指定供应商，并在食品采购中为当事人增加交易机会，提升销量；当事人则按照销售额7%~8%的比例给予毕某某回扣。

问题： 上海永祥食品销售有限公司与某五星级酒店行政总厨毕某某的合意行为是否构成商业贿赂？

三、虚假宣传行为

虚假宣传行为是指在市场交易中，利用广告或其他方法，对商品或者服务作与实际情况不符的公开宣传，导致或足以导致相关公众产生误解的行为。虚假宣传具有以下特点：①行为的主体是经营者；②行为人的主观方面表现为故意；③行为在客观方面表现为对商品作了违背事实真相的宣传；④行为发生在宣传活动中。

电子商务实务中，一种典型的虚假宣传行为是通过虚假交易"刷单""炒信"的行为。这种行为本质上是为了进行虚假的商品宣传，获得虚假的声誉，因此可以归入虚假宣传的范围。

《反不正当竞争法》第8条第2款规定："经营者不得通过组织虚假交易等方式，帮助其他经营者进行虚假或者引人误解的商业宣传。"这一规定实际上就是针对"刷单"的地下产业链。该款中的第一个"经营者"，一般是指组织"刷单客"进行"刷单"的组织者、经营者；而"其他经营者"指的则是通过"刷单"获得不正当利益的站内商户经营者。

《电子商务法》第17条也规定："……电子商务经营者不得以虚假交易、编造用户评价等方式进行虚假或者引人误解的商业宣传，欺骗、误导消费者。"

案例讨论

App后台会自动默认五星好评

2020年10月13日至2021年5月17日期间，当事人沃尔玛（深圳）公司利用山姆会员商店App线上销售商品，在"我的评价"中，当用户未及时对真实交易的商品做出主动评价时，App后台会自动默认给出五星好评，并将默认五星好评自动计算在好评率里进行展示，存在对商品的用户评价作虚假的商业宣传，欺骗、误导消费者。

问题：（1）你还知道哪些电商平台的评价系统也是默认好评的？（2）你认为电商平台默认好评的做法是否属于虚假宣传？（3）默认好评和"刷单"有区别吗？

四、侵犯商业秘密行为

根据《反不正当竞争法》第9条的规定，商业秘密是指不为公众所知悉、具有商业价值并经权利人采取相应保密措施的技术信息和经营信息。商业秘密具有秘密性、非物质性、商业实用性等特征。

1. 侵犯商业秘密行为的表现形式

（1）不正当取得权利人商业秘密的行为。以盗窃、贿赂、欺诈、胁迫、电子侵入或者其他不正当手段获取权利人的商业秘密。

（2）不正当披露权利人商业秘密的行为。违反保密义务或者违反权利人有关保守商业秘密的要求，披露使用以不正当手段获取的权利人的商业秘密。

（3）不正当使用或允许他人使用权利人商业秘密的行为。违反保密义务或者违反权利人有关保守商业秘密的要求，使用或者允许他人使用其所掌握的商业秘密。

（4）第三人获取、使用或者披露权利人商业秘密的行为。教唆、引诱、帮助他人违反保密义务或者违反权利人有关保守商业秘密的要求，获取、披露、使用或者允许他人使用权利人的商业秘密。第三人明知或者应知商业秘密权利人的员工、前员工或者其他单位、个人实施侵犯商业秘密的违法行为，仍获取、披露、使用或者允许他人使用该商业秘密的，视为侵犯商业秘密。

2. 侵犯商业秘密行为的构成要件

（1）商业秘密的存在。商业秘密必须是实际存在的、具有实际应用价值的非公开信息。商业秘密可以是技术信息，也可以是商业信息。认定侵犯商业秘密行为时，应当确定权利人是否存在一项有效的商业秘密，即弄清楚该项保护的信息是否满足商业秘密的构成要件。

（2）非公开性。商业秘密应该是未公开的，只有特定的人或团体知道。如果这些信息已经被公开，那么它就不再是商业秘密。

（3）保密措施。为了保护商业秘密，相关方应采取必要的保密措施。这可能包括签订保密协议、限制信息的访问、使用密码等。认定侵犯商业秘密行为时，应当查明被控侵权人所掌握的该项秘密信息的来源。

（4）侵权行为。只有有人或实体侵犯了商业秘密，才算侵权行为。这可能是通过非法手段获取，或者是在明知或应知是商业秘密的情况下获取，并且使用或者泄露商业秘密。认定侵犯商业秘密行为时，要确认被控侵权人是否采用了不正当手段侵犯商业秘密。

（5）损害结果。侵权行为必须导致权利人的合法权益受到损害，例如经济损失或者竞争优势的丧失。

即学即练

甲公司为了方便经营管理，将与本公司有业务往来的客户名称登记造册，并附有详细的通信地址、电话及一些相关信息。该名单由专人进行保管，经主管人员批准方可使用。乙公司利用甲公司职员将此名单复制，高价买走。

问题：（1）这本客户名单属于商业秘密吗？（2）乙公司的行为是否为侵权行为？

五、不当有奖销售行为

不当有奖销售，又称不当附奖赠促销，是指经营者违反诚实信用和公平竞争的原则，利用物质、金钱或者其他经济利益引诱购买者与之交易，损害竞争对手公平竞争权的行为。

（1）不当有奖销售行为的表现形式。按照《反不正当竞争法》第10条和《关于禁止有奖销售活动中不正当竞争行为的若干规定》，不正当有奖销售的具体表现为：①欺骗性有奖销售，采用谎称有奖或者故意让内定人员中奖的欺骗方式进行有奖销售；②利用有奖销售的手段推销质次价高的商品；③所设奖的种类、兑奖条件、奖金金额或者奖品等有奖销售信息不明确，影响兑奖；④抽奖式的有奖销售，最高奖的金额超过5万元。

（2）不当有奖销售行为的构成要件。①行为主体是出售商品或提供服务的经营者；②经营者实施了法律禁止的不正当有奖销售行为；③经营者的目的在于争夺顾客，扩大市场份额，排挤竞争对手。

同步案例

深圳市某教育科技有限公司不正当有奖销售案

2021年4月23日，根据消费者的投诉举报线索，执法机关对当事人深圳市某教育科技有限公司的经营场所进行执法检查。经查，当事人于2020年5月18日至2020年9月30日开展了"打卡全额返"促销活动，并在微信公众号发布了活动规则和兑奖条件（连续打卡365天可全额退款）。后当事人存在以下增加、变更规则的行为：①2020年5月21日当事人单方面修改了《打卡活动用户协议》，增加了不利于用户兑奖的条款；②2021年3月25日当事人开始按照擅自修改的协议，设置系统程序审核用户兑奖资格，单方面将用户跨年级学习、跨学段学习、上学期间打卡、上学期间学习等情形认定为虚假提供资料骗取退款，取消用户兑奖资格。

当事人上述促销活动属于《规范促销行为暂行规定》第11条第3款规定的有奖销售行为，当事人修改规则、增设条件，影响用户兑奖的行为违反了《规范促销行为暂行规定》第13条第1款的规定；依据《规范促销行为暂行规定》第27条、《反不正当竞争法》第22条的规定，责令当事人停止违法行为，处罚款40万元。

有奖销售是经营者经常采用的促销手段，但经营者不能滥用有奖销售，必须符合相关法律规定，遵守明确的规则。经营者在进行有奖销售前，应当明确公布奖项种类、参与条件、中奖概率、兑奖条件等信息，不得变更，不得附加条件，不得影响兑奖。该案的当事人擅自改变兑奖规则，影响用户兑奖，违背了诚信原则，损害了消费者的合法权益。市场监管部门依法查处该类案件，有效规制有奖销售行为，切实维护了消费者的合法权益和公平竞争市场秩序。

六、商誉诋毁行为

商誉诋毁行为指经营者通过捏造、散布虚假事实，或以其他恶意竞争手段，贬低、诋毁竞争对手的商誉，以削弱其竞争力，由此获取不正当利益的行为。

1. 商誉及商誉权

商誉是商品生产者或经营者在其生产、流通和与此有直接联系的经济行为中逐渐形成的，反映社会对其生产、商品、销售、服务等多方面的综合评价。商誉从本质上讲是企业因经营管理有方等原因而长期形成的某种信誉，它包括商业信誉和商品声誉，是企业的一种综合优势。对消费者而言，商誉表现为对企业的"好感"；对投资者或债权人而言，商誉表现为对某个企业"超额收益能力的预期"。

商誉权与商誉密切相关，它是指商誉主体依法对其创造的商誉享有的专有权以及排除他人侵害的权利。商誉的无形财产性质，决定商誉权是一种无形财产权，属于知识产权的范畴。商誉权作为知识产权的组成部分，具有知识产权的共有特征，即无形性、专有性、地域性和时间性。

2. 网络商誉诋毁行为常见的表现形式

互联网是一个不断发展的、极具包容性的领域，不同的应用形式使得互联网的交互方式不断革新，商誉诋毁行为也随之产生了新的变化。

结合《反不正当竞争法》第11条，可将网络商誉诋毁行为总结为利用互联网开放环境，编造、传播虚假信息或者误导性信息，恶意贬低竞争对手商品声誉，损害竞争对手商业信誉，挤占竞争对手市场竞争份额，为自己谋取竞争优势地位及不当利益的行为。

（1）利用新媒体进行不实报道。由于新媒体传播的即时性和广泛性，利用新媒体进行不实报道的情况一旦发生，其损害后果相较于使用传统纸媒进行不实报道而言更加严重。

（2）经营者间恶意差评和恶意投诉。交易评价作为构建买卖双方诚信制度的基础，能影响双方在网上进行交易的信心。消费者的评论构成了经营者与商品的网络口碑，能够直接对商品的销量产生巨大影响。然而，实务中针对竞争者的商品进行"恶意差评"的事情时有发生。违法主体注册多个账号或者雇用他人，故意诋毁竞争者商誉，以降低消费者对其竞争者的信任，进而使得竞争者的销量降低。甚至有经营者虚构商品真假问题的事实，向有关部门恶意投诉、举报，导致商品被下架检查，严重的会使商家店铺账号被冻结。

（3）利用网络社交平台进行商誉诋毁。一些不法经营者通过个人社交账号伪装成消费者，以记事的口吻来诋毁某一商品。在网络信息公开的环境下，商誉诋毁信息会在网络上快速流传，导致被诋毁者的商誉在不知不觉间受到损害。更为严重的是，有的经营者借助网络职业推手、网络"水军"来进行商誉诋毁行为，再经过"大V"的转发便能够使不实消息在微博等社交媒体上蔓延。这种形式导致了商誉诋毁行为主体与责任主体的分离，并且行为主体往往与受害人的经营业务没有明显的利益关系，行为主体本身难以受到《反不正当竞争法》的规制，造成的结果就是一个实质上是商誉诋毁的行为很难进入《反不正当竞争法》的规制范围。这也是目前经营者进行网络商誉诋毁使用最多的一种手段。

 **案例讨论**

浙江省首例"反向刷单"案件

2017年8月，浙江义乌一家服饰网店发现店铺销售的一款女士内裤订单暴增，但发出的2 000单商品随后被退回1 998单。这样的异常交易行为，触发了阿里巴巴平台的反刷单风控系统。

后经核查发现，该网店的前店长钟某通过QQ雇用梁某某召集"刷手"，故意对该网店进行刷单，以达到攻击和抹黑竞争对手、让被刷单网店因"违规"而遭受平台处罚的效果。

在阿里巴巴平台的协助下，义乌警方迅速侦破此案。作为浙江省首例"反向刷单"的幕后攻击者，2018

年 5 月，义乌市人民法院经审理认为，钟某的行为构成破坏生产经营罪，判其有期徒刑 2 年零 3 个月。钟某不服提出上诉后，金华中院维持原判。

钟某被判刑后，2018 年 9 月 28 日，他和梁某又被阿里巴巴提起巨额索赔诉讼。在诉状中，阿里巴巴称二被告通过"反向刷单"行为，严重破坏平台市场竞争秩序，干扰了平台的经营秩序，请求法院判令赔偿 66 万余元，并在阿里巴巴平台向受害商家和消费者赔礼道歉。

问题：（1）"刷单"与"反向刷单"同属于违反《不正当竞争法》的行为，二者的本质区别是什么？（2）两种行为的后果有什么不同？

任务二　知晓电商不正当竞争行为的法律规制

《反不正当竞争法》第 12 条规定，经营者利用网络从事生产经营活动，不得利用技术手段，通过影响用户选择或者其他方式，实施妨碍、破坏其他经营者合法提供的网络产品或者服务正常运营的行为。

一、电商不正当竞争行为的表现形式

电商不正当竞争行为的表现形式既包括上文任务一中所讲的六种表现形式，也包括利用网络进行的不正当竞争行为的五种表现形式。

1. 刷量行为

刷量行为即利用平台评级机制，通过人工和自动化手段制造虚假流量数字、刷高流量，使用户形成对于相关商品、视频或文章等的质量、访问数量和关注度等信息的错误认知，从而获得竞争优势的不正当竞争行为。同时，刷量行为还包括利用平台的反刷单惩罚机制来减少竞争对手交易机会的"反向刷单"行为。

同步案例

虚增作弊账号活跃度与虚假刷量行为不正当竞争纠纷案

重庆某网络有限公司（被告）为北京快手科技有限公司（原告）用户提供有偿刷量服务，其通过技术手段连接到原告服务器后，模仿真实用户观看行为或通过其他方式，使得原告服务器产生了用户观看、点赞、关注等记录，从而增加了用户所投稿视频的点击量，使其获得了更高评级和关注度。

在被告实施刷量行为的过程中，原告的服务器需要反复处理为刷量提交的大量请求，并占用网络带宽传输相关数据。这一方面占用了正常用户需要使用的网络资源，影响其他用户的观看体验；另一方面使得原告需要提供更大的带宽、支出额外的流量费用以及安排更多服务器来处理这些虚假流量。

再者，被告的刷量行为还对原告系统产生误导，使得原告无法按照实际情况计算广告播放数量及其他相关数据，导致原告向广告商提供的广告服务无法正常结算，使得广告商对原告的商业评价降低，甚至使得原告丧失交易机会。综上，被告的刷量行为从多个方面对原告造成影响，对原告合法提供的网络服务正常运行产生妨碍，构成《反不正当竞争法》第 12 条第 2 款第 4 项规定的反不正当竞争行为。

2. 屏蔽广告行为

屏蔽广告行为是指电商经营者利用技术手段屏蔽其他网站或软件内的广告，使用户可以通过使用该经营者提供的软件或网站跳过其他网站或软件上的广告，直接观看所需内容的行为。

常见的广告屏蔽行为主要有两种：第一种是网络经营者研发出专门屏蔽视频播放器贴片广告的软件，用户下载安装该软件之后，可以通过该软件进入视频播放器，同时该软件自动过滤贴片广告；第二种是网络经营者运营的浏览器具有屏蔽网站广告的功能，用户可以自主选择是否过滤网站的贴片广告或弹窗广告。

同步案例

搜狗公司App屏蔽优酷视频广告不正当竞争纠纷案

搜狗公司提供了一款让用户可以选择是否屏蔽优酷视频贴片广告的App。当用户打开广告拦截功能后，通过这一App进入优酷网，视频播放过程中均无贴片广告和跳过广告按钮；当用户选择关闭广告拦截功能后，视频播放前均有数十秒的贴片广告，右上角均有跳过广告按钮。

法院审理认为，首先优酷公司的"广告+免费视频"的商业模式具有《反不正当竞争法》可保护的利益，优酷公司向用户提供播放服务，同时获得广告收益或者会员费收入作为提供服务的对价；其次，根据《反不正当竞争法》第12条第2款第4项，搜狗公司的App通过技术手段破坏了优酷视频App的正常运行，将使得优酷公司的预期商业目的落空，损害优酷公司本应获得的合法利益，破坏了正常的商业秩序，构成不正当竞争行为。

3. 流量劫持行为

流量劫持，即绑架流量，是指经营者利用技术手段进行诱导或强制，使得原本访问其他经营者网站的用户被导向别处的网络不正当竞争行为。

同步案例

诱导搜索用户弃百度用搜狗不正当竞争纠纷案

搜狗输入法设置了搜索候选词，当用户通过安卓手机自带浏览器或第三方浏览器地址栏进入百度网后，使用安卓手机端搜狗输入法软件在百度网搜索框中输入关键词的拼音字符时，搜狗输入法键盘上方会显示搜索候选词和输入候选词上下两排候选词，用户点击上排搜索候选词后，会跳转至搜狗搜索结果页面。

法院审理认为，搜狗公司通过技术手段，在用户事先选定百度搜索的情况下，利用搜狗输入法在搜索引擎使用中的工具地位，借助更贴近搜索热点的搜索候选词，使用户在不知情的情况下点击搜索候选词并进入没有明确来源标识的搜狗搜索结果页面，造成用户对搜索服务来源混淆的可能，不当争夺、减少了百度网的商业机会，破坏了手机网络搜索环境的公平竞争秩序，其行为违反了《反不正当竞争法》第12条第2款第4项的规定，构成不正当竞争行为。

4. "二选一"行为

"二选一"行为是指平台要求商户只能在自己与其他平台之间选择其一进行合作，在实践中往往表现为通过禁止平台内经营者在其他竞争性平台开店和参加促销活动等，限定平台内经营者只能与该平台进行交易的行为。"二选一"行为本质上是一种不兼容的行为，排除了其他具有竞争地位的经营者的竞争权利。《反垄断法》《反不正当竞争法》《电子商务法》中都有相关条款对电商平台的"二选一"行为进行规制。

常见的不正当"二选一"行为有两种：一种是恶意不兼容行为，《反不正当竞争法》第12条已经对该条进行了类型化规制，并且2022年发布的《反不正当竞争法司法解释》中也对恶意不兼容行为的判定有了具体的规定；另一种是电商平台强制商家在本平台和其他平台之间进行选择，限制平台内经营者参加其他平台的经营活动，若平台内经营者拒绝，则会受到搜索降权、限流、商品下架或撤店等"惩罚"。

在司法实践层面，针对大部分"二选一"行为，都是依据《反垄断法》进行诉讼，如"京东诉天猫"案，京东认为天猫滥用市场支配地位，限定商家只能与天猫进行交易，禁止其与其他平台交易，构成垄断。2023年年底经法院判决京东获赔10亿元，此前阿里巴巴已被国家市场监督管理总局罚款182.28亿元。另有一部分经营者以"二选一"行为构成不正当竞争为由提起诉讼，如"饿了么诉美团"案。

同步案例

外卖平台"二选一"不正当竞争纠纷案

2016年下半年，美团在知道自己维护的商户同时与饿了么等外卖平台合作后，强行要求餐饮商户对平台进行"二选一"，如果商家选择多平台，则对其采取调高费率、暂休服务、在经营时段屏蔽商家信息、限制流量、搜索降权甚至撤店等处罚。

法院认为，美团上述做法阻碍了商户与其竞争对手饿了么交易，排挤竞争，饿了么必然因此丧失流量和订单并遭受损失。作为网络外卖餐饮平台，其主要经营模式和业务路径系通过吸引餐饮商户与消费者进入平台达成交易，是典型的多边主体参与的网络平台，具有极强的网络效应和锁定效应。

平台的正常运营有赖于商户与消费者双边的资源储备，平台商户数量直接影响到对消费者的吸引力和平台经营利益，因此商户资源是外卖平台的核心竞争资源和经营基础。美团的不正当竞争行为直接指向商户与平台的正常合作，系对饿了么核心竞争资源的不正当剥夺和基础竞争力的破坏。因此根据《反不正当竞争法》第12条，美团的行为属于不正当竞争行为。

5. 数据抓取行为

数据抓取行为指使用网络机器人技术抓取其他网络经营者的网站数据，对其他经营者提供的产品或者服务形成实质性替代，或者增加其他经营者运营成本和危害用户数据安全性的不正当获取数据行为。

同步案例

抓取数据不正当竞争纠纷案

武汉某公司为了提高其开发的智能公交App"车来了"在中国市场的用户量及信息查询的准确度，该公司法定代表人兼总裁授意技术总监，指使公司多名员工利用网络爬虫技术大量获取竞争对手深圳市谷米科技有限公司（以下简称谷米公司）同类公交信息查询App"酷米客"的实时公交信息数据后，无偿使用于其"车来了"App，并对外提供给公众。

法院认为，鉴于"酷米客"App后台服务器存储的公交实时类信息数据具有实用性并能够为权利人带来现实或将来的经济利益，已经具备无形财产的属性。谷米公司系酷米客软件著作权人，对该软件所包含的信息数据的占有、使用、收益及处分享有合法权益。

未经谷米公司许可，任何人不得非法获取该软件的后台数据并用于经营行为。武汉的这家公司利用网络爬虫技术大量获取并且无偿使用谷米公司"酷米客"App的实时公交信息数据的行为，具有非法占用他人无形财产权益，破坏他人市场竞争优势，并为自己谋取竞争优势的主观故意，违反了诚实信用原则，扰乱了竞争秩序，构成不正当竞争行为，应当承担相应的侵权责任。

二、电商不正当竞争的构成要件

电商不正当竞争泛指经营者在电子商务中采用各种虚假、欺诈、损人利己等违法手段，损害其他经营者的合法权益，扰乱电子商务秩序的行为。依据《反不正当竞争法》的规定，不正当竞争的构成要件如图9.3所示。

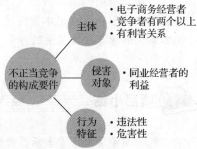

图9.3 不正当竞争的构成要件

1. 电商不正当竞争的主体应当是电子商务经营者

《反不正当竞争法》规制的不正当竞争，必须是由电子商务经营者实施的竞争行为，不包括市场上处于消费地位的民事主体；竞争者有两个以上，且行业相同或相近，在经济利益上有利害关系。

2. 电商不正当竞争所侵害的对象主要是同业经营者的利益

只有同业经营者才对市场存在争夺，任何一个经营者对市场的占领或扩大，都意味着其他同业经营者的市场相应被占领或缩小。竞争的目标在于争夺市场，争取交易机会。

3. 电商不正当竞争行为具有违法性

电子商务中不正当竞争行为违反《反不正当竞争法》的规定，既包括违反该法的原则规定，也包括违反该法列举的禁止不正当竞争行为的各种具体规定，还包括违反上述市场交易应当遵循的原则规定。

4. 电商不正当竞争行为具有危害性

这种危害性包括损害其他参与电子商务的经营者的合法权益，损害消费者的合法权益，扰乱正常的电子商务秩序和社会经济秩序等。

三、电商不正当竞争行为的法律责任

《反不正当竞争法》第17条规定，经营者违反本法规定，给他人造成损害的，应当依法承担民事责任。经营者的合法权益受到不正当竞争行为损害的，可以向人民法院提起诉讼。因不正当竞争行为受到损害的经营者的赔偿数额，按照其因被侵权所受到的实际损失确定；实际损失难以计算的，按照侵权人因侵权所获得的利益确定。赔偿数额还应当包括经营者为制止侵权行为所支付的合理开支。

情境导入2分析

问题（1）：李丽的行为违法。这种行为属于《反不正当竞争法》中的虚假宣传行为，违反了《反不正当竞争法》第8条第2款的规定。该规定实际上针对的是"刷单"的地下产业链。该款中的第一个"经营者"，一般指的是组织"刷单客"进行"刷单"的组织者、经营者；而"其他经营者"指的则是通过"刷单"获得不正当利益的站内商户经营者。

问题（2）：李丽需要承担法律责任。《反不正当竞争法》第27条规定，经营者违反本法规定，应当承担民事责任、行政责任和刑事责任，其财产不足以支付的，优先用于承担民事责任。

 项目实训

请扫描二维码阅读案例全文，并完成以下任务：①以小组为单位进行讨论；②分析违法情节；③找出本案件适用的法律规定；④预测法院的判决结果；⑤说一说本案在道德与法律层面的启示。

项目小结

在电子商务活动中，垄断行为和不正当竞争行为都具有反竞争性，是扰乱社会经济秩序的违法行为。反垄断部分重点介绍了在电子商务环境下，垄断协议的表现形式及其法律规制与法律责任。反不正当竞争部分重点介绍了如何识别和处理不正当竞争行为，以及了解不正当竞争行为在电子商务领域的新的表现形式。通过对本项目的学习，电商经营者能够增强公平竞争和维护市场经济秩序的意识。

项目测试

一、案例分析题

原告某淘宝店主营丹麦母婴用品、保健品和美妆的全球购代购业务，于 2015 年 9 月开通淘宝直播后，店铺营业额开始以每年 200% 的速度快速增长，近两年年营业额达到 500 万～600 万元，目前店铺拥有两个皇冠。该店铺关停淘宝直播前，店铺收藏人数最多达到 22 万，历史购买人数超过 5 万。

被告淘宝店铺主营丹麦母婴用品、保健品和美妆的全球购代购业务，与原告业务基本相同。2019 年 4 月 15 日被告店主擅自登入原告的淘宝直播账户，故意上传严重违规视频，导致阿里巴巴平台对原告做出了清退的处罚。

问题：（1）被告淘宝店主是否构成不正当竞争？不正当竞争的构成要件有哪些？（2）假如你是法官，请针对此案写一份判决书。

二、实操题

一公司通过数据抓取技术将源于抖音 App 的 5 万余条视频文件、1 万多份用户信息、127 条评论内容在本公司运营的"刷宝 App"发布。假如你是法官，请对此案做裁判分析。

自测题

项目十　电子商务税收与发票法律规范

学习目标

知识目标：重点掌握我国电子商务相关税种及法律规范；掌握电子发票相关知识；了解不同类型的发票违法违规行为和税收违法违规行为应承担的法律责任。

能力目标：能够判断自己的电子商务行为是否需要纳税；能依据税收法律法规判断需要交纳哪些税种；能够正确使用电子发票；能够依法纳税、合理避税。

素质目标：具有依法纳税、诚信纳税的意识；具有学法、懂法、守法和用法的意识；具有风险防范意识。

子项目一　电子商务中的税收

情境导入 1

李丽开始直播卖货

李丽经常在社交软件上分享她制作"创意十字绣"背后的小故事，包括创意的灵感、创意的意义、材料的选取、色彩的搭配、走针的技巧、成品全貌及细节展示等，随着点击率的提高，她的名气越来越大。为了让更多的人了解"创意十字绣"，提升十字绣消费者的直观体验和感受，从而提高销售额，她加入了直播行业，以个人身份在淘宝平台上直播卖货，收益可观。

随着直播事业越来越火，李丽也想尽自己的力量为家乡做一些力所能及的事。在李丽直播带货的帮助下，家乡的苹果销往了全国各地，这让李丽倍感欣慰。

李丽看到一条热搜：某"直播一姐"偷逃税被追缴、罚款 13.41 亿元，该主播通过隐匿个人收入、虚构业务转换收入性质进行虚假申报等方式偷逃税款 6.43 亿元，其他少缴税款 0.6 亿元。这条新闻对李丽的触动很大，李丽决定要好好学习相关税法知识，以预防税收法律风险。

问题：（1）李丽应以平台的名义交税还是以个人的名义交税？（2）李丽的直播行为可能涉及哪些税种？该如何交税？（3）李丽卖农产品的行为可以享受税收优惠吗？（4）"直播一姐"偷逃税的罚款是如何确定的？（5）为什么没有对"直播一姐"追究刑事责任？

任务一　知晓纳税的法定义务

一、电子商务税收的规定

《电子商务法》第 11 条规定，电子商务经营者应当依法履行纳税义务，并依法享受税收优惠。依照前条规定不需要办理市场主体登记的电子商务经营者在首次纳税义务发生后，应当依照税收征收管理法律、行政法规的规定申请办理税务登记，并如实申报纳税。

这体现了税收方面线上线下平等的原则，即使是《电子商务法》第 10 条规定的不需要办理市场主体登记的电子商务经营者，如营业额达到纳税基准，也应当办理税务登记，依法申报纳税。同时，为了鼓励电子商务行业蓬勃发展，税收方面还给予了许多优惠政策。

二、电子商务税收的特点

相较于传统贸易，电子商务有虚拟性、开放性、全球性、即时性等特点。《电子商务法》虽然明确了电子商务经营者的纳税义务和税务机关的征管职责，但并没有规定实质性的细化内容。实务中，税收征管有一定难度，这些对电子商务税收征管提出了挑战，因此电子商务税收呈现出以下特点。

（1）交易隐匿性。电子商务以互联网为载体，经营者通过一个服务器或一个网页就可进行交易活动。在交易过程中，多人使用同一账号或用虚拟账号隐藏真实身份的情况时有发生。另外依据《电子商务法》第 10 条规定，部分电子商务经营者不需要办理市场主体登记，如果此类经营者又未办理税务登记，税收征管部门无法有效识别，使得纳税主体难以确定，给税收征管带来难度。

（2）交易流动性。电子商务依托互联网进行信息传递，往往没有固定的经营场所，弱化了地域之间的边界，使传统税收收入地域之间的清晰界限变得模糊，税收管辖范围和纳税地点变得难以确定，如何有效地确定地域问题是税收制度运行的关键。

（3）数据依赖性。电子商务交易的基本特征是数字化，交易主要采用无纸化形式。交易数据大多以电子资料形式进行记录和保存，而电子交易凭证容易被加密、修改、删除且不容易留下痕迹，这导致交易数据可靠性差。另在交易完成后，有些电子商务平台并没有给予消费者申请电子发票的有效途径，使得大量业务无票可查，这些都加大了税收征管的难度，导致税收稽查不易追踪。

（4）业务模糊性。随着电子商务的发展，许多新兴的数字行业开始占据市场，使得传统贸易行为的概念正在变得模糊，从而对征税对象的确定提出了挑战。传统的贸易大多对有形商品征税，而电子商务时代无形的商品越来越多，比如数据、流量、直播行为等均产生了大量的经济利益，该定性为商品还是服务？该如何缴税？目前我国税法对此并没有明确的分类标准，实务中也没有统一结论，如何确定征税对象是税收监管需要解决的首要难题。

三、电子商务税收的原则

税收是一种资源配置方式，即分配方式。电子商务税法是税法的特别法，因此税法的原则也是电子商务税法的原则，电子商务税收的原则又因其自身特点，也有特殊之处。

（1）税收法定原则。税收法定原则是指税法主体的权利、义务必须由法律加以规定，税法的构成要素都必须且只能由法律予以明确，包括税种法定、税收要素法定、程序法定。这是税法最基础、最本质的原则，在电子商务环境下仍要固守。在这一原则基础上改革或制定与电子商务税收相关的法律、政策，为电子商务的有序发展保驾护航。

（2）税收公平原则。税收公平原则包括税收普遍性和征税平等性。税收普遍性即税法面前人人平等。征税平等性包括税收横向公平和纵向公平，主要强调税收负担要依据纳税人的负担能力分配，负担能力相同税负相同（横向公平），负担能力不同税负不同（纵向公平）。电子商务与传统贸易只是交易方式不同，在税收上应平等对待。对电子商务行为征税既可以增加国家财政收入，又可将电子商务纳入监管范围，促进电子商务健康有序发展。

（3）税收中性原则。税收中性原则是指国家征收税款使社会所付出的代价应以征税数额为限，不要干扰市场经济的有效运行。电子商务相比传统贸易有较大的优势，是未来经济发展的趋势，在税收上应给予平等对待，也就是电子商务与传统贸易在税负上应保持一致，不要对它开设新的税种和附加税。另外电子商务处于发展阶段，需要大力扶持，在税收政策上应给予优惠政策。这一原则要求相关税法的制定和实施既要防止税源的流失，又不能阻碍电子商务的发展。

（4）税收效率原则。税收效率原则包括税收经济效率原则和税收行政效率原则两方面，前者要求税法制定要有利于资源的有效配置和经济体制的有效运行，后者要求提高税收行政效率，节约税收征管成本，简单来说就是以最小的成本费用获得最大的税收收入。在电子商务交易市场中，生产者可直接免去许多中间环节，将产品或服务直接出售给消费者，这一优点使得电子商务参与者众多、税务机关工作量增大，又因单次交易金额小、次数多等特点，导致税收征管相对复杂。如果税收收入小于征税的成本费用，就不太合理，所以制定税收政策时应注重税收效率原则。

（5）税收灵活原则。税收灵活原则要求税收制度应具备灵活性。一方面要求税收政策与电子商务和科技发展水平相结合，具有前瞻性；另一方面要求税收政策必须与国际税收政策接轨，这样才能满足电子商务全球化的发展趋势，避免国际间的重复征税。

 即学即练

以下观点分别体现电子商务税收的哪项原则？

观点1：我国今后对电子商务税收立法，应当通过全国人民代表大会及其常务委员会制定相应的法律，尽早完善电子商务税收的相关法律。这体现了_____原则。

观点2：随着大数据迅猛发展，电子商务逐渐呈现经营无址化、经营虚拟化、交易无纸化、支付电子化以及无国界性等特点。近年来，税务部门不断优化税收征管方式，金税四期工程运用大数据、云计算等技术实现智慧监管，提高了监管效率，节省了征税成本。这体现了_____原则。

观点3：从我国电子商务发展的实际来看，早期我国计算机拥有率和上网率按人口平均在全球较低，急需政府大力扶持，发展初期应给予政策优惠，待条件成熟后再征税。这体现了_____原则。

观点4：各国在电子商务征税的规定上有差异，但各国普遍赞同公平竞争是市场经济发展的前提，电子商务作为市场经济的组成部分，必须履行缴纳税款的义务。这体现了_____原则。

观点5：我国应根据电子商务的发展水平来调节税率，进而调节税收收入。这体现了_____原则。

任务二 识别电子商务行为所涉税种

一、我国现行税种分类

税收是国家为了满足社会公共需要，凭借政治权力，强制、无偿地取得财政收入的一种形式。税收是我国财政收入的主要来源，我国目前的税收体系由18个税种构成，具体如表10.1所示。

表10.1 我国目前的税收体系

税种分类	税种名称	作用
商品（货物）和劳务税类	增值税、消费税、关税	主要在生产、流通或服务业中发挥调节作用
资源税和环境保护税类	资源税、环境保护税、城镇土地使用税	主要调节因开发和利用自然资源差异而形成的级差收入
所得税类	企业所得税、个人所得税、土地增值税	主要调节生产经营者的利润和个人的纯收入
特定目的的税类	城市维护建设税、车辆购置税、耕地占用税、烟叶税、船舶吨税	主要是为达到特定目的，调节特定对象和特定行为
财产和行为税类	房产税、车船税、印花税、契税	主要是对某些财产和行为发挥调节作用

 **微课堂**
增值税的征税范围

二、电子商务相关税种及其法律规范

面对电子商务的快速发展，制定合理的税收政策不仅有利于提高我国的财政收入，还有助于电子商务未来的可持续发展。下面重点介绍我国电子商务交易主要涉及税种及法律适用，如表10.2所示。关税的相关内容见项目十一"跨境电子商务法律规范"。

表 10.2　电子商务交易主要涉及税种及法律适用

税种名称	征管主体	征税范围	法律适用
增值税	税务系统（其中代征进出口环节的增值税由海关征收）	①销售或进口货物； ②提供加工、修理修配劳务； ③销售服务、无形资产或不动产	《增值税暂行条例》 《增值税暂行条例实施细则》
消费税	税务系统（其中代征进出口环节的消费税由海关征收）	①生产销售应税消费品； ②委托加工应税消费品； ③进口、零售、批发应税消费品	《消费税暂行条例》 《关于实施支持跨境电子商务零售出口有关政策的意见》
所得税	税务系统	①企业生产经营所得、其他所得、清算所得； ②九项所得	《企业所得税法》 《个人所得税法》

1. 增值税

增值税是以商品和劳务、应税行为在流转过程中产生的增值额作为征税对象而征收的一种税。增值税的纳税主体可以分为一般纳税人和小规模纳税人，划分标准如表 10.3 所示。

表 10.3　一般纳税人和小规模纳税人划分标准

经营规模	具体情况	纳税人类型
年应征增值税销售额在 500 万元及以下	一般情况	小规模纳税人
	如会计核算健全，能提供准确税务资料	可以申请成为一般纳税人
年应征增值税销售额在 500 万元以上	一般情况	应向税务机关申请办理一般纳税人登记
	非企业单位、不经常发生应税行为的单位和个体工商户	可选择按小规模纳税人纳税
	其他个人	小规模纳税人

对一般纳税人实行凭票扣税、计算扣税、核定扣税的计税方法，对小规模纳税人实行简易的计税方法和征收管理办法。目前在我国电子商务领域，除一些规模较大的平台和商家适用一般纳税人外，为鼓励电子商务的发展，大部分商家规模小、会计核算制度不健全，适用于小规模纳税人。目前我国对一般纳税人设置了 1 档基本税率（13%）和 2 档低税率（9%、6%），此外还对出口货物和财政部、国家税务总局规定的跨境应税行为实行零税率（国务院另有规定的除外），小规模纳税人除进口货物外不适用税率而适用征收率（3%、5%）。

2. 消费税

消费税是以特定消费品的流转额为计税依据而征收的一种税。消费税的纳税主体是销售特定消费品的单位和个人。

《消费税暂行条例》第 2 条规定，消费税的税目、税率，依照本条例所附的《消费税税目税率表》执行。消费税税目、税率的调整，由国务院决定。除特殊规定外，对电子商务消费税的征收同样依据此税目税率表。消费税税率随着税目的不同而变化，实行从价定率、从量定额，或者从价定率和从量定额复合计税的办法来计算应纳税额。

3. 所得税

所得税是指国家对法人、自然人和其他经济组织在一定时期内的各种所得征收的一种税。一般分为企业所得税和个人所得税。企业所得税是对我国境内的企业和其他取得收入的组织的生产经营所得和其他所得征收的一种税，企业所得税的纳税义务人是指在中国境内的企业和其他取得收入的组织（个人独资企业、合伙企业除外）。个人所得税是主要以自然人取得的各类应税所得为征税对象而征收入的一种，个人所得税的纳税人不仅涉及中国公民，也涉及在中国境内取得所得的外籍人员（包括无国籍人员）和港、澳、台同胞，还涉及个体户、个人独资企业和合伙企业的个人投资者。

对于企业所得税的税率，目前我国设置了基本税率 25% 和低税率 20%，居民企业中符合条件的小型微利企业减按 20% 税率征收；国家重点扶持的高新技术企业、经认定的技术先进型服务企业和符合条件的从事污染防治的第三方企业减按 15%税率征收。个人所得税征税范围包括九项所得：工资、薪金所得，劳务报酬所得，稿酬所得，特许权使用费所得，经营所得，利息、股息、红利所得，财产租赁所得，财产转让所得，偶然所得。个人所得税因不同所得项目有累进税率和比例税率之分。

💬 案例讨论

淘宝网某电子商务经营者为吸引流量，推出了两种营销活动：①关注店铺抽奖送好礼；②观看直播，直播间送现金红包。

问题： 举办这些活动需要关注哪些涉税问题？

任务三　知晓税收优惠政策

一、增值税优惠政策

《增值税暂行条例》第 15 条规定，下列项目免征增值税：①农业生产者销售的自产农产品；②避孕药品和用具；③古旧图书；④直接用于科学研究、科学试验和教学的进口仪器、设备；⑤外国政府、国际组织无偿援助的进口物资和设备；⑥由残疾人的组织直接进口供残疾人专用的物品；⑦销售的自己使用过的物品。除前款规定外，增值税的免税、减税项目由国务院规定。任何地区、部门均不得规定免税、减税项目。

《增值税暂行条例》第 2 条第 4 款规定，纳税人出口货物，税率为零；但是，国务院另有规定的除外。零税率不同于免税，免税是指某一环节免税，而零税率是指整体税负为零，也就是出口环节免税且退还以前纳税环节已缴纳的税款，即"出口退税"。

二、消费税优惠政策

《消费税暂行条例》第 11 条规定，对纳税人出口应税消费品，免征消费税；国务院另有规定的除外。出口应税消费品的免税办法，由国务院财政、税务主管部门规定。

应税消费品是指《消费税暂行条例》规定的在生产销售、移送、进口时应当缴纳消费税的消费品，主要包括五种类型的产品：①过度消费对人体、社会秩序、生态环境等方面造成危害的特殊消费品，如烟、酒、鞭炮及焰火、电池、涂料；②非生活必需品、奢侈品等高档消费品，如高档化妆品、贵重首饰及珠宝玉石、高尔夫球及球具、高档手表、游艇；③高能耗消费品，如摩托车、小汽车；④不可再生和不可替代的稀缺资源消费品，如成品油、木制一次性筷子、实木地板；⑤具有一定财政意义的产品，如汽车轮胎等。

三、所得税优惠政策

《企业所得税法》第 7 条规定，收入总额中的下列收入为不征税收入：①财政拨款；②依法收取并纳入财政管理的行政事业性收费、政府性基金；③国务院规定的其他不征税收入。

《企业所得税法》第26条规定，企业的下列收入为免税收入：①国债利息收入；②符合条件的居民企业之间的股息、红利等权益性投资收益；③在中国境内设立机构、场所的非居民企业从居民企业取得与该机构、场所有实际联系的股息、红利等权益性投资收益；④符合条件的非营利组织的收入。

《个人所得税法》第 4 条规定，下列各项个人所得，免征个人所得税：①省级人民政府、国务院部委和中国人民解放军军以上单位，以及外国组织、国际组织颁发的科学、教育、技术、文化、卫生、体育、环境保护等方面的奖金；②国债和国家发行的金融债券利息；③按照国家统一规定发给的补贴、津贴；④福利费、抚恤金、救济金；⑤保险赔款；⑥军人的转业费、复员费、退役金；⑦按照国家统一规定发给干部、职工的安家费、退职费、基本养老金或者退休费、离休费、离休生活补助费；⑧依照有关法律规定应予免税的各国驻华使馆、领事馆的外交代表、领事官员和其他人员的所得；⑨中国政府参加的国际公约、签订的协议中规定免税的所得；⑩国务院规定的其他免税所得。前款第 10 项免税规定，由国务院报全国人民代表大会常务委员会备案。

《个人所得税法》第 5 条规定，有下列情形之一的，可以减征个人所得税，具体幅度和期限，由省、自治区、直辖市人民政府规定，并报同级人民代表大会常务委员会备案：①残疾、孤老人员和烈属的所得；②因自然灾害遭受重大损失的。国务院可以规定其他减税情形，报全国人民代表大会常务委员会备案。

电子商务交易的营业地的不同认定将会影响所得税政策的适用，且电子商务时代，营业所得、特许权收入、劳务报酬所得、利息收入等分类模糊不清，这种所得类型模糊化又将导致新的避税行为。

任务四　知晓违反税务管理规定的法律责任

一、电子商务税收管辖权模式

税收管辖权属于国家主权在税收领域中的体现，是指各主权国家或地区基于其课税主权，行使其征税权力。税收管辖权划分原则有属地原则和属人原则（见图 10.1）。

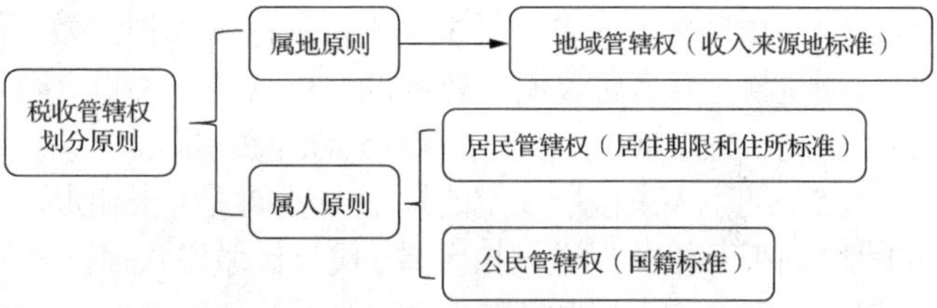

图 10.1　税收管辖权划分原则

电子商务在网络空间的虚拟性、开放性和全球性打破了税收管辖区域的界限，导致税收归属地和纳税主体认定比较困难。国与国之间的税收管辖权的冲突进一步加剧，并为一些跨国集团偷逃税款提供了便利。各国应积极采取措施，避免电子商务税收争夺愈演愈烈。

1. 坚持税收管辖权主权模式

税收管辖权根植于国家这一主体，具有国家主权的固有属性，即独立性和排他性。这就决定了其对外表现为完全独立自主、不受任何外来意志的干预。在电子商务发展中，我国坚持税收管辖权主权模式，一方面根据本国的政治、经济、社会制度制定相关的电子商务税收制度，另一方面在独立自主的基础上保障税收管辖权的平等互惠性。国家是国际社会中的一员，相关制度的制定要与国际接轨，保障税收管辖权在国际范围内平等互惠，从而建立公平有效、互惠互利的税收政策，在政治上、经济上保障国家税收利益。

2. 坚持地域税收管辖权优先模式

税收管辖权的行使必须在国家管辖权范围内进行，要求主权国家对其领土内发生的交易行为实施税收管辖。我国作为发展中国家，在电子商务全球化贸易中以产品输入为主，坚持地域税收管辖权优先模式对我国电子商务税收征管更为有利。同时在此基础上对重点行业实施一系列税收优惠或税收政策倾斜措施，可吸引更多的外来投资者，增加税收收入。

3. 合理拓展常设机构模式

常设机构的概念主要用于确定缔约国一方对缔约国另一方企业利润的征税权。各国缔结的税收协定中都会规定常设机构条款，与此同时还会商议好利润归属条款，这在一定程度上缓解了国家之间关于税收管辖权的冲突。积极合理拓展常设机构，可补充地域税收管辖权的不足。

二、违反税务管理基本规定行为的处罚

根据《税收征收管理法》第 5 章"法律责任"和《税收征收管理法实施细则》第 7 章"法律

责任"的规定,违反税务管理基本规定行为需要承担相应的行政责任。

（1）纳税人有下列行为之一的,由税务机关责令限期改正,可以处2 000元以下的罚款;情节严重的,处2 000元以上1万元以下的罚款:①未按照规定的期限申报办理税务登记、变更或者注销登记的;②未按照规定设置、保管账簿或者保管记账凭证和有关资料的;③未按照规定将财务、会计制度或者财务、会计处理办法和会计核算软件报送税务机关备查的;④未按照规定将其全部银行账号向税务机关报告的;⑤未按照规定安装、使用税控装置,或者损毁或者擅自改动税控装置的;⑥纳税人未按照规定办理税务登记证件验证或者换证手续的。

（2）纳税人不办理税务登记的,由税务机关责令限期改正;逾期不改正的,经税务机关提请,由工商行政管理机关吊销其营业执照。

（3）纳税人未按照规定使用税务登记证件,或者转借、涂改、损毁、买卖、伪造税务登记证件的,处2 000元以上1万元以下的罚款;情节严重的,处1万元以上5万元以下的罚款。

（4）扣缴义务人未按照规定设置、保管代扣代缴、代收代缴税款账簿或者保管代扣代缴、代收代缴税款记账凭证及有关资料的,由税务机关责令限期改正,可以处2 000元以下的罚款;情节严重的,处2 000元以上5 000元以下的罚款。

（5）纳税人未按照规定的期限办理纳税申报和报送纳税资料的,或者扣缴义务人未按照规定的期限向税务机关报送代扣代缴、代收代缴税款报告表和有关资料的,由税务机关责令限期改正,可以处2 000元以下的罚款;情节严重的,可以处2 000元以上1万元以下的罚款。

（6）纳税人、扣缴义务人编造虚假计税依据的,由税务机关责令限期改正,并处5万元以下的罚款。

（7）纳税人不进行纳税申报,不缴或者少缴应纳税款的,由税务机关追缴其不缴或者少缴的税款、滞纳金,并处不缴或者少缴的税款50%以上5倍以下的罚款。

（8）纳税人、扣缴义务人逃避、拒绝或者以其他方式阻挠税务机关检查的,由税务机关责令改正,可以处1万元以下的罚款;情节严重的,处1万元以上5万元以下的罚款。

知识拓展

税务行政处罚"首违不罚"事项清单

2021年3月31日,国家税务总局发布了关于《国家税务总局关于发布〈税务行政处罚"首违不罚"事项清单〉的公告》,公告规定对于首次发生下列清单中所列事项且危害后果轻微,在税务机关发现前主动改正或者在税务机关责令限期改正的期限内改正的,不予行政处罚。这明确了适用税务行政处罚"首违不罚"必须同时满足下列三个条件:一是纳税人、扣缴义务人首次发生清单中所列事项,二是危害后果轻微,三是在税务机关发现前主动改正或者在税务机关责令限期改正的期限内改正。事项清单如表10.4所示。

表10.4 事项清单

序 号	事 项
1	纳税人未按照规定将其全部银行账号向税务机关报送
2	纳税人未按照规定设置、保管账簿或者保管记账凭证和有关资料
3	纳税人未按照规定的期限办理纳税申报和报送纳税资料
4	纳税人使用税控装置开具发票,未按照规定的期限向主管税务机关报送开具发票的数据且没有违法所得
5	纳税人未按照规定取得发票,以其他凭证代替发票使用且没有违法所得
6	纳税人未按照规定缴销发票且没有违法所得
7	扣缴义务人未按照规定设置、保管代扣代缴、代收代缴税款账簿或者保管代扣代缴、代收代缴税款记账凭证及有关资料
8	扣缴义务人未按照规定的期限报送代扣代缴、代收代缴税款有关资料

序 号	事 项
9	扣缴义务人未按照《税收票证管理办法》的规定开具税收票证
10	境内机构或个人向非居民发包工程作业或劳务项目，未按照《非居民承包工程作业和提供劳务税收管理暂行办法》的规定向主管税务机关报告有关事项

三、直接妨碍税款征收行为的法律责任

根据《税收征收管理法》和《刑法》的相关规定，纳税人直接妨碍税款征收的行为主要承担的责任有行政责任和刑事责任。行政责任由税务机关对违法行为追究法律责任，刑事责任由国家司法机关对违法行为追究法律责任，具体如表 10.5 所示。

表 10.5 直接妨碍税款征收行为的法律责任

妨碍行为	行为特征	处罚规定
偷税（逃避缴纳税款）	《税收征收管理法》规定：纳税人伪造、变造、隐匿、擅自销毁账簿、记账凭证，或者在账簿上多列支出或者不列、少列收入，或者经税务机关通知申报而拒不申报或者进行虚假的纳税申报，不缴或者少缴应纳税款的，是偷税 《刑法》规定：纳税人采取欺骗、隐瞒手段进行虚假纳税申报或者不申报，逃避缴纳税款数额较大并且占应纳税额 10% 以上的，属于逃税罪	（1）对纳税人偷税的，由税务机关追缴其不缴或者少缴的税款、滞纳金，并处不缴或者少缴的税款 50% 以上 5 倍以下的罚款；构成犯罪的，依法追究刑事责任 （2）对于逃税罪，依《刑法》追究刑事责任：纳税人采取欺骗、隐瞒手段进行虚假纳税申报或者不申报，逃避缴纳税款数额较大并且占应纳税额 10% 以上的，处 3 年以下有期徒刑或者拘役，并处罚金；数额巨大并且占应纳税额 30% 以上的，处 3 年以上 7 年以下有期徒刑，并处罚金
骗税	以假报出口等欺骗手段，骗取国家出口退税款的	（1）由税务机关追缴其骗取的退税款，并处骗取税款 1 倍以上 5 倍以下的罚款；构成犯罪的，依法追究刑事责任 （2）对骗取国家出口退税款的，税务机关可以在规定期间内停止为其办理出口退税
抗税	以暴力、威胁方法拒不缴纳税款的	除由税务机关追缴其拒缴的税款、滞纳金外，依法追究刑事责任。情节轻微，未构成犯罪的，由税务机关追缴其拒缴的税款、滞纳金，并处拒缴税款 1 倍以上 5 倍以下的罚款；触及《刑法》的，处 3 年以下有期徒刑或者拘役，并处拒缴税款 1 倍以上 5 倍以下罚金；情节严重的，处 3 年以上 7 年以下有期徒刑，并处拒缴税款 1 倍以上 5 倍以下罚金
欠税	纳税人在规定期限内不缴或者少缴应纳税款（这里包括税务机关未批准延期纳税的情况），经税务机关责令限期缴纳，但纳税人逾期未缴的	税务机关责令限期缴纳，逾期未缴纳的，除采用强制执行措施追缴其不缴或者少缴的税款以外，可处不缴或少缴税款 50% 以上 5 倍以下的罚款
逃避追缴欠税	纳税人欠缴应纳税款，采取转移或者隐匿财产的手段，妨碍税务机关追缴欠缴的税款的	由税务机关追缴欠缴的税款、滞纳金，并处欠缴税款 50% 以上 5 倍以下的罚款；构成犯罪的，依法追究刑事责任

情境导入 1 分析

问题（1）： 李丽应以个人的名义交税。根据《网络直播营销管理办法（试行）》的规定，从事网络直播营销活动，属于《电子商务法》规定的"电子商务平台经营者"或"平台内经营者"定义的市场主体，应当依法履行相应的责任和义务。李丽和平台不是雇佣劳动关系，而是以个人独立身份工作的平台内经营者，那纳税主体就是李丽个人。

问题（2）： 李丽以自然人身份进行直播，可能涉及的税种有个人所得税、增值税及增值税附加税种。

根据《个人所得税法》的规定，李丽从事广告劳务取得的所得应按照"劳务报酬"缴纳个人所得税，她需关注直播平台在支付劳务报酬后，是否按规定及时为其扣缴了个人所得税，如果发现未缴的，应在规定期限内自行办理汇算清缴的纳税申报，以免产生不必要的税务风险。同时根据《增值税暂行条例》等的规定，李丽可能需要到税务机关开具发票，还须缴纳增值税及其附加税费。

问题（3）： 李丽可以享受税收优惠，根据《电子商务法》第 11 条的规定，电子商务经营者应当依法履行纳税义务，并依法享受税收优惠。李丽卖农产品的行为可以抵扣增值税进项税额。《增值税暂行条例》第

15条规定"农业生产者销售的自产农产品"免征增值税，第8条第2款第（3）项规定计算进项税额。进项税额计算公式：进项税额=买价×扣除率。《关于深化增值税改革有关政策的公告》（财政部 税务总局 海关总署公告2019年第39号）对增值税一般纳税人购进农产品扣除率进行了调整，将原适用的10%扣除率调整为9%。李丽不是农业生产者，所以不可以享受免征增值税政策，但可以按规定抵扣增值税进项税额。

问题（4）：《税收征收管理法》第63条第1款规定，对纳税人偷税的，由税务机关追缴其不缴或者少缴的税款、滞纳金，并处不缴或者少缴的税款50%以上5倍以下的罚款。国家税务总局杭州市税务局充分考虑了违法行为的事实、性质、情节和社会危害程度等因素，对"直播一姐"进行处罚。①对其主动纠错的偷逃税等违法行为依法从轻处理。"直播一姐"对其隐匿个人收入偷税行为进行自查并到税务机关提交补税申请，主动补缴税款5亿元，占查实偷逃税款的78%，并主动报告税务机关尚未掌握的涉税违法行为，具有主动减轻违法行为危害后果等情节。依据《行政处罚法》第32条的规定，按照《浙江省税务行政处罚裁量基准》，给予从轻处罚，对"直播一姐"隐匿收入偷税但主动补缴和报告的少缴税款处0.6倍罚款。②对其未能纠错的违法行为视危害程度依法严肃处理。根据《税收征收管理法》的规定，按照《浙江省税务行政处罚裁量基准》，"直播一姐"隐匿收入偷税且未主动补缴部分，性质恶劣，严重危害国家税收安全，扰乱税收征管秩序，对其予以从重处罚，处4倍罚款。③"直播一姐"虚构业务转换收入性质虚假申报偷税部分，较隐匿收入不申报行为，违法情节和危害程度相对较轻，处1倍罚款。

问题（5）：本案中"直播一姐"首次被税务机关按偷税予以行政处罚，且此前未因逃避缴纳税款受过处罚，并能在规定期限内缴清税款、滞纳金和罚款，则依法不予追究刑事责任。《刑法》第201条规定，纳税人有逃避缴纳税款行为的，经税务机关依法下达追缴通知后，补缴应纳税款，缴纳滞纳金，已受行政处罚的，不予追究刑事责任；但是，5年内因逃避缴纳税款受过刑事处罚或者被税务机关给予2次以上行政处罚的除外。

子项目二　电子商务中的发票

情境导入2

李丽凭借着专业的讲解、幽默的语言、独到的选品，使直播间的流量越来越高。为了继续拉动直播间的人气，李丽决定以十字绣专用卷绣布管子、十字绣大孔绕线板分线器、针插包、十字绣剪刀、防风夹等商品作为福利款、"宠粉"款商品来回馈老粉丝、吸引新粉丝。这些引流的商品定价很低，基本无利润。

问题：（1）对于这些引流商品，李丽需要开具电子发票吗？电子发票和纸质发票具有同等效力吗？（2）对于这些引流商品，李丽如果不开发票会产生怎样的后果？

任务一　知晓电子发票的基础知识

一、电子发票的概念与发展

电子发票采用税务局统一发放的形式给商家使用，发票号码采用全国统一编码、统一防伪技术，分配给商家，在电子发票上附有电子税务局的签名机制。电子发票和纸质发票具有同等法律效力。

我国电子发票的发展经历了漫长、多阶段试点的发展历程。2013年6月我国开出首张电子发票，这是我国电子发票推广应用的重要里程碑，电子发票试点就此启动；2015年在全国范围内推行电子普通发票,对增值税电子普通发票票样、代码、系统技术方案等做出明确规定,发票电子化工作在系统技术方面的障碍逐步解决,电子发票的推行工作进入新的阶段;2020年在全国新设立登记的纳税人中实行增值税专用发票电子化,受票范围扩展至全国;2021年建成全国统一的电子发票服务平台,24小时在线免费为纳税人提供电子发票申领、开具、交付、查验等服务,并制定出台了电子发票国家标准,电子发票形成全流程标准规范,以全面推进税收征管数字化升级和智能化改造;2021年开展全电发票试点,全电发票就是全面数字化的电子发票,全电发票推行后,系统自动赋予开票人开具额度,动态调整开票额度,不需要使用税控专用设备,也不需要办理发票税种核定,发票数字文件将自动发送到开票方和受票方的税务数字账户,真正实现全面数字化。全电发票全领域、全环节、全要素的电子化,给"以数治税"带来了更多可能。

二、发票存在的问题与改进措施

随着电子商务的普及,发票问题越来越突出,具体如下:①网店的商品定价要比实体店低,利润自然比实体店少,又因开具纸质发票需要双方确认发票信息,成本较高,电子商务经营者为了降低成本和逃避税收,故意不开发票或对要求开票的消费者另加税费;②电子商务消费者往往索取发票的意识不强,造成大量税款流失;③因电子商务平台存在"卖家不开发票将被扣分"的规则漏洞,产生了"职业发票投诉师",导致了"发票敲诈"乱象;④网购过程中经常出现假发票事件等。

如此多的市场乱象不仅造成巨额税收流失,而且给消费者维权增加了难度。这促使国家通过法律法规来规范电子商务税收,加快普及电子发票就是其中最重要的一个举措。电子发票是信息时代的产物,随着经济社会信息化、网络化发展应运而生。一方面,电子发票的实施可以促进电商企业规范经营,这对于保障电子商务经营者和消费者的利益有着积极的意义;另一方面,电子发票将纳税人的征管基本信息、申报信息、入库信息、销售信息等都结合起来,对政府监管和数据分析系统的建立也有积极的作用;再一方面,电子发票可以降低纳税人经营成本,节约社会资源,且方便保存和使用。

任务二 依法开据电子发票

一、电子发票的开具要求

电子发票分为增值税电子专用发票和普通发票。增值税电子专用发票不仅是购销双方收付款的凭证,而且可以用作购买方(增值税一般纳税人)扣除增值税的凭证,因此不仅具有商事凭证的作用,而且具备完税凭证的作用。增值税电子普通发票的格式、字体、栏次、内容与增值税电子专用发票完全一致,只是增值税电子普通发票除税法规定的经营项目外都不能抵扣进项税。具体开具要求如下。

(1)只有经济业务发生时方可开具发票,必须据实开具,未发生经济业务,一律禁止开具发票。

(2)按照增值税纳税义务的发生时间开具,开具时项目要齐全,与实际交易相符。

(3)同一张发票上可以同时开具不同税率、不同品名,如果销售货物、劳务或应税行为的内容较多,还可开具销货清单。

(4)开票前,先要进行基础设置,将客户信息如客户名称、纳税人识别号、开户银行、账号、地址和联系电话、纳税人类型、开票类型等添加进开票系统。

(5)开票时,要先根据具体项目选择商品和服务的税收分类编码,如货物、劳务、服务、无形资产、不动产、不征税项目等,再进行开票。

二、电子发票相关的法律规范体系

电子发票相关的法律规范体系如表 10.6 所示。

表 10.6　电子发票相关的法律规范体系

法律适用	相关规定	法条解读	公布日期	施行日期
《国家发展改革委办公厅关于组织开展国家电子商务示范城市电子商务试点专项的通知》	1. 网络（电子）发票应用试点 "针对纸质发票难以适应电子商务用户维权、税收征管等方面实际需要的问题，由税务总局牵头，会同财政部组织有关示范城市组织开展网络（电子）发票试点工作……"	试点城市可提出推广电子发票的要求。首批获得开展电子发票试点的城市有5个，分别是重庆、南京、杭州、深圳及青岛	2012-05-08	2012-05-08
《国务院办公厅关于促进内贸流通健康发展的若干意见》	（一）"……加快推进电子发票应用，完善电子会计凭证报销、登记入账及归档保管等配套措施……"	规范促进电子商务发展，推进电子发票应用	2014-10-24	2014-10-24
《国务院办公厅关于推进线上线下互动加快商贸流通创新发展转型升级的意见》	（十四）"加大财税支持力度……积极推广网上办税服务和电子发票应用。"	加大财税支持力度，积极推广网上办税服务和电子发票应用	2015-09-18	2015-09-18
《国务院办公厅关于推动实体零售创新转型的意见》	（十六）"……落实取消税务发票工本费政策，不得以任何理由向强制零售企业使用冠名发票、卷式发票，大力推广电子发票……"	减轻企业税费负担，大力推广电子发票	2016-11-11	2016-11-11
《国家税务总局关于进一步做好增值税电子普通发票推行工作的指导意见》	五、"……各地国税机关应严格按照……规定的发票编码规则编制增值税电子普通发票的发票代码……"	这一规定明确了增值税电子普通发票编码规则及发票赋码流程	2017-03-21	2017-03-21
《网络发票管理办法》（国家税务总局令第94号）	第15条"省以上税务机关在确保网络发票电子信息正确生成、可靠存储、查询验证、安全唯一等条件的情况下，可以试行电子发票。"	这一规定明确了"电子发票"和"网络发票"的区别，即网络发票可以形成传统纸质发票，而电子发票以电子数据形式存在，没有纸质载体	2018-06-15	2018-06-15
《电子商务法》	第14条"电子商务经营者销售商品或者提供服务应当依法出具纸质发票或者电子发票等购货凭证或者服务单据。电子发票与纸质发票具有同等法律效力。"	电子发票是有效的财务证据，任何人或机构不得否认电子发票的效力	2018-08-31	2019-01-01
《国家税务总局关于在新办纳税人中实行增值税专用发票电子化有关事项的公告》	四、"……税务机关向新办纳税人免费发放税务UKey，并依托增值税电子发票公共服务平台，为纳税人提供免费的电子专票开具服务。"	逐步在全国范围内推行增值税电子专票，并对电子专票的发票代码、编码规则、发票号码等做了相关规定	2020-12-20	2020-12-21
中共中央办公厅 国务院办公厅印发《关于进一步深化税收征管改革的意见》	（五）"……2021年建成全国统一的电子发票服务平台，24小时在线免费为纳税人提供电子发票申领、开具、交付、查验等服务……"	稳步实施发票电子化改革，全面推进税收征管数字化升级和智能化改造，降低征纳成本	2021-03-24	2021-03-24

三、违反发票管理的法律责任

根据《发票管理办法》（国务院令第 764 号）第 6 章"罚则"的规定，违反发票管理需承担以下法律责任。

（1）违反本办法的规定，有下列情形之一的，由税务机关责令改正，可以处 1 万元以下的罚款；有违法所得的予以没收：①应当开具而未开具发票，或者未按照规定的时限、顺序、栏目，全部联次一次性开具发票，或者未加盖发票专用章的；②使用税控装置开具发票，未按期向主管税务机关报送开具发票的数据的；③使用非税控电子器具开具发票，未将非税控电子器具使用的软件程序说明资料报主管税务机关备案，或者未按照规定保存、报送开具发票的数据的；④拆本使用发票的；⑤扩大发票使用范围的；⑥以其他凭证代替发票使用的；⑦跨规定区域开具发票的；⑧未按照规定缴销发票的；⑨未按照规定存放和保管发票的。

（2）跨规定的使用区域携带、邮寄、运输空白发票，以及携带、邮寄或者运输空白发票出入境的，由税务机关责令改正，可以处1万元以下的罚款；情节严重的，处1万元以上3万元以下的罚款；有违法所得的予以没收。

（3）违反本办法的规定虚开发票的，由税务机关没收违法所得；虚开金额在1万元以下的，可以并处5万元以下的罚款；虚开金额超过1万元的，并处5万元以上50万元以下的罚款；构成犯罪的，依法追究刑事责任。

（4）私自印制、伪造、变造发票，非法制造发票防伪专用品，伪造发票监制章，窃取、截留、篡改、出售、泄露发票数据的，由税务机关没收违法所得，没收、销毁作案工具和非法物品，并处1万元以上5万元以下的罚款；情节严重的，并处5万元以上50万元以下的罚款；构成犯罪的，依法追究刑事责任。

（5）有下列情形之一的，由税务机关处1万元以上5万元以下的罚款；情节严重的，处5万元以上50万元以下的罚款；有违法所得的予以没收：①转借、转让、介绍他人转让发票、发票监制章和发票防伪专用品的；②知道或者应当知道是私自印制、伪造、变造、非法取得或者废止的发票而受让、开具、存放、携带、邮寄、运输的。

💬 案例讨论

孙某、骆某开办空壳公司虚开增值税专用发票牟利案

2020年10月，国家税务总局河北省税务局决定在石家庄市开展增值税专用发票电子化试点工作。然而，这一试点工作却被不法分子视为牟利的"良机"。骆某原是石家庄市某税务所一名税管员。2020年11月，家住保定市曲阳县的孙某找到骆某，开始与其谋划通过开办空壳公司虚开增值税专用发票牟利。两人商定，由孙某负责联系公司相关业务，张某（在逃）负责联系上下游客户业务，骆某负责安排税务系统内部工作，在税务监管中提供方便。2020年12月，孙某按照事先计划，以骆某负责的业务管辖区域为经营地，注册成立了石家庄某建材公司，两人对开票内容、开票数量、办理增量、避免被监控等问题进行了沟通，并约定孙某获利后与骆某分成。孙某和他人在石家庄某建材公司没有真实交易的情况下，于2020年12月22日至23日为3家公司虚开增值税电子专用发票44份，合计金额400余万元，合计税额52万余元，非法收入28万余元；同年12月24日至25日，通过山西某机电设备公司为石家庄某建材公司虚开增值税电子专用发票42份，合计金额394万余元，合计税额51万余元，购票支付17.1万元。上述税额共计103万余元未抵扣税款。2020年12月23日，骆某接到税务系统预警信息核查任务后立即通知孙某，并于同年12月25日收取孙某非法所得5万元。随后，税务部门发现异常，立即采取措施，控制石家庄某建材公司上述进项发票不得抵扣，并将该公司定为"风险纳税人"进行限制。2021年1月，税务部门将相关线索移送公安机关。2021年9月10日，备受关注的全国首例虚开增值税电子专用发票案在赵县人民法院开庭并当庭宣判。经审理，二位被告人犯虚开增值税专用发票罪均被判处有期徒刑3年，缓刑3年零6个月，并处罚金人民币7万元。

问题：（1）什么是虚开发票行为？（2）虚开发票的风险是什么？

〰 情境导入2分析

问题（1）：买家购买商品之后，有权要求卖家提供相关的购货凭证，如发票、服务单据等。对于这些引流商品，李丽需要开具电子发票，电子发票和纸质发票具有同等效力。《电子商务法》第14条规定，电子商务经营者销售商品或者提供服务应当依法出具纸质发票或者电子发票等购货凭证或者服务单据。电子发票与纸质发票具有同等法律效力。

问题（2）：对于这些引流商品，李丽如果不开发票，买家有权对其进行投诉，届时平台将按照违背承诺的原则进行处罚。另《发票管理办法》第33条规定：应当开具而未开具发票，或者未按照规定的时限、顺序、栏目，全部联次一次性开具发票，或者未加盖发票专用章的，由税务机关责令改正，可以处1万元以下的罚款；有违法所得的予以没收。

 **项目实训**

请扫描二维码阅读案例全文，并完成以下任务：①根据资料一计算该公司 1 月份的销项税额；②根据资料二计算该公司 1 月份的进项税额；③根据资料一和资料二计算该公司 1 月应缴纳的增值税；④根据资料三回答该公司会受到什么处罚；⑤根据资料四回答税务机关可采取什么措施。

 **项目小结**

税收成本和发票管理是从事电商活动必须考虑的经济要素，同时依法纳税也是每位公民应尽的义务，逃税漏税者会受到法律的制裁。本项目的重点内容是介绍我国电子商务相关税种及相关法律规范、电子发票相关知识及违反发票管理和违反税务管理规定的法律责任。对于新创业的大学生来说，只有深刻理解税收和发票管理内容，才能在未来的工作中正确处理国家、企业、个人的经济利益关系，才能坚守法律底线、积极承担社会责任，成为依法纳税的表率，为推进社会公平做出贡献。

 **项目测试**

一、案例分析题

某化妆品公司为增值税一般纳税人，2022 年已缴纳的增值税为 200 万元，消费税为 400 万元，增值税附加税为 30 万元，企业所得税 80 万元。2023 年税务机关在税务检查中发现该公司在 2022 年的账簿中虚列费用 100 万元。（假设企业所得税税率为 25%，不考虑除企业所得税以外的其他税费）

问题：（1）该企业属于妨碍税款征收的哪种行为？（2）该企业妨碍税款征收的金额为多少？（3）该企业应受到什么处罚？

二、实操题

电子商务经营者受到行政处罚的案例层出不穷，常见电子商务行业税收风险点包括营业收入不实、虚开发票、个人账户收款、刷单行为。为避免相应的处罚，电子商务经营者需自查涉税风险，以规避不合规行为，请同学们结合以上四种电子商务行业税收风险点给出税务合规建议。

 **自测题**

项目十一　跨境电子商务法律规范

学习目标

知识目标：掌握跨境电子商务的界定标准；重点掌握跨境电子商务经营者的法定义务；掌握跨境电子商务通关及检验检疫的法律规定；掌握跨境电子商务税收征管的法律规定。

能力目标：能够预防跨境电子商务中的法律风险；能够完成跨境电商产品报关报检；能够处理跨境电子商务税务问题。

素质目标：具备从事跨境电子商务行业的法律意识、维权意识及风险管理意识，增强跨境电子商务运营的合规能力。

子项目一　跨境电子商务经营者的认定

情境导入 1

李丽在易贝出售"创意十字绣"

李丽的"创意十字绣"有着丰富的中国元素，她想肯定有许多喜欢中国文化的外国人会购买她的十字绣作品，于是便在易贝网上注册开设网店，并上传"创意十字绣"相关商品信息，不久便有不少国外买家付款购买其商品，李丽则通过跨境物流等方式及时快递商品。

问题：（1）李丽是跨境电商人吗？（2）跨境电子商务与国内电子商务在流程上有哪些不同？

任务一　识别跨境电子商务

一、跨境电子商务的界定

跨境电子商务是指分属不同关境的交易主体，通过电子商务手段（平台）达成交易，进行跨境支付结算，并通过跨境物流及异地仓储等方式送达商品、完成交易的一种国际商业活动。

需要注意的是，跨境电子商务中的"跨境"意指"跨越关境"而非"跨越国境"，关境是指适用于同一海关法或同一关税制度的地区或区域。因此，"国际贸易""国内"等传统称呼中的"国"已不能和国家直接对应，对应的是某一关境内的区域，可能是一个国家内的某个区域，也可能包括数个国家。

跨境电子商务与传统国际贸易的不同主要体现在交易方式、运作模式、订单类型等方面，如图 11.1 所示。跨境电子商务与国内电子商务的不同主要体现在流程环节上，国内电子商务中买方直接在电子商务平台上下单后，货物便可以通过物流直接到达买方，而跨境电子商务中货物还需经过报关、检疫、外汇、缴税等阶段才可到达买方，如图 11.2 所示。

图 11.1　跨境电子商务与传统国际贸易的对比

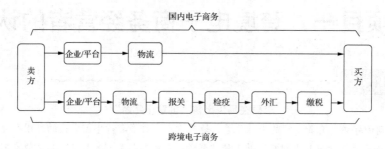

图 11.2　国内电子商务与跨境电子商务的对比

二、跨境电子商务的类型

从不同的角度区分，跨境电子商务有不同的类型。

（一）按照交易主体分类

跨境电子商务主要的交易主体分为企业商户（Business）和个人消费者（Consumer），故可将跨境电子商务分为企业对企业（B2B）跨境电子商务、企业对个人（B2C）跨境电子商务和个人对个人（C2C）跨境电子商务三种类型，其中后两者属于跨境电商零售的范畴。

1. B2B 跨境电子商务

B2B 是企业对企业的商业模式，即分属不同关境的企业与企业之间通过电子商务平台实现商品交易的各项活动，并经跨境物流完成商品从卖方运送至买方以及相关的其他活动内容的一种新型电子商务应用模式。B2B 跨境电子商务的买卖双方都是企业或者集团客户。目前，B2B 跨境电子商务的市场交易规模占跨境电子商务市场交易总规模的 80%以上，处于市场主导地位，其代表平台有中国制造网、环球资源网等。

2. B2C 跨境电子商务

B2C 是企业对个人的商业模式，即通常说的直接面向消费者销售产品和服务的商业零售模式。B2C 跨境电子商务的卖方是企业，买方为个人消费者。B2C 跨境电子商务是指分属不同关境的企业直接面对消费者个人，通过电子商务平台以零售方式将商品或服务销售给消费者的新型电子商务应用模式。目前，B2C模式在跨境电子商务市场中的占比并不大，但有不断上升的趋势，未来发展空间巨大，其代表平台有速卖通、亚马逊、兰亭集势等。

3. C2C跨境电子商务

C2C是个人对个人的商业模式，即个人与个人之间的电子商务交易。C2C跨境电子商务是指分属不同关境的个人卖方通过第三方跨境电子商务平台发布商品或服务信息，个人买方在筛选后最终通过平台达成交易、完成支付的一种新型电子商务应用模式。

（二）按照平台运营方式分类

按照平台运营方式进行分类，跨境电子商务可以分为纯平台型和自营型。

1. 纯平台型跨境电子商务

纯平台型跨境电子商务又称第三方开放平台，即通过邀请国内外商家入驻的模式来进行运营的平台。平台通过在线上搭建商城，整合物流、支付、运营等服务资源，吸引商家入驻，为其提供跨境电子商务交易服务。同时，平台以收取商家佣金以及增值服务佣金作为主要获利途径，代表平台有敦煌网、速卖通、环球资源网、亚马逊、天猫国际等。

2. 自营型跨境电子商务

自营型跨境电子商务就是在线上搭建平台，平台方整合资源，以较低的竞价采购商品、较高的售价出售商品，并以赚取商品差价作为主要获利手段的模式，其代表平台有兰亭集势、大龙网、米兰网、考拉海购、京东全球购等。

（三）按照商品流动方向分类

按照商品流动方向进行分类，跨境电子商务可以分为出口跨境电子商务和进口跨境电子商务。

1. 出口跨境电子商务

出口跨境电子商务又称出境电子商务，是指境内生产或加工的商品通过电子商务平台达成交易，通过跨境物流运往境外市场销售的一种国际商业活动，代表平台有速卖通、Wish、易贝、敦煌网、兰亭集势等。

2. 进口跨境电子商务

进口跨境电子商务又称入境电子商务，是指境外生产或加工的商品通过电子商务平台达成交易，并通过跨境物流输入境内市场销售的一种国际商业活动，代表平台有洋码头、考拉海购、天猫国际等。

微课堂
跨境电子商务零售
进口商品清单

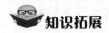 **知识拓展**

跨境电商属于国内行业主管部门的监管对象

根据《电子商务法》第2条的规定，中华人民共和国境内的电子商务活动，适用该法。关于如何界定境外商家通过电子商务平台从事生产经营活动的行为地为境内的问题，《电子商务法》并未明确规定，目前也尚未有配套的实施细则出台。但是，根据全国人大财经委电子商务法起草组对《电子商务法》的条文释义，境内的电子商务活动包括境内经营者和境外经营者两种情形。

任务二　识别跨境电子商务经营者

一、跨境电子商务经营者的界定

《电子商务法》第26条规定，电子商务经营者从事跨境电子商务，应当遵守进出口监督管理的法律、行政法规和国家有关规定。根据此规定，跨境电子商务经营者是指从事跨境电子商务经营活动的自然人、法人或者非法人组织，主要包括跨境电子商务平台经营者、跨境电子商务平台内经营者和通过自建网站、其他网络服务销售商品或提供服务的跨境电子商务经营者。

1. 跨境电子商务平台经营者

跨境电子商务平台经营者是指提供跨境电子商务贸易服务的平台，在取得合法注册登记后为交易双方（即跨境电子商务企业和消费者）开展交易活动的信息网络经营者。

2. 跨境电子商务平台内经营者

跨境电子商务平台内经营者指通过跨境电子商务平台销售商品或者提供服务的电子商务经营者。平台内经营者在开展跨境电子商务活动时，既要遵守相关的法律法规，也要遵守第三方交易平台的相关规则。

3. 通过自建网站、其他网络服务销售商品或提供服务的跨境电子商务经营者

企业自建自营电子商务网站从事跨境电子商务经营活动的，属于跨境电子商务经营者。近几年，许多经营者通过微信等软件进行跨境电子商务活动，被统称为"跨境微电商"。

二、跨境电子商务经营者的基本法定义务

1. 依法办理市场主体登记的义务

跨境电子商务经营者属于电子商务经营者的范畴，根据《电子商务法》第 10 条的规定，电子商务经营者应当依法办理市场主体登记。但是，个人销售自产农副产品、家庭手工业产品，个人利用自己的技能从事依法无须取得许可的便民劳务活动和零星小额交易活动，以及依照法律、行政法规不需要进行登记的除外。

2. 备案、通关信息申报或联网、数据共享的义务

跨境电子商务经营者应当向海关进出口商检、外汇、流通主管和行政执法部门备案，及时准确地向跨境电子商务通关服务平台传输商品信息、支付信息、物流信息和其他必要的交易信息。

3. 交易警示与协助的义务

跨境电子商务经营者应当了解跨境商品所在地和进出关的法律政策及变动情况，履行对消费者的提醒告知义务，会同跨境电子商务平台在商品订购网页或其他醒目位置向消费者提供风险告知书，消费者确认同意后方可下单购买。

4. 商品报关的义务

跨境电子商务经营者应当通过跨境电子商务通关服务平台向海关如实申报履行代缴关税义务。对于境内消费者直接从境外购买的商品，跨境物流经营者有代消费者进行通关申报、代缴关税的义务。

5. 信息保存的义务

跨境电子商务经营者应当妥善保存在平台上发布的交易及服务的全部信息，包括各自系统上生成的商品信息、交易信息、物流信息、支付信息以及日志信息等；应当采取相应的技术手段保证上述资料的完整性、准确性和安全性。

三、跨境电子商务平台经营者的特别法定义务

1. 市场主体登记、海关注册登记的义务

跨境电子商务平台经营者应当依据市场监督管理部门、海关注册登记管理相关规定，及时向所在地市场监督管理部门、海关办理注册登记；同时，跨境电子商务平台作为电子商务平台的一种，也需要办理电子商务平台资质许可。

2. 向海关提交电子数据的义务

跨境电子商务平台经营者应向海关实时传输附加电子签名的跨境电子商务零售进口交易电子数据，并对交易真实性、消费者身份真实性进行审核，承担相应责任。

3. 建立平台内管理制度的义务

建立平台内交易规则、交易安全保障、消费者权益保护、不良信息处理等管理制度。对申请入驻平台的跨境电子商务企业进行主体身份真实性审核，在网站公示主体身份信息和消费者评价、投诉信息，并向监管部门提供平台入驻商家等信息。与申请入驻平台的跨境电子商务企业签署协议，就商品质量安全主体责任、消费者权益保障以及《关于完善跨境电子商务零售进口监管有关工作的通知》其他相关要求等方面明确双方责任、权利和义务。

4. 对跨境进口商品和非跨境商品予以区分的义务

平台入驻企业中既有跨境电子商务企业，也有国内电子商务企业，平台应建立起相互独立的区块或频道为跨境电子商务企业和国内电子商务企业提供服务，或以明显标识对跨境电子商务零售进口商品和非跨境商品予以区分，避免误导消费者。

5. 协助消费者维权的义务

建立消费纠纷处理和消费维权自律制度。消费者在平台内购买商品，其合法权益受到损害时，平台须积极协助消费者维护自身合法权益，并履行先行赔付责任。

6. 建立商品质量安全风险防控机制的义务

建立商品质量安全风险防控机制，在网站醒目位置及时发布商品风险监测信息、监管部门发布的预警信息等。督促跨境电子商务企业加强质量安全风险防控，当商品发生质量安全问题时，敦促跨境电子商务企业做好商品召回、处理，并做好报告工作。对不采取主动召回处理措施的跨境电子商务企业，可采取暂停其跨境电子商务业务的处罚措施。

7. 建立防止虚假交易的风险控制体系的义务

建立防止跨境电子商务零售进口商品虚假交易及二次销售的风险控制体系，加强对短时间内同一购买人、同一支付账户、同一收货地址、同一收件电话反复大量订购，以及盗用他人身份进行订购等非正常交易行为的监控，采取相应措施予以控制。

8. 对平台内违规违法交易监管的义务

根据监管部门要求，对平台内在售商品进行有效管理，及时关闭平台内禁止以跨境电子商务零售进口形式入境商品的展示及交易页面，并将有关情况报送相关部门。

案例讨论

熊某以在"某某全球购"门店购买的境外奶粉无中文标签等内容提起诉讼

市民熊某在"某某全球购"门店购买了荷兰某品牌的奶粉，却发现所有产品包装均无中文标签，于是熊某以预包装食品没有中文标签的不得进口为由，将经营该门店的重庆某跨境电子商务有限公司（以下简称电子商务公司）告上法庭。

审理过程中，跨境电子商务交易的法律性质以及熊某和该电子商务公司在交易中的法律地位等成为法庭上辩论的焦点。法院审理查明，熊某分5次在电子商务公司所属的"某某全球购"实体店内订购了9罐荷兰某品牌的奶粉。通过电子商务公司员工的协助，熊某当场填写订单，提交姓名、居民身份证号码、住址、联系方式等个人信息并向电子商务公司支付了货款（含关税），电子商务公司也向熊某出具了购物收据。之后，电子商务公司通过互联网将订单及原告个人信息报送至海关保税区，由海关对订单确定的奶粉按熊某出境个人行李、邮递物品的名义办理通关手续和征收行邮物品税，最后由被告通过快递方式向熊某交付奶粉。熊某收到的奶粉均为境外生产时的原始外包装，无中文标签、中文说明书等内容。另查明，电子商务公司将涉案奶粉样品委托给重庆出入境检验检疫局检验，其结果符合我国相应的食品安全标准。

问题： 你认为此案中的电子商务公司是否承担《食品安全法》中销售者的法律责任？为什么？

情境导入 1 分析

问题（1）： 李丽是跨境电商人。跨境电子商务是指分属不同关境的交易主体，通过电子商务手段（平台）达成交易，进行跨境支付结算，并通过跨境物流及异地仓储等方式送达商品、完成交易的一种国际商业活动。李丽通过在易贝网上注册开设网店，向境外客户销售商品，交易主体分属不同关境；同时，李丽借助易贝网完成跨境支付结算，通过跨境物流等方式及时送达商品。因此李丽的经营行为属于跨境电子商务行为，李丽是跨境电商人。

问题（2）： 跨境电子商务与国内电子商务在交易流程上的不同体现在：国内电子商务中买方直接在电子商务平台上下单后，便可以通过物流将货物直接送达买方，而跨境电子商务中货物还需经过报关、检疫、外汇、缴税等阶段才可到达买方。

子项目二　跨境电商中的物流

情境导入 2

李丽跨境邮寄商品丢失

李丽收到很多购买"创意十字绣"的订单，并通过国际多式联运的方式将商品寄给地理位置较远的客户，但是许多天过去了，部分客户依然没有收到商品。李丽知道后，马上联系物流公司，却发现商品丢失了，这可让她犯了愁。

问题： 跨境邮寄商品丢失应由谁来担责？

任务一　知晓跨境电商物流经营者的义务

通俗地讲，跨境电商物流就是将进出境的包裹通过物流配送至买方手中的整个过程。

跨境电商物流分为三个阶段。第一段是境内段，就是物流公司从卖方仓库揽收包裹，一直到出中国海关的这一段，称作头程。第二段是两国（地区）之间的运输段，卖方的包裹是在物流公司的飞机、轮船或者火车上。第三段是包裹通过目的地海关后一直到包裹被配送到买方手上的这一段，称作尾程。

一般选择使用某一物流方式之前，一定要了解清楚其头程和尾程分别由哪家物流公司承运。

一、跨境电商物流经营者的基本义务

（1）应当提供"门到门"的一站式服务。跨境电商物流服务提供者可以接受当事人的委托，提供"门到门"的一站式服务。

（2）即使委托他方，委托方也应对货物承运承担法律责任。如果将境外物流转委托给其他人，委托方仍应对货物承运承担全部法律责任。因为委托方有义务对被委托方的资质、服务水平进行认真的调查，以避免在物流过程中发生差错。

（3）协助收货人或交易买方办理相关证明等事宜的义务。跨境电商物流服务提供者应当允许

收货人在签字收货之前查验货物，在发现货物损坏或其他意外情况时，应当及时告知发货人或前手承运人及保险公司，协助收货人或交易买方完成办理相关证明等事宜。

（4）跨境电商物流服务提供者在接受委托前应了解货物情况，告知委托人通关流程和基本规则，对于限制通关或禁止通关的货物应及时告知委托人。

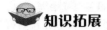 **知识拓展**

物流企业应负的运输责任

物流企业与物流需求方签订的物流合同具有委托合同的某些属性，物流企业作为受托人，要履行受托人的义务并承担受托人的责任。具体到货物运输的环节中，物流需求方作为委托人，委托物流企业为其办理运输事项，物流企业就要按物流合同约定将货物安全、准时地运送到客户手中。一般来说，物流企业对委托人负有下列义务和责任：①使用约定的运输方式运输货物，如果对运输方式未作约定，则应选择最适宜的运输方式和运输路线来进行货物运输。②保证货物运输的安全，如果给货物造成损失，应负赔偿责任；即使是由于其分合同人的过错造成的损失，也由其负责；除非货物的损失是由于不可抗力造成的。③保证货物按时送达；物流企业对由于货物迟延送达所造成的损失负赔偿责任，除非货物的迟延送达是由于不可抗力造成的。

二、国际多式联运经营者的义务

目前，中国出口跨境电商 70%采用邮政系统投递，其中中国邮政占 50%左右，其特点为时效较差但费用较低。同时，运输方式发展不平衡，国际多式联运发展滞后，难以适应跨境电商物流的多元化、个性化要求。跨境电商物流选择全程空运虽然在时效性上最佳，但运输成本较高。从降低物流成本的角度来看，全程海运是最佳的方式，但时效性很差。因此，为了适应跨境电商小批量、多批次的特点，需要进一步完善综合运输体系。

按照《联合国国际货物多式联运公约》的规定，国际多式联运是指按照多式联运合同，以至少两种不同的运输方式，由多式联运经营人将货物从一国境内接管货物的地点运到另一国境内指定交付货物的地点。

国际多式联运合同是指多式联运经营人凭以收取运费、负责完成或组织完成国际多式联运的合同。

国际多式联运发货人是指委托国际多式联运服务的货物所有者或其合法代表人。国际多式联运发货人的义务包括向国际多式联运经营人交付托运货物，并保证所提供的货物品类、标志、件数、重量和数量等事项准确无误。发货人必须赔偿国际多式联运经营人因上述各事项不准确或不当而造成的损失，并向国际多式联运经营人支付费用。

国际多式联运经营人是指其本人或通过其代表订立国际多式联运合同的主体，负有履行国际多式联运合同的责任主体。国际多式联运经营人的义务主要包括以下两项。

（1）货物的交付义务，是指国际多式联运经营人按照合同约定，将货物运输到指定地点并交付。收货人或其代表不提取货物时，国际多式联运经营人按照国际多式联运合同或按照交货地点适用的法律或特定行业惯例，将货物置于收货人支配之下，或者将货物交给根据交货地点适用的法律或规章必须向其交付的当局或其他第三方。

（2）货物的损失赔偿义务，是指国际多式联运经营人自接管货物之时起到交付货物时为止，在此期间发生的货物灭失、损坏和延迟交付所引起的损失，由国际多式联运经营人负赔偿责任。

如果国际多式联运经营人遭受的损失是发货人的过失或疏忽，或者发货人的受雇人或代理人在其受雇范围内行事时的过失或疏忽所造成的，发货人对这种损失负赔偿责任。如果损失是发货人的受雇人或代理人本身的过失或疏忽所造成的，该受雇人或代理人对这种损失负赔偿责任。

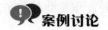 **案例讨论**

杨某某通过国际货物运输公司运输的货物丢失

江苏江南特拉华供应链管理有限公司（以下简称特拉华公司）系承办海运、陆运、空运进出口货物、国际展品、过境货物的国际运输公司。杨某某通过特拉华公司运营的网站，与特拉华公司签订了会员协议，注册成为会员。杨某某于 2017 年 6 月及 7 月，在某网站分两单购买多种护肤品，并指定该网站发送到特拉华公司在美国的芝加哥仓库，货物总价 1 554.6 美元，杨某某支付给网站全部费用。8 月 2 日，特拉华公司确认该货已收入公司仓库，杨某某要求特拉华公司将该货物运输至广东省中山市东区兴文路某住宅小区。双方确认运费（含保价费）为 1 137 美元。8 月 7 日杨某某将上述金额转入特拉华公司支付宝账户之后，特拉华公司告知杨某某运单已经通过审核，等待出库，并生成运输单号。之后，该物品于当月运输至机场并开始清关。但 8 月 31 日，特拉华公司突然通知杨某某需要缴纳人民币 1 240 元税费及代理费才能继续运输该物品，杨某某为了顺利拿到物品，支付了 1 240 元。但之后运单信息无更新，杨某某也未收到上述货物。杨某某只能提起诉讼。

法院认定杨某某与特拉华公司之间构成国际货物运输代理合同关系中的货物运输合同。因此，在发生货物灭失、损坏或者因其他原因导致仓储货物无法出库以及其他导致货物不能运输的情形时，货主杨某某有权向货代公司即特拉华公司索赔。法院判定由特拉华公司赔偿杨某某丢失货物的货款 1 554.6 美元、运费 1 137 美元以及二次缴纳的费用 1 240 元。

问题：特拉华公司应尽的义务有哪些？

任务二　知晓跨境电商物流的法律监管

《电子商务法》第 26 条规定，电子商务经营者从事跨境电子商务，应当遵守进出口监督管理的法律、行政法规和国家有关规定。跨境电商物流除了受《电子商务法》的约束外，还应当遵守其他法律法规及规定。

一、进出境商品的通关管理

进出境商品通关是指进出境商品通过设立海关的地点或虽未设立海关，但经国务院批准的准予进境或出境的地点进境或出境。进出境商品的收发货人及其代理人，需要依法向海关办理进出境手续。

1. 出口商品

跨境电子商务零售商品出口时，跨境电子商务企业或其代理人应提交"中华人民共和国海关跨境电子商务零售进出口商品申报清单"（以下简称"申报清单"），采取"清单核放、汇总申报"方式办理报关手续；跨境电子商务综合试验区内符合条件的跨境电子商务零售商品出口，可采取"清单核放、汇总统计"方式办理报关手续。

跨境电子商务零售出口商品申报前，跨境电子商务企业或其代理人、物流企业应当分别通过国际贸易"单一窗口"或跨境电子商务通关服务平台向海关传输交易、收款、物流等电子信息，并对数据的真实性承担相应法律责任。

跨境电子商务零售商品出口后，跨境电子商务企业或其代理人应于每月 15 日前（当月 15 日是法定节假日或者法定休息日的，顺延至其后的第一个工作日），将上月结关的"申报清单"依据清单表头同一收发货人、同一运输方式、同一生产销售单位、同一运抵国、同一出境关别，以及清单表体同一最终目的国、同一 10 位海关商品编码、同一币制的规则进行归并，汇总形成"中华人民共和国海关出口货物报关单"向海关申报。允许以"清单核放、汇总统计"方式办理报关手续的，不再汇总形成"中华人民共和国海关出口货物报关单"。

2．进口商品

跨境电子商务零售商品进口时，跨境电子商务企业境内代理人或其委托的报关企业应提交"申报清单"，采取"清单核放"方式办理报关手续。

跨境电子商务零售进口商品申报前，跨境电子商务企业或其境内代理人、支付企业、物流企业应当分别通过国际贸易"单一窗口"或跨境电子商务通关服务平台向海关传输交易、支付、物流等电子信息，并对数据的真实性承担相应责任。直购进口模式下，邮政企业、进出境快件运营人可以接受跨境电子商务企业或其境内代理人、支付企业的委托，在承诺承担相应法律责任的前提下，向海关传输交易、支付等电子信息。通关作业流程详见图11.3。

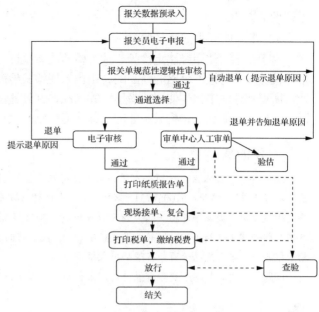

图 11.3　通关作业流程

 知识拓展

"单一窗口"报关

"单一窗口"旨在让参与国际贸易和运输的各方，通过单一的平台提交标准化的信息和单证以满足相关法律法规及管理的要求，即通过无纸化电子口岸系统，一次性将海关、检验检疫、海事、边检等部门的各种手续集中在一个平台上办理，实现"一单四报"，简化了原有申报手续，提高了企业通关效率。项目目前已经实现"三流合一"（指交易流、物流和资金流）、三单备控，三单备控主要指订单、物流单和支付单。跨境电子商务企业把数据发送到"单一窗口"以后，"单一窗口"按照标准的指量数据推送给商检和海关，所有进出口的实时状况会回传"单一窗口"。

二、进出境商品的检验检疫管理

出入境检验检疫是指海关依照法律、行政法规和国际惯例的要求，对出入境的货物、交通工具、人员等进行检验检疫、认证及签发官方检验检疫证明等监督管理工作。

根据《进出口商品检验法》和《进出口商品检验法实施条例》的相关规定，违反进出口商品检验法律规定的行为主要归纳为如下几种。

1．逃避进出口商品法定检验的行为

逃避进出口商品法定检验的行为包括以下几个方面。

（1）擅自销售、使用未报检或者未经检验的属于法定检验的进口商品，或者擅自出口未报检或者未经检验的属于法定检验的出口商品的。

（2）擅自销售、使用应当申请进口验证而未申请的进口商品的，或者擅自出口应当申请出口验证而未申请的出口商品的。

如有逃避进出口商品法定检验行为的，由商检机构没收违法所得，并处商品货值金额 5%以上 20%以下的罚款；构成犯罪的，依法追究刑事责任。

2．进出口商品假冒伪劣的行为

对于进口或者出口属于掺杂掺假、以假充真、以次充好的商品的行为，规定由商检机构责令停止进口或者出口，没收违法所得，并处货值金额 50%以上 3 倍以下的罚款；构成犯罪的，依法

追究刑事责任。

3. 进出口商品不合格的行为

对于销售、使用经法定检验、抽查检验或者验证不合格的进口商品，或者出口经法定检验、抽查检验或者验证不合格的商品的，由出入境检验检疫机构责令停止销售、使用或者出口，没收违法所得和违法销售、使用或者出口的商品，并处违法销售、使用或者出口的商品货值金额等值以上 3 倍以下的罚款；构成犯罪的，依法追究刑事责任。

 即学即练

2021 年，当事人某电子商务有限公司委托司机驾驶粤 ZB×××港货车持"内地海关及香港海关陆路进/出境载货清单"（编号：510051731××××）和出口货物报关清单，以 B2B 跨境电商直接出口监管方式向 B 海关申报出口手提袋等货物一批，经 S 口岸出境。2021 年 11 月 27 日，经 B 海关查验，发现出口已申报货物某品牌眼霜 167 箱（100 支/箱，共 16 700 支），某品牌面霜 150 箱（100 支/箱，共计 15 000 支），上述货物应报检，当事人某电子商务有限公司未报检。

问题：当事人某电子商务有限公司以上行为是否属于违反海关监管规定的行为？为什么？

 同步案例

跨境电子商务零售进口商品合法性的认定

2021 年 5 月，李某认为 A 公司承诺古驰（GUCCI）腰带为正品而向其销售了假冒的古驰品牌商品，属于欺诈，遂向法院提起诉讼，要求 A 公司按照假一赔十原则进行赔偿。李某通过 A 公司经营的跨境电商平台购买一条古驰腰带，随后，李某向某网购平台邮寄案涉腰带进行寄售，但因"鉴别为假"被该平台退回，于是李某向古驰官网客服询问该品牌授权的相关情况。经查，A 公司经营的跨境电商平台网站未公示相关授权信息。李某又向某自称能够提供奢侈品"鉴定"服务的平台申请"鉴定"，该鉴定平台通过图片对比的方式对案涉商品进行"鉴定"，结论为"此商品经在线初审结论为不通过"。

广州互联网法院认为，A 公司所提交的发票、电子邮件、物流单据、"中华人民共和国海关进口货物报关单"以及海关总署知识产权备案信息查询页面等证据与订单查询信息相符，足以证明案涉商品的来源清晰。在销售者能够通过流转记录、法律文件等对跨境商品的来源进行证明的情况下，应当认为该商品的来源清晰，属于合法销售的跨境电子商务零售进口商品，并非假冒品牌商品。原告提交的鉴别意见并非由具备相应资质的鉴定机构出具，当事人未提交证据证明上述第三方平台具有鉴定资质以及鉴定人员具备鉴定能力，相关鉴别意见或者"鉴定报告"缺乏中立性、客观性、权威性，不足以证明案涉商品为假冒的古驰品牌商品；或者"鉴定报告"不足以证明案涉商品为假冒商品。同时，在 A 公司已经举证证明案涉商品属于来源合法正当的古驰品牌商品的情况下，提交的通过实物或者图片对比的方式对案涉商品进行"鉴别"或者"鉴定"的结论不足以否定 A 公司举证证明的关于商品来源的事实。故李某提交的第三方平台的相关鉴别意见或者"鉴定报告"不足以证明案涉商品为假冒商品。最终，法院不予支持李某诉求，李某败诉。

案件中，法院根据跨境电商平台提供的境外购买流程和相关凭证、进口货物报关单、知识产权备案信息等证明案涉商品具有合法来源的证据，认定案涉商品来源合法，肯定了跨境电子商务零售进口商品的合法性。该案对规范跨境电商行为具有重要意义，也提示电子商务经营者应按照《电子商务法》第 26 条的规定，遵守进出口监督管理的法律、行政法规和国家有关规定，确保产品的合法性和可追溯性。

情境导入 2 分析

跨境邮寄商品丢失由物流公司负责。根据《联合国国际货物多式联运公约》的规定，多式联运经营人对于货物的责任期间自其接管货物之时起到交付货物时为止。在此期间发生的货物灭失、损坏和延迟交付所引起的损失，多式联运经营人负赔偿责任。因此，邮寄商品丢失由物流公司负责。

子项目三　跨境电商中的税收

情境导入 3

李丽想了解跨境电商的退税政策

李丽在易贝网上的网店经营得还不错，她听说近年来不少跨境电商企业满足出口退税条件，可以享受国家提供的税收红利政策，以此降低跨境电商企业出口成本，帮助企业降本增效。她想了解跨境电商的退税政策……

问题：李丽的网店是否满足出口退税的条件？

任务一　知晓跨境电商税收的基础知识

一、跨境电商税收征管部门

目前，对我国跨境电商实施税收征管的部门主要有税务部门和海关部门。两部门负责的事项不同。税务部门主要负责跨境电商企业的日常纳税申报，包括企业所得税、增值税等税款的征收，此外还负责跨境电商的出口退税工作；海关部门主要负责商品的进出口监管工作，还负责关税的征收以及进口环节增值税、消费税的代征工作。

二、我国跨境电商税收政策规范

近年来全球经济持续低迷，跨境电商业务却呈现相反趋势，成为全球贸易发展的新亮点。依据海关总署发布的数据：2023 年，我国进出口总值 41.76 万亿元，比上年同期（下同）增长 0.2%。其中，跨境电商进出口 2.38 万亿元，增长 15.6%（其中，出口 1.83 万亿元，增长 19.6%；进口 5 483 亿元，增长 3.9%）。数据表明我国外贸企业积极拓展国外市场、加强技术创新、不断提升自身实力，更凸显了我国为鼓励跨境电商蓬勃发展，制定的系列政策落地见效。税收政策对跨境电商的发展尤为重要。

2013 年 8 月至 2022 年 8 月，我国有关部门已颁布 82 项政策来规范和支持跨境电商发展，其中与税收直接相关的政策有 37 项，主要政策如表 11.1 所示。

表 11.1　我国跨境电商主要税收政策

制定机关	政策名称	公布日期	施行日期
财政部、国家税务总局	《关于跨境电子商务零售出口税收政策的通知》	2013-12-30	2014-01-01
财政部、海关总署、国家税务总局	《关于跨境电子商务零售进口税收政策的通知》	2016-03-24	2016-04-08
财政部、国家税务总局、商务部、海关总署	《关于跨境电子商务综合试验区零售出口货物税收政策的通知》	2018-09-28	2018-10-01
财政部、海关总署、国家税务总局	《关于完善跨境电子商务零售进口税收政策的通知》	2018-11-29	2019-01-01
国家税务总局	《关于跨境电子商务综合试验区零售出口企业所得税核定征收有关问题的公告》	2019-10-26	2020-01-01
国家税务总局	《国际运输船舶增值税退税管理办法》	2020-12-02	2021-01-01
财政部　国家税务总局	《关于进一步加大增值税期末留抵退税政策实施力度的公告》	2022-03-21	2022-04-01
国家税务总局等十部门	《关于进一步加大出口退税支持力度 促进外贸平稳发展的通知》	2022-04-20	2022-04-20

任务二　知晓跨境电商进口业务的税收政策

跨境电商进口业务中，主要涉及关税的征收问题。关税是以进出关境的货物或物品的流转额为计税依据而征收的一种商品税。关税主要可以分为进口关税、出口关税以及（某些情况下的）过境关税。

征收进口关税会增加进口货物的成本，可以适当保护国内产业和抵御外来竞争，因此，我国对大部分的商品征收进口关税。而征收出口关税会增加货物的出口成本，降低货物在国外市场的竞争力。因此，各国相继取消出口关税，目前我国只对少数商品征收出口关税。因此，我们通常所称的关税主要指进口关税。

1. 纳税主体

关税的纳税主体是在进出口或过境贸易中依法负有缴纳关税义务的单位和个人。根据《进出口关税条例》第5条的规定，进口货物的收货人、出口货物的发货人、进境物品的所有人，是关税的纳税义务人。

2016年财政部、海关总署和国家税务总局共同发布的《关于跨境电子商务零售进口税收政策的通知》第1条明确了跨境电商领域的征收模式，即由消费者纳税，商户、电子商务交易平台或物流企业代收代缴。

跨境电子商务零售进口商品按照货物征收关税和进口环节增值税、消费税，购买跨境电子商务零售进口商品的个人作为纳税义务人，实际交易价格（包括货物零售价格、运费和保险费）作为完税价格，电子商务企业、电子商务交易平台企业或物流企业可作为代收代缴义务人。

这里提到的三种税（关税和进口环节增值税、消费税），均应由实际通过跨境电商购买商品的消费者承担，但出于方便征管的考虑，由电子商务企业、电子商务交易平台企业或物流企业代收代缴。实践中，电子商务交易平台企业会在订单付款结算界面显示税费，换言之，税费的代收代缴一般是由电子商务交易平台企业负责的。

微课堂
进口关税的税率

2. 征收范围

我国关税的征税范围包括准许进出我国关境的各类货物和物品。但是跨境电子商务带来的交易模式的改变，使传统国际贸易中的税收征收方式受到冲击。传统国际贸易流程中主要包含单证、物流、资金等三种要素的流动，其中单证主要指贸易双方使用的各种文件、文书、单据和结算的凭证，交易者凭借单证来处理国际货物的交付、运输、保险、商检、报关、结汇业务。单证流是履行国际贸易合同的重要手段，但是跨境电子商务流程中完全实现了无纸化，不存在传统贸易中的单证流，跨境电子商务业务流程主要包含信息流、物流和资金流。在跨境电子商务中，信息流占主导地位，传统关税征管主要依靠对单证的核算和检查，而电子商务交易主要依靠电子数据和信息，因此给传统税收的征收和监管带来了直接挑战。

为解决上述问题，结合跨境电子商务的实践经验，《关于跨境电子商务零售进口税收政策的通知》将包含运费和保险费的实际交易价格作为完税价格，规定了跨境电子商务进口税收优惠政策及其适用的商品范围。具体而言，享受该跨境电子商务零售进口税收优惠的商品是包含在"跨境电子商务零售进口商品清单"内，并能够通过与海关联网的电商平台或快递、邮政企业，提供交易、支付、物流等电子信息的进口商品。而不属于跨境电子商务零售进口的个人物品以及无法提供交易、支付、物流等电子信息的跨境电子商务零售进口商品，按现行规定执行，不能享受跨境电子商务零售进口税收的优惠。同时，要通过以电子数据和信息代替传统进口交易中的各类"单证"，进行税收征管。

3. 税率

传统上，我国关税实行差别比例税率，将同一税目的货物分为进口税率和出口税率。本任务主要介绍进口税率。目前，进口关税设置最惠国税率、协定税率、特惠税率、普通税率、关税配额税率等税率。对进口货物在一定期限内可以实行暂定税率。进口关税的不同税率种类中，一般认为最惠国税率是最低的，后面的各类税率逐渐提高。而暂定税率可能比最惠国税率还要低，是指调整之后在一定期限内暂时执行的关税税率。

4. 税收优惠

关税的减免分为法定减免、特定减免、暂时减免和临时减免。

法定减免是指依据《海关法》和《进出口关税条例》明确规定的下列免征关税进出口货物：①关税税额在人民币50元以下的一票货物；②无商业价值的广告品和货样；③外国政府、国际组织无偿赠送的物资；④在海关放行前损失的货物；⑤进出境运输工具装载的途中必需的燃料、物料和饮食用品。在海关放行前遭受损坏的货物，可以根据海关认定的受损程度减征关税。法律规定的其他免征或者减征关税的货物，海关可根据规定予以免征或者减征。

特定减免是指在法定减免之外，国家按国际通行规定和我国实际情况，制定发布的特定或政策性减免税。可进行特定减免的货物包括科教用品、残疾人专用品、慈善捐赠物资、重大技术装备。

暂时免税是指《进出口关税条例》规定的暂时进境或者暂时出境的下列货物，在进境或者出境时纳税义务人向海关缴纳相当于应纳税款的保证金或者提供其他担保的，可以暂不缴纳关税，并应当自进境或者出境之日起6个月内复运出境或者复运进境；需要延长复运出境或者复运进境期限的，纳税义务人应当根据海关总署的规定向海关办理延期手续。涉及的货物主要有：①在展览会、交易会、会议及类似活动中展示或者使用的货物；②文化、体育交流活动中使用的表演、比赛用品；③进行新闻报道或者摄制电影、电视节目使用的仪器、设备及用品；④开展科研、教学、医疗活动使用的仪器、设备及用品；⑤在本款第①项至第④项所列活动中使用的交通工具及特种车辆；⑥货样；⑦供安装、调试、检测设备时使用的仪器、工具；⑧盛装货物的容器；⑨其他用于非商业目的的货物。第1款所列暂时进境货物在规定的期限内未复运出境的，或者暂时出境货物在规定的期限内未复运进境的，海关应当依法征收关税。第1款所列可以暂时免征关税范围以外的其他暂时进境货物，应当按照该货物的完税价格和其在境内滞留时间与折旧时间的比例计算征收进口关税。具体办法由海关总署规定。

临时减免是指除以上减免税以外，由国务院运用"一案一批"原则，针对某种特殊情况，给予特别照顾，临时给予的减免。如财政部、海关总署、国家税务总局《关于跨境电子商务零售进口税收政策的通知》规定："跨境电子商务零售进口商品的单次交易限值为人民币2 000元，个人年度交易限值为人民币20 000元。在限值以内进口的跨境电子商务零售进口商品，关税税率暂设为0%；进口环节增值税、消费税取消免征税额，暂按法定应纳税额的70%征收。超过单次限值、累加后超过个人年度限值的单次交易，以及完税价格超过2 000元限值的单个不可分割商品，均按照一般贸易方式全额征税。" 2018年发布的《关于完善跨境电子商务零售进口税收政策的通知》进一步调整前述交易限值："将跨境电子商务零售进口商品的单次交易限值由人民币2 000元提高至5 000元，年度交易限值由人民币20 000元提高至26 000元。完税价格超过5 000元单次交易限值但低于26 000元年度交易限值，且订单下仅一件商品时，可以自跨境电商零售渠道进口，按照货物税率全额征收关税和进口环节增值税、消费税，交易额计入年度交易总额，但年度交易总额超过年度交易限值的，应按一般贸易管理。" 同一般商品进口关税相比，可以看出跨境电子商务零售进口商品的税率更低。这是国家为了鼓励跨境电子商务发展，在关税、消费税和增值税上设置的税收优惠。

**即学即练**

以下个人跨境电子商务零售进口商品，是否可以享受关税零税率，进口环节增值税、消费税暂按法定应纳税额的70%征收，请在满足以上政策的交易行为后面画√，不满足以上政策的交易行为后面画×。

交易行为1：单次交易值为人民币1 500元，年度累计值为人民币2万元。（　　　）

交易行为2：单次交易值为人民币9 000元，年度累计值为人民币2万元，且订单下仅一件商品。（　　　）

交易行为3：单次交易值为人民币7 000元，年度累计值为人民币3万元。（　　　）

交易行为4：首次交易值为人民币5 000元。（　　　）

交易行为5：单次交易值为人民币4 000元，年度累计值为人民币22 000元。（　　　）

任务三　知晓跨境电商出口业务的税收政策

跨境电商出口业务的税收政策主要为跨境电商出口退免税政策。出口退税是指对出口货物退还其在国内生产和流通环节实际缴纳的增值税、消费税。设立出口货物退税制度的目的，是使出口货物以不含税价格进入国际市场，增强其在国际市场上的竞争能力，并避免对跨国流动物品重复征税，促进对外出口贸易发展。对出口产品实行退税是国际通行做法，符合世界贸易组织规则。

我国跨境电商零售出口政策主要有《关于跨境电子商务零售出口税收政策的通知》《关于跨境电子商务综合试验区零售出口货物税收政策的通知》《关于跨境电子商务综合试验区零售出口企业所得税核定征收有关问题的公告》，分别从一般（全国范围内适用）到个别（综合试验区适用）进行了规定，具体如表11.2和表11.3所示。

表11.2　有关跨境电商零售出口的一般税收规定

区　别	增值税、消费税退（免）税政策（需要同时符合下列条件）	增值税、消费税免税政策（需要同时符合下列条件）	申报规定	主体规定	其他规定
电子商务出口企业	属于增值税一般纳税人并已向主管税务机关办理出口退（免）税资格认定	已办理税务登记	由电子商务出口企业按现行规定办理退（免）税、免税申报	电子商务出口企业是指自建跨境电子商务销售平台的电子商务出口企业和利用第三方跨境电子商务平台开展电子商务出口的企业	为电子商务出口企业提供交易服务的跨境电子商务第三方平台，不适用本通知
出口货物	①取得海关出口货物报关单（出口退税专用），且与海关出口货物报关单电子信息一致；②在退（免）税申报期截止之日内收汇	取得海关签发的出口货物报关单			
进货凭证	电子商务出口企业属于外贸企业的，购进出口货物取得相应的增值税专用发票、消费税专用缴款书（分割单）或海关进口增值税、消费税专用缴款书，且上述凭证有关内容与出口货物报关单（出口退税专用）有关内容相匹配	购进出口货物取得合法有效的进货凭证			

表11.3　有关跨境电商综合试验区零售出口的税收规定

区　别	增值税、消费税免税政策（需要同时符合下列条件）	试行核定征收企业所得税办法（需要同时符合下列条件）	核定征收企业所得税税率	主体规定	其他规定
电子商务出口企业	企业在综试区注册，并在注册地跨境电子商务线上综合服务平台登记出口日期、货物名称、计量单位、数量、单价、金额	在综试区注册，并在注册地跨境电子商务线上综合服务平台登记出口货物日期、名称、计量单位、数量、单价、金额的	统一按照4%确定	①综试区是指经国务院批准建立的跨境电子商务综合试验区。②电子商务出口企业是指自建跨境电子商务销售平台的企业和利用第三方跨境电子商务平台开展电子商务出口的企业	综试区内实行核定征收的跨境电子商务企业符合小型微利企业优惠政策条件的，可享受小型微利企业所得税优惠政策；其取得的收入属于《企业所得税法》第26条规定的免税收入的，可享受免税收入优惠政策
出口货物	①通过综试区所在地海关办理电子商务出口申报手续；②不属于财政部和国家税务总局根据国务院决定明确取消出口退（免）税的货物	通过综试区所在地海关办理电子商务出口申报手续的			
进货凭证	未取得有效进货凭证	出口货物未取得有效进货凭证，其增值税、消费税享受免税政策的			

知识拓展

什么是小规模纳税人？

根据《增值税暂行条例》及《增值税暂行条例实施细则》的规定，小规模纳税人的认定标准为以下几种情况。

（1）从事货物生产或者提供应税劳务的纳税人，以及以从事货物生产或者提供应税劳务为主，并兼营货物批发或者零售的纳税人，年应征增值税销售额（以下简称应税销售额）在 50 万元以下（含本数，下同）的；"以从事货物生产或者提供应税劳务为主"，是指纳税人的年货物生产或者提供应税劳务的销售额占年应税销售额的比重在 50%以上。

（2）对上述规定以外的纳税人，年应税销售额在 80 万元以下的。

（3）年应税销售额超过小规模纳税人标准的其他个人按小规模纳税人纳税。

（4）非企业性单位、不经常发生应税行为的企业可选择按小规模纳税人纳税。

小规模纳税人没有出口退税请求权。退税是针对生产性企业或者外贸企业的，退还的是原来缴纳的增值税进项税。小规模纳税人自营和委托出口的货物，一律免征增值税、消费税，其进项税额不予抵扣或退税。说明不能办理出口退税，而是享受免税政策。

同步案例

9人被判刑！利用跨境电商走私进口境外货物，涉嫌偷逃税款近5 000万元

（人民资讯网 2021-06-18）2019 年 6 月 14 日凌晨，南宁海关缉私局组织精干警力在重庆、浙江温州、广东东莞及梅州、广西南宁等地开展集中抓捕行动，打掉两个涉嫌利用跨境电商交易平台走私进口境外货物的犯罪团伙，案值约 2.64 亿元，涉嫌偷逃税款 4 922 万元。

据民警介绍，2017 年 5 月至 2019 年 6 月，犯罪团伙组织人员在境外揽收普通货物或者快件后，将货物信息发至国内，由其他团伙成员在国内电商平台虚构订单并制作虚假单证，利用跨境电商零售进口渠道，通过伪报贸易性质、伪报货物品名、低报申报价格等方式，从南宁综合保税区、凭祥综合保税区走私进口大量产自境外的服装、箱包、食品、保健品、化妆品、电子产品等高价值商品，偷逃应缴税款，牟取巨额非法利益。

崇左市中级人民法院对此次跨境电商走私案件做出一审宣判，对 9 名被告人判处有期徒刑，其中 5 人被判处 10 年以上有期徒刑，并处 1 800 万元至 4 000 万元不等罚金，该案总罚金超过 1 亿元。

情境导入 3 分析

李丽的网店不满足出口退税的条件。李丽的网店属于小规模纳税人，小规模纳税人自营和委托出口的货物，一律免征增值税、消费税，其进项税额不予抵扣或退税。

项目实训

请扫描二维码阅读案例全文，并完成以下任务：①分析跨境电商经营者要面临的各类型风险及特点；②针对不同风险类型提出对策；③完成不少于 1 000 字的报告。

 项目小结

　　跨境电商对电商人来说，既是"机遇"又是"挑战"。跨境电商带来了广阔的市场空间以及更丰厚的利润空间，然而跨境电商也伴随着诸多风险，特别是不同国家和地区的政策法规存在差异，涉及跨境电商的贸易、国际物流、税收政策等方面的规定都可能对跨境电商经营产生影响。跨境电商经营者需要了解并遵守各国的相关法规，以避免因政策、法规问题而导致经营风险。本项目主要介绍了跨境电商经营者的界定标准及其法定义务，跨境电商物流、检验检疫及税收征管等相关法律规定。大学生创业者在跨境电商活动中应充分了解和掌握相关法律法规，增强风险防范意识，确保跨境电商活动的顺利开展。

 项目测试

一、案例分析题

　　今年，原告王某在某跨境电商平台下单购买化妆品，已支付运费。跨境电商平台与某运输公司签订运输协议，约定将商品运送给王某。在国内运输途中，运输车辆发生交通事故，造成货物损失。王某认为运输公司需要为货物损失承担责任，故诉至法院，要求运输公司赔偿。

　　问题： 原告王某的诉讼请求能得到法院的支持吗？为什么？

二、思考题

　　在经济全球化的今天，跨境电商已经成为许多企业拓展市场和增加盈利的重要方式。然而，由于不同国家和地区之间税收政策的差异和复杂性，跨境电商涉及的税收问题也逐渐凸显出来。请查找相关资料，思考跨境电商的税收筹划方法有哪些。

自测题

项目十二　解决电子商务纠纷的法律规范

学习目标

知识目标：了解商品或服务质量担保机制、消费者权益保证金机制、先行赔偿责任机制、投诉举报机制、争议在线解决机制五种纠纷新型解决机制；了解协商和解、调解、投诉、仲裁、诉讼五种纠纷传统解决机制；了解跨境电商纠纷解决机制。

能力目标：能够依法解决电子商务法律纠纷；能够选择有管辖权的法院起诉。

素质目标：具有学法用法的意识；具有依法维权的意识。

子项目一　境内电子商务纠纷的解决

情境导入 1

李丽与淘宝店铺"蒙娜丽莎专业回收"发生纠纷

近期，李丽淘宝店的"创意十字绣"生意较为冷清。当她看到淘宝上有商家称"1万元高价回收十字绣"时，便毫不犹豫下单了。然而，李丽辛苦绣好十字绣后，却发现这十字绣没人要了。在跟商家多次协商无果后，李丽便向淘宝平台投诉了当初要购买十字绣的店铺"蒙娜丽莎专业回收"。关于李丽提出的淘宝商家涉嫌欺骗消费者的情况，淘宝客服表示，他们需要再次和商家进行联系。李丽觉得，她在淘宝平台购物出现了问题，淘宝平台有责任予以解决，甚至是先行赔付。如果不这样的话，她会共同起诉淘宝平台和商家。

问题：（1）李丽能让淘宝平台先行赔付吗？（2）除了诉讼，你还知道哪些纠纷解决途径？

任务一　知晓电商纠纷新型解决机制

目前，我国主要的电子商务平台均已发展出自己的纠纷解决机制，消费者可以通过这些平台内部的解决机制解决纠纷，其中包括商品或服务质量担保机制、消费者权益保证金机制、先行赔偿责任机制、投诉举报机制、争议在线解决机制等。这些机制在公平、公正、快速处理和解决电子商务争议和纠纷方面发挥着重要的作用。

一、商品或服务质量担保机制

电子商务平台经营者在电子商务活动中为交易双方或者多方提供网络经营场所、交易撮合、信息发布等服务。《电子商务法》第58条第1款规定，国家鼓励电子商务平台经营者建立有利于电子商务发展和消费者权益保护的商品、服务质量担保机制。商品或服务质量担保机制在电子商务交易中体现如下。

（1）电子商务平台内经营者作为具体的商品销售者或服务提供者，应当采取措施保持销售产品的质量，不得销售国家明令淘汰并停止销售的产品和失效、变质的产品，不得伪造产地，不得伪造或者冒用他人的厂名、厂址，不得伪造或者冒用认证标志等质量标志，不得掺杂、掺假，不得以假充真、以次充好，不得以不合格产品冒充合格产品。

（2）《消费者权益保护法》第23条规定，经营者应当保证在正常使用商品或者接受服务的情况下其提供的商品或者服务应当具有的质量、性能、用途和有效期限。

（3）质量担保机制的保证人并不限于电子商务平台经营者，也可以由电子商务平台内经营者或者保险公司、担保公司等第三方机构中的一方单独做出或者多方共同做出担保。保证人做出的担保应符合或者高于法定或者交易合同约定的标准。

二、消费者权益保证金机制

《电子商务法》第58条第2款规定，电子商务平台经营者与平台内经营者协议设立消费者权益保证金的，双方应当就消费者权益保证金的提取数额、管理、使用和退还办法等做出明确约定。消费者权益保证金是电子商务平台经营者与平台内经营者之间达成协议，缴纳的用于保障消费者合法权益的专用款项。以淘宝的一般经营种类为例，消费者权益保证金是1 000元；"有赞"规定入驻商户需缴存5 000元保证金，具体数额应考虑多方面的因素确定，尤其是经营种类。

对于平台内经营者缴纳的保证金，电子商务平台经营者应当尽到安全保管义务。电子商务平台经营者应当将消费者权益保证金与企业自有资金分开存管，并制定合理措施和制度保证其能够被专款专用。消费者权益保证金主要用于两种情况：一是因平台内经营者违反合同约定，经电子商务平台经营者查证属实，需向消费者承担违约责任的；二是因平台内经营者销售商品或者提供服务侵害消费者的人身或财产权益，经电子商务平台经营者查证属实，需承担侵权责任的。消费者权益保证金应当用于对消费者权益的保障，不得挪作他用，使用情况应当定期公开。

三、先行赔偿责任机制

《电子商务法》第58条第3款规定，消费者要求电子商务平台经营者承担先行赔偿责任以及电子商务平台经营者赔偿后向平台内经营者的追偿，适用《消费者权益保护法》的有关规定。《消费者权益保护法》第44条第1款规定，消费者通过网络交易平台购买商品或者接受服务，其合法权益受到损害的，可以向销售者或者服务者要求赔偿。网络交易平台提供者不能提供销售者或者服务者的真实名称、地址和有效联系方式的，消费者也可以向网络交易平台提供者要求赔偿；网络交易平台提供者做出更有利于消费者的承诺的，应当履行承诺。网络交易平台提供者赔偿后，有权向销售者或者服务者追偿。因此，消费者向经营者维权时，有权要求电子商务平台经营者提供平台内经营者的真实名称、地址和有效联系方式，电子商务平台经营者若不能提供，则应对消费者承担先行赔偿责任，这是其法定义务。

电子商务平台经营者不能提供相关真实信息分为两种情况：一是电子商务平台经营者对平台内经营者未尽审核义务，因此未掌握相关真实信息；二是电子商务平台经营者明知平台内经营者的信息而故意不提供。不论属于这两种情况中的哪一种，都属于电子商务平台经营者不履行法定义务的情形，应当由电子商务平台经营者承担先行赔偿责任。

部分电子商务平台经营者为提高自身信誉，更好地维护消费者的权益，会做出比法律规定更有利于消费者的承诺。在此种情况下，电子商务平台经营者应当履行承诺。需要指出的是，电子商务平台经营者做出的附限定条件的承诺，其限定条件必须优于法定标准。若电子商务平台经营者不履行自己的承诺，则消费者同样可以直接以电子商务平台经营者为被告向人民法院起诉维权。

四、投诉举报机制

《电子商务法》第59条规定，电子商务经营者应当建立便捷、有效的投诉、举报机制，公开投诉、举报方式等信息，及时受理并处理投诉、举报。电子商务经营者直接接受投诉举报机制是一项新的法律制度。在以往的法律、行政法规中，消费者可以向消费者协会或者有关行政部门投诉，并未规定消费者可以直接向电子商务经营者投诉。

投诉举报机制一方面促进了电子商务经营者及时从用户处了解发生争议的信息，及时通过协商化解电子商务争议；另一方面充分考虑到电子商务平台经营者在解决平台内经营者与用户之间争议的地位和能力，发挥电子商务平台经营者解决电子商务争议的作用，提高争议解决效率，降低争议解决成本。电子商务争议如能通过投诉、举报解决，则无须诉诸法律，这符合争议解决的便利化原则。

用户（包括消费者）投诉电子商务经营者的，不论是对经营者销售的商品或者提供的服务质量不满，还是在付款、收货、信息保护等方面有其他纠纷，本质上都属于民事纠纷，电子商务经营者可以通过协商谈判等方式处理，以此避免与预防进入正式的争议解决程序。电子商务经营者认为无法通过内部程序处理投诉的，应及时告知投诉人可以根据《电子商务法》第 60 条的规定，选择任一争议解决方式。

用户、知识产权人或者其他公众提出举报的，则表明有涉嫌违法犯罪情况发生，包括电子商务经营者涉嫌违法犯罪，或者电子商务系统中有其他人涉嫌违法犯罪。对此，电子商务经营者不仅应当在能力所及的范围内及时制止被举报的违法犯罪行为，而且应当报告相关执法机构，并告知举报人通过有关的法律途径解决。

五、争议在线解决机制

《电子商务法》第 63 条规定，电子商务平台经营者可以建立争议在线解决机制，制定并公示争议解决规则，根据自愿原则，公平、公正地解决当事人的争议。电子商务利用互联网进行，具有跨地域以及当事人不进行面对面沟通的特点。使用传统的争议解决方式面临成本、法律适用等方面的问题，很难适应电子商务发展的新需要，争议在线解决机制具有高效、节约、便捷等特点。

电子商务平台经营者建立争议在线解决机制，有利于充分发挥电子商务平台经营者在平台治理中的作用，减轻国家在矛盾化解方面的压力，是重要的制度创新，是电子商务平台治理的重要组成部分，丰富与发展了我国争议解决制度，为电子商务争议开拓了新的解决渠道与途径。例如，2012 年阿里巴巴推出了吸收大众评审的争议解决平台，在 2014 年一年内就解决了 70 多万件纠纷；新浪微博社区有由网友组成的社区委员会，其职能之一是判定微博内的纠纷。

任务二　知晓电商纠纷传统解决机制

上述电子商务平台的纠纷解决机制不能有效解决的电子商务交易纠纷，以及因电子商务交易而利益受损的第三人提起的纠纷，则通过传统的纠纷解决机制解决。《电子商务法》第 60 条规定，电子商务争议可以通过协商和解，请求消费者组织、行业协会或者其他依法成立的调解组织调解，向有关部门投诉，提请仲裁，或者提起诉讼等方式解决。

一、协商和解

协商和解是指消费者与经营者在发生争议后，就与争议有关的问题进行协商，在自愿、互谅的基础上，通过直接对话摆事实、讲道理，分清责任，达成和解协议，使纠纷得以解决的活动。协商和解是一种快速、简便的争议解决方式，无论是对消费者而言还是经营者而言，它都不失为一种理想的途径。事实上，日常生活中大量的消费者权益争议都是通过协商和解解决的。

电子商务争议的当事人通过协商和解并达成和解协议解决纠纷的，应当得到鼓励认可。当事人双方均有律师代理的，鼓励律师引导当事人先行和解。特邀调解员或者其他人员根据当事人的申请或者委托参与协商，可以为当事人之间的谈判提供辅助性的调和帮助。以金钱或者有价证券给付为内容的和解协议，债权人依据《民事诉讼法》及其司法解释的规定，向有管辖权的基层人民法院申请支付令的，人民法院应当依法发出支付令。债务人未在法定期限内提出书面异议且逾期不履行支付令的，人民法院可以强制执行。

二、调解

调解是指中立的第三方在当事人之间调停疏导，帮助交换意见，提出解决建议，双方化解矛盾的活动。根据《电子商务法》的规定，消费者组织、行业协会或者其他依法成立的调解组织均可对电子商务争议予以调解。电子商务纠纷调解需要依据一定的程序进行，如图 12.1 所示。

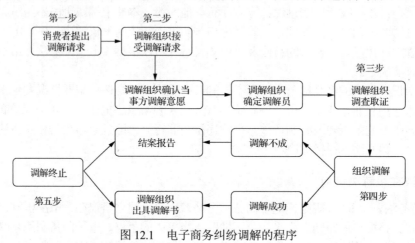

图 12.1　电子商务纠纷调解的程序

根据调解主体不同，调解可分为以下几种类型。

1. 消费者组织调解

根据《消费者权益保护法》的规定，消费者组织包括消费者协会和其他消费者组织，是依法成立的对商品和服务进行社会监督的保护消费者合法权益的社会组织。其职责之一就是受理消费者的投诉，并对投诉事项进行调查、调解。消费者和经营者发生消费争议的，可以请求消费者协会或者依法成立的其他调解组织调解。

同步案例

汽车维修零配件以假充真案

2021 年 3 月，消费者桂女士通过某网上养车平台选择线下维修门店做常规保养，共花费 6 000 元。但汽修厂为其更换的前后 4 个刹车盘、前轮刹车片等配件并非承诺的原厂配件，且将仍可继续使用 2 万千米的前刹车盘进行了更换，涉嫌过度维修。经南京市消费者协会调解，维修门店向消费者赔礼道歉并作退一赔三赔偿。

汽车维修领域乱象频出，关键在于一些经营者不诚信、不守法。由于信息不透明，消费者往往又缺少专业知识和消费经验，很难识破汽车维修行业的种种套路。消费者组织通过汽车专业委员会的专业支持，帮助消费者获得惩罚性赔偿，有效维护了处于弱势地位的消费者的合法权益。

2. 行业组织调解

电子商务行业组织按照组织章程开展行业自律，建立健全行业规范，推动行业诚信建设，监督、引导本行业经营者公平参与市场竞争，其任务包括调解电子商务争议。此外，其他具备条件的商会、行业协会等，也可以设立商事调解组织、行业调解组织，提供商事调解服务或者行业调解服务，发挥其专业方面的优势。

2012 年 10 月，中国国际贸易促进委员会/中国国际商会电子信息行业分会电子商务调解中心获准成立，该中心是我国首家针对电子商务特点而成立的专门调解机构，通过网上调解、现场调解等多种方式解决电子商务交易过程中出现的各类纠纷。

3．人民调解组织调解

《人民调解法》规定了人民调解委员会调解制度。人民调解是指人民调解委员会通过说服、疏导等方法，促使当事人在平等协商基础上自愿达成调解协议，解决民间纠纷的活动。人民调解委员会是依法设立的调解民间纠纷的群众性组织。村民委员会、居民委员会设立人民调解委员会；企业事业单位根据需要设立人民调解委员会。

经人民调解委员会调解达成调解协议后，双方当事人认为有必要的，可以自调解协议生效之日起 30 日内共同向人民法院申请司法确认，人民法院应当及时对调解协议进行审查，依法确认调解协议的效力。人民法院依法确认调解协议的效力的，一方当事人拒绝履行或者未全部履行的，对方当事人可以向人民法院申请强制执行。人民法院依法确认调解协议无效的，当事人可以通过人民调解方式变更原调解协议或者达成新的调解协议，也可以向人民法院提起诉讼。

三、投诉

投诉是指权益被侵害者本人对涉案组织侵犯其合法权益的违法犯罪事实，向有关国家机关主张自身权利。"向有关部门投诉"，以行政调解、行政和解、行政裁决等方式解决争议，是电子商务纠纷解决的重要方式。

根据《消费者权益保护法》第 46 条、第 54 条、第 56 条的规定，消费者向有关行政部门投诉的，该部门应当自收到投诉之日起 7 个工作日内，予以处理并告知消费者。依法经有关行政部门认定为不合格的商品，消费者要求退货的，经营者应当负责退货。经营者严重损害消费者权益的，除承担相应的民事责任外，其他有关法律、法规对处罚机关和处罚方式有规定的，依照法律、法规的规定执行；法律、法规未作规定的，由市场监督管理部门或者其他有关行政部门责令改正，可以根据情节单处或者并处警告、没收违法所得、处以违法所得 1 倍以上 10 倍以下的罚款，没收违法所得的，处以 50 万元以下的罚款；情节严重的，责令停业整顿、吊销营业执照。

四、仲裁

仲裁是指由双方当事人协议将纠纷提交（具有公认地位的）第三者，由该第三者对是非曲直进行评判并做出裁决的一种解决纠纷的方法。仲裁一般是当事人根据订立的仲裁协议，自愿将其纠纷提交由非司法机构的仲裁员组成的仲裁庭进行裁判，并受该裁判约束的一种制度。仲裁活动和法院的审判活动一样，关乎当事人的实际权益，是解决民事争议的方式之一。仲裁的具体流程见图 12.2。

仲裁当事人采用仲裁方式解决纠纷的，

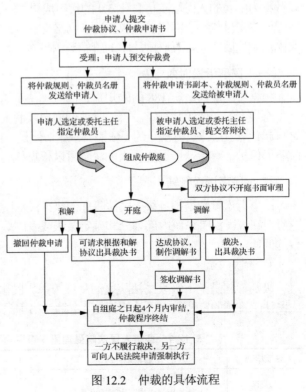

图 12.2　仲裁的具体流程

双方应当自愿达成仲裁协议。没有仲裁协议，一方申请仲裁的，仲裁委员会不予受理。仲裁协议包括合同中订立的仲裁条款和以其他书面方式在纠纷发生前或者纠纷发生后达成的请求仲裁的协议。仲裁协议中应当具有下列内容：一是请求仲裁的意思表示，二是仲裁事项，三是选定的仲裁委员会。当事人之间的仲裁协议可以采用数据电文方式达成，以电子商务合同的形式出现。电子商务经营者也可以在其自动信息系统中设置仲裁条款，使通过该系统订立的电子商务合同含有仲裁协议。

仲裁实行一裁终局的制度。裁决是指仲裁庭在实体上对当事人权利义务做出裁断。裁决标志着案件审结，一经做出即发生法律效力。裁决做出后，当事人就同一纠纷再申请仲裁或者向人民法院起诉的，仲裁委员会或者人民法院不予受理。裁决被人民法院依法裁定撤销或者不予执行的，当事人就该纠纷可以根据双方重新达成的仲裁协议申请仲裁，也可以向人民法院起诉。

由于仲裁具有强制法律效力，因此仲裁机构必须依法设立。《仲裁法》规定，仲裁委员会可以在直辖市和省、自治区人民政府所在地的市或者其他有需要的设区的市由市人民政府组织有关部门和商会统一组建，并经省、自治区、直辖市的司法行政部门登记。

五、诉讼

诉讼是指国家审判机关即人民法院，依照法律规定，在当事人和其他诉讼参与人的参加下，依法解决讼争的活动。平等主体当事人之间发生经济纠纷提起诉讼，适用《民事诉讼法》解决纷争。随着互联网技术的发展，人工智能、大数据等先进技术改变了传统审判模式。2005年最高人民法院颁布的《人民法院第二个五年改革纲要（2004—2008）》首次规定了多元化的纠纷解决机制改革的任务。为适应时代发展需要，各地人民法院因地制宜，推动"互联网+司法"审判机制创新。吉林电子法院基本可以实现诉讼全过程在线化，包括网上立案、网上审理、网上执行等，是以数据为中心的人民法院信息化3.0的代表成果之一。2017年，杭州互联网法院正式成立，集中审理网络支付纠纷、网络著作权纠纷、网络交易纠纷等案件。2018年，北京互联网法院、广州互联网法院先后成立。互联网法院的管辖范围见本项目子项目二。

（一）民事诉讼时效

根据《民法典》第188条的规定，向人民法院请求保护民事权利的诉讼时效期间为3年。法律另有规定的，依照其规定。诉讼时效期间自权利人知道或者应当知道权利受到损害以及义务人之日起计算。法律另有规定的，依照其规定。但是，自权利受到损害之日起超过20年的，人民法院不予保护，有特殊情况的，人民法院可以根据权利人的申请决定延长。

（二）民事诉讼管辖

民事诉讼管辖是指各级人民法院和同级人民法院之间，受理第一审民事案件的分工和权限。它针对在人民法院系统内部划分和确定某级或者同级中的某个人民法院对某一民事案件行使审判权的问题。

1. 级别管辖

级别管辖是上下级人民法院之间受理第一审民事案件的分工权限。《民事诉讼法》对于各级人民法院管辖的案件做出了具体规定，如表12.1所示。

表12.1　各级人民法院受理第一审民商事案件的职权范围和具体分工

法院级别	管辖案件类型	特　征
最高院	（1）在全国有重大影响的案件； （2）认为应当由本院审理的案件	

法院级别	管辖案件类型	特　征
高院	在本辖区有重大影响的第一审民事案件	
中院	（1）重大涉外案件	（1）争议标的金额大； （2）案情复杂； （3）居住在国外的当事人人数众多； （4）当事人分属多国国籍的涉外民事案件
	（2）在本辖区有重大影响的案件	案情复杂、涉及范围广、诉讼标的金额较大，案发后案件处理结果的影响超出了基层人民法院的辖区范围，基层人民法院已不便行使管辖权的案件
	（3）最高人民法院确定由中级人民法院管辖的案件	（1）案件涉及较强的专业知识，基层人民法院对这些案件行使管辖权的能力相对不足； （2）有必要由更高级别的人民法院管辖。在实践中，最高人民法院确定由中级人民法院管辖的案件主要包括专利、商标纠纷等案件
基层院	第一审民事案件，但法律另有规定的除外	

2. 地域管辖

地域管辖是指同级人民法院之间在各自辖区范围内受理第一审民事案件的分工和权限。级别管辖只是确定民事案件第一审由哪一级人民法院审判，而地域管辖则是在确定级别管辖之后，再确定由哪个地方的人民法院管辖。只有根据地域管辖的规定，才能最后确定案件由哪一个地方的人民法院受理、审判。

（1）《民事诉讼法》第 22 条规定的是民事诉讼的一般地域管辖原则——原告就被告，对公民提起的民事诉讼，由被告住所地人民法院管辖；被告住所地与经常居住地不一致的，由经常居住地人民法院管辖。对法人或者其他组织提起的民事诉讼，由被告住所地人民法院管辖。同一诉讼的几个被告住所地、经常居住地在两个以上人民法院辖区的，各地人民法院都有管辖权。

（2）《民事诉讼法》第 24 条规定的是买卖合同纠纷案件确定管辖的一般规则，即因合同纠纷提起的诉讼，由被告住所地或者合同履行地人民法院管辖。另外，《民事诉讼法》第 35 条规定，合同或者其他财产权益纠纷的当事人可以书面协议选择被告住所地、合同履行地、合同签订地、原告住所地、标的物所在地等与争议有实际联系的地点的人民法院管辖，但不得违反本法对级别管辖和专属管辖的规定。所以，如果买卖合同中的双方当事人已经约定有管辖条款的，应当首先按其约定确定人民法院管辖。

（3）《民事诉讼法》第 29 条规定的是侵权纠纷案件确定管辖的一般规则，由侵权行为地或者被告住所地人民法院管辖。

（4）《最高人民法院关于适用〈中华人民共和国民事诉讼法〉的解释》（以下简称《解释》）第 20 条规定了网络交易纠纷确定地域管辖的特殊规定：以信息网络方式订立的买卖合同，通过信息网络交付标的的，以买受人住所地为合同履行地；通过其他方式交付标的的，收货地为合同履行地。合同对履行地有约定的，从其约定。具体而言，消费者购买无形商品或服务的，诸如网站会员、论文检测服务等，合同履行地为消费者的住所地；消费者购买有形商品的，收货地为合同履行地。由此看来，在没有协议管辖的情况下，网络交易的消费者选择合同履行地确定为纠纷的管辖地，对自身较为便捷和有利。而针对网络交易侵权纠纷，《解释》第 25 条规定，信息网络侵权行为实施地包括实施被诉侵权行为的计算机等信息设备所在地，侵权结果发生地包括被侵权人住所地。因此，网络交易平台运营商所在地、消费者住所地的人民法院都能被选择成为网络交易侵权案件的管辖法院。

（三）民事诉讼程序

根据《民事诉讼法》中的规定，民事诉讼程序主要有七种，包括第一审普通程序、简易程序、特别程序、二审程序、审判监督程序、督促程序和公示催告程序等。具体适用哪一种程序审理，需要根据案件的实际情况确定。一般情况下，普通民事案件的诉讼程序如图12.3所示。

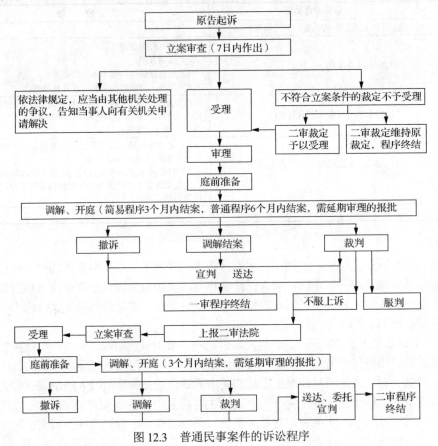

图12.3 普通民事案件的诉讼程序

问题（1）：李丽让淘宝平台先行赔付是有一定条件的。《消费者权益保护法》第44条第1款规定，网络交易平台提供者不能提供销售者或者服务者的真实名称、地址和有效联系方式的，消费者也可以向网络交易平台提供者要求赔偿。因此，只有淘宝平台无法向李丽提供"蒙娜丽莎专业回收"经营者的真实名称、地址和有效联系方式，李丽才能让淘宝平台先行赔付。

问题（2）：针对电子商务领域的纠纷，电子商务平台经营者建议的新型纠纷解决机制包括商品或服务质量担保机制、消费者权益保证金机制、先行赔偿责任机制、投诉举报机制、争议在线解决机制；传统的纠纷解决机制除了诉讼，还有协商和解、调解、投诉以及仲裁。

子项目二 跨境电商纠纷的解决

情境导入2

海外代购的产品引纠纷

李丽一直追求"创意十字绣"产品的品质，对于棉线的选用要求非常高。她通过代购从国外购买了一些丝光棉，但是收到货后发现质量达不到自己的使用要求。她要求退货，但是代购认为产品质量没问题，不予退货。

　　问题：海外代购的产品纠纷该如何解决？

任务一　识别跨境电商纠纷

一、跨境电商纠纷的特点

　　杭州互联网法院跨境贸易法庭发布的《杭州互联网法院跨境贸易法庭服务和保障中国（浙江）自由贸易试验区建设白皮书》显示，2020年的跨境电商案件类型中，网络服务类合同纠纷及买卖合同纠纷占总数的85%。跨境电商纠纷比普通电商纠纷更为复杂，其主要特点如下。

　　（1）纠纷数量急剧上升。随着互联网的快速发展和全球一体化的趋势，跨境电商贸易数量快速增长，同时纠纷案件数量急剧上升，尤其是平均标的额不超过500美元的小额跨境电商纠纷增多。

　　（2）纠纷主体全球化、纠纷标的多样化。跨境电商的交易主体属于不同国家、地区的经营者和消费者，纠纷标的出现了汽车、无人机等产品。网络购买服务引发的纠纷主要集中于旅游产品预订、酒店预订、家政服务、教育培训、装修空气质量检测、与购物捆绑消费贷等。

　　（3）适用法律规则的差异性。在跨境电商中，由于商品销售者和消费者是属于不同关境的交易主体，因此在商品的质量标准、退换货、海关手续和进出口税收等方面，涉及的不同国家和地区的法律制度存在差异性。例如，一德国买家在跨境电商平台上向中国商家购买商品，签收10天后提出退货，买卖双方在退货期限方面出现纠纷。这是由于欧盟规定，在跨境电商平台上购物有14日的无理由退货退款期限，而我国的法定无理由退货退款期限为7日。

二、跨境电商纠纷的类型

　　（1）商品质量纠纷。近年来，许多国家都重视发展跨境电商，发布相关促进跨境电商发展的政策，这使跨境电商竞争更加激烈。跨境电商企业采取低价策略吸引消费者，又要保证自己能获利，故不惜降低商品质量。层出不穷的商品质量问题导致的纠纷，给跨境电商行业发展带来了极大的挑战。

　　（2）跨境运输纠纷。通过跨境电商平台，消费者不仅可以足不出户就买到自己想要的东西，而且可以在不同地区的优良商品中选择。但如此便利的同时，远距离的运输往往容易发生运输方面的纠纷，例如货物半途损坏、交付延迟等问题。

　　（3）购买评价纠纷。购买评价是跨境电商平台为了让买卖双方更加了解对方，并让其他还未购买商品的潜在消费者能够更加了解商品与描述是否相符、商品质量是否存在问题而提供的一种功能。这种直接的评价在实体商品买卖中是很难体现的，但是通过线上平台，消费者可以就卖方提供的服务或商品进行评价，从而影响后来者的判断。在这种评价过程中，可能会出现消费者的评价过于偏激与不实从而给卖方造成损失等纠纷。

　　（4）知识产权纠纷。由于跨境电商活动跨越了关境，知识产权保护的地域性与跨境电商商品流动性的冲突，导致极易产生知识产权纠纷。知识产权侵权行为主要表现为未经许可使用侵权，如未经许可使用他人专利、商标、作品等。

即学即练

　　判断：A商品上使用的商标在甲国经过了合法注册，但该商标在乙国被其他商业主体注册，此时，将甲

国生产的 A 商品通过跨境电商的形式销往乙国则可能会导致知识产权侵权。（　　　）

同步案例

2021年跨境诉讼案

2021 年 11 月 25 日，不少婚纱礼服类产品跨境电商商家陆续收到账户冻结通知，原因是被美国某律所投诉侵权，伊利诺伊州法院执行 TRO（Temporary Restraining Order，临时禁令）。随后，商家们紧急成立微信群，有人放出此次"受害"商家清单，一共 524 家。

这一次，105 位商家选择不再妥协，而是集体应诉进行反抗。2021 年 12 月 2 日，第一次法庭听证会上，原告律师在法庭上瞠目结舌，一度说话毫无逻辑，最后当场宣布撤诉。2021 年 12 月 3 日下午，商家账户陆续解冻，商家微信群再一次沸腾，商家们直呼大快人心。

任务二　跨境电商纠纷的解决机制

跨境电商纠纷解决机制可以分为两大类，一类是线下解决的方式，另一类是线上解决的方式。线下解决的方式包括跨国诉讼、跨国仲裁，主要针对标的金额大、法律关系复杂的案件。这种方式投入的人力、物力成本过高，成为制约跨境诉讼和仲裁发展的主要原因。同时由于各国跨境电商发展的程度不一，法律依据、程序也不同，法律适用不确定与管辖权冲突，所以解决纠纷的难度很大。线上解决的方式具有跨越时空阻隔的显著优势，因此，本书重点介绍跨境电商的线上纠纷解决方式。线上纠纷解决的方式主要包括跨境电商平台的在线纠纷解决机制、网络在线纠纷解决机制、法院在线纠纷解决机制。

一、跨境电商平台的在线纠纷解决机制

随着跨境电商业务规模的扩大，速卖通制定了《阿里速卖通纠纷裁决指引》，对跨境电商纠纷的类型和纠纷处理程序进行了详细的阐释。其他电子商务平台如京东、苏宁易购、国美在线等也根据平台需要推出在线申诉、电子邮件、电话客服等纠纷解决渠道。

跨境电商平台解决跨境电商纠纷的方式包括商品或服务质量担保机制、消费者权益保证金机制、先行赔偿责任机制、投诉举报机制，以及争议在线解决机制。跨境电商平台作为中立的第三方，在线解决交易主体纠纷的方式主要包括在线调解和在线决定。

（1）在线调解是指一方当事人向在线调解中心提出申请，然后由调解中心联系双方当事人，并由中心指定的调解员负责调解当事人之间的纠纷，整个调解过程采用电子邮件、聊天室、视频会议等方式进行。与线下调解相比，二者的共同之处在于调解的前提是当事人同意调解，二者最大的区别在于交流方式的不同。

（2）在线决定是指如果当事人同意跨境电商平台经营者根据其在线纠纷解决机制对纠纷直接做出决定或者调解不成做出决定，则平台经营者有权在相应情况下就纠纷做出处理决定。此时平台经营者可以单方做出认定并给出相应的处罚措施，如对消费者不予退款或者对平台内经营者予以警告等。

知识拓展

易贝在线纠纷解决中心的设计理念与机制

易贝是全球最大的电子商务平台之一，在快速增长的解决纠纷需求之下，易贝根据互联网平台纠纷的特点，于 2010 年创建了易贝在线纠纷解决中心，为用户提供便捷、高效的在线解决服务。近年来，该中心每年处理至少 6 000 万件纠纷。易贝在线纠纷解决中心的成功在于以下几点。第一，易贝本身不参与交易活动，可以保证其在纠纷解决过程中的公正性和中立性。第二，易贝的平台属性让它可以全面掌握双方的用户信息

和交易信息，使其与纠纷双方从开始交易到最终纠纷化解过程中都能保持良好的沟通；同时，它还能通过自动追踪系统预防纠纷产生以及矛盾升级。第三，易贝旗下的贝宝（PayPal）是易贝的第三方交易平台，能为交易安全保驾护航；此外，贝宝也可以强制划款，确保纠纷解决结果顺利执行。

即学即练

原告崔某通过某跨境电商平台在平台内某韩国卖家开设的店铺购买户外运动方便食品 3 包。收货后，崔某认为该商品不符合中国食品安全标准，要求平台方提供卖家的真实身份信息及联系方式，以便维权。因卖家为韩国人，平台方仅能提供该卖家在注册时预留的护照号、翻译前的姓名及自行编辑的联系地址。原告崔某根据平台方披露的卖家身份信息，以网络购物合同纠纷为由向其住所地人民法院起诉，当地人民法院告知崔某，其提供的被告身份信息不全，缺乏涉外主体身份材料，不符合立案条件，如果限期内不补正材料但坚持起诉，可能裁定不予受理。原告崔某认为其提供的信息均来自跨境电商平台，自己本身并不拥有卖家信息，因此坚持立案。但根据原告崔某提交的卖家身份信息及联系方式，当地人民法院送达无果，原告崔某只能选择撤回本案的起诉。此后，原告崔某认为跨境电商平台无法提供有效的卖家信息从而导致自己无法通过司法途径维权，平台方应该承担相应责任，故以平台方不能提供卖家有效、真实的身份、联系地址，致其无法维权为由诉至人民法院，要求平台方承担先行赔付责任。

问题：跨境电商平台是否需要承担先行赔付的责任？

二、网络在线纠纷解决机制

网络在线纠纷解决（Online Dispute Resolution，ODR），是传统纠纷解决机制与网络信息技术结合发展而来的一种新型纠纷解决方式，其利用大数据、云计算和人工智能等多种产品能力，主要通过三个阶段，即在线协商、在线调解以及在线仲裁，层层解决网络民商事纠纷当事人的纠纷。随着 ODR 的发展，有些 ODR 提供者实现了与人民法院诉讼的衔接。目前，比较有影响力的 ODR 机构有全国 12315 平台、中国国际经济贸易仲裁委员会（贸仲委）网上争议解决中心、中国国际贸易促进委员会/中国国际商会电子信息行业分会电子商务调解中心、知识产权维权援助中心。

1. 在线协商

在线协商是指在没有第三人参与的情形下，当事人利用网络信息技术所打造的网络纠纷解决环境，即当事人在没有会面的情形下进行解决纠纷的信息传输、交流、沟通，最后达成纠纷解决协议以化解纠纷的活动。

根据技术参与的程度不同，在线协商可以分为自助式协商和协助协商。自助式协商不需要其他协助，在虚拟的计算机程序中，当事人互相不知道彼此提出的数额，系统会自动产生一个作为谈判结果的中间数额，该方式旨在为那些对责任归属不存在异议的索赔确定和解数额。协助协商不仅仅利用电子邮件或其他单一通信工具促进协商，还会利用基于互联网的人工智能工具提出问题，计算不同问题上最有效的利益分配方式，以得到最有效的解决方案，促成当事人之间的和解，即包含了在线咨询与在线评估服务环节。

2. 在线调解

在线调解是指各方当事人利用网络信息技术所打造的网络纠纷解决环境，即当事人在没有会面的情形下，在中立第三方（调解员）的协助下，寻求解决方案的一种方式。在线调解中，调解员通过使用诸如电子邮件、经过特殊设计的网页（该网页可以提供虚拟房间供当事人在线交流）等网络信息技术来帮助当事人解决他们的纠纷。

3. 在线仲裁

在线仲裁是指将网络信息技术与仲裁程序相结合，使仲裁程序的全部或大部分在线完成的纠纷解决方式，包括提出申请、递交文件、听审及做出裁决等环节。

实践中，在线仲裁中网络信息技术的融入程度根据各纠纷解决平台而有所不同。依据裁决是否能够得到法院的承认和执行，在线仲裁可以分为具有拘束力的在线仲裁和无拘束力的在线仲裁。前者是传统仲裁在在线环境中的延伸，后者是网络在线纠纷解决机制在纠纷解决领域的创新之一。

三、法院在线纠纷解决机制

在线诉讼是一种新形态的审判模式，而不是简单地在法院活动中运用一些网络信息技术。具体来说，在线诉讼是所有的庭审及相关诉讼行为都通过电子通信方式（包括音频、视频会议等）进行的诉讼审理模式。在线诉讼的平台一般可以分为电子法庭、电子法院和互联网法院。中国互联网法院秉持的是"网上案件网上审理"的思维方式，它不仅强调诉讼方式的非亲历化，更要求管辖范围的互联网性。

互联网法院集中管辖所在市的辖区内应当由基层人民法院受理的以下特定类型的互联网案件：通过电子商务平台签订或者履行网络购物合同而产生的纠纷；签订、履行行为均在互联网上完成的网络服务合同纠纷；签订、履行行为均在互联网上完成的金融借款合同纠纷、小额借款合同纠纷；在互联网上首次发表作品的著作权或者邻接权权属纠纷；在互联网上侵害在线发表或者传播作品的著作权或者邻接权而产生的纠纷；互联网域名权属、侵权及合同纠纷；在互联网上侵害他人人身权、财产权等民事权益而产生的纠纷；通过电子商务平台购买的产品，因存在产品缺陷，侵害他人人身、财产权益而产生的产品责任纠纷；检察机关提起的互联网公益诉讼案件；因行政机关做出互联网信息服务管理、互联网商品交易及有关服务管理等行政行为而产生的行政纠纷；上级人民法院指定管辖的其他互联网民事、行政案件。

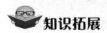 知识拓展

杭州市中级人民法院等四家法院专设电子商务网上法庭

根据《浙江省高级人民法院关于同意杭州市中级人民法院等四家法院专设电子商务网上法庭的批复》（浙高法〔2015〕50号）：同意专设杭州市中级人民法院电子商务网上法庭、杭州市西湖区人民法院电子商务网上法庭、杭州市滨江区人民法院电子商务网上法庭，以及杭州市余杭区人民法院电子商务网上法庭。浙江法院电子商务网上法庭以网络服务平台为依托，把诉讼的每一个环节都搬上网络，起诉、立案、举证、开庭、裁判都可在线上完成，可使电子商务纠纷更加快捷地得到处理，提高审判效率，节约司法资源。

情境导入2分析

海外代购产品发生纠纷的解决途径如下。第一步，与卖家线上协商。如果跨境电商平台无法提供卖家的联系方式、地址等信息，消费者可要求跨境电商平台先行赔付；如果跨境电商平台因疏于管理造成假冒伪劣泛滥、默许售假行为，就要跟售假人一样承担相应的连带责任。第二步，如果双方达不成和解协议，可以向跨境电商平台投诉，启动平台的在线跨境纠纷解决机制。第三步，如果不满意平台的处理结果，还可以选择ODR解决，直至起诉维权。

 项目实训

请扫描二维码阅读案例全文，并完成以下任务：①以小组为单位进行讨论；②找出本案件适用的法律规定；③模拟法庭进行辩论；④模拟法庭进行判决。

项目小结

在电商创业过程中，创业者能够辨析电商纠纷中的"事实""因果""权利""义务""法律责任"，并有效处理各类纠纷是非常重要的。本项目讲解了境内电子商务纠纷的解决机制和跨境电商纠纷解决机制。其中商品或服务质量担保机制、消费者权益保证金机制、先行赔偿责任机制、投诉举报机制、争议在线解决机制五种电子商务经营平台构建的纠纷新型解决机制，以及协商和解、调解、投诉、仲裁、诉讼五种纠纷传统解决机制，是本项目的重点内容，也是难点内容。

项目测试

一、案例分析题

2022年5月中旬，苏州人许某从一家汽车用品公司的天猫旗舰店购买了三副木珠汽车坐垫。后来，因坐垫将汽车真皮座椅染色，许某与卖家多次协商未果，遂向住所地人民法院起诉，要求对方赔偿。一审中，卖家提出管辖权异议，认为其在天猫网站售后服务里明确规定，网购纠纷由"本公司所在地人民法院管辖（买家在本店购物后不管有无看到此地域管辖说明，一经交易付款均默认此条规则）"，故买卖双方已协议约定由卖家所在地人民法院管辖。

问题： 请问当地人民法院会支持被告提出的管辖权异议吗？并说明理由。

二、实操题

请同学们登录以下三个查询裁判文书的网站，并把登录查询的过程录屏：①中国裁判文书网；②人民法院公告网；③中国执行信息公开网。

自测题

项目十三　电商领域刑事犯罪的风险

学习目标

知识目标：掌握以电商为目标的犯罪类型；掌握以电商为手段的犯罪类型；了解电商领域犯罪的预防机制。

能力目标：能够认清商事行为的自由边界；能够预防涉刑法律风险；能够识破网络违法犯罪的陷阱。

素质目标：具有刑事合规的法律意识；强化依法诚信经营的理念；提升公平正义感。

子项目一　电商领域的主要犯罪类型

情境导入 1

李丽收到了"薅羊毛"的教程视频

李丽收到了一个关于套取淘宝新用户红包（即"薅羊毛"）的教程视频。按照教程，通过恢复手机出厂设置等方式，利用从网上购买的手机号反复注册淘宝账号，可套取淘宝平台派发的 10～20 元不等的现金红包。组织者会在淘宝店铺中上架与红包面额相等的虚拟商品，并将该商品的链接发布在 QQ 群内，其下家使用套取的红包进行"刷单"交易。淘宝平台误认为存在真实交易，将红包返现打入店铺账号。组织者使用返现购买话费券，并将话费券通过某平台套现，所得钱款再由组织者按照与下家约定的比例进行分成。

问题：（1）教程中"薅羊毛"的行为是合法的还是违法的？（2）如果该行为是违法的，涉嫌的罪名是什么？

由于电子商务的繁荣，近年来电子商务犯罪的情况日益增多，电子商务犯罪成为新经济时代的典型犯罪行为。电子商务犯罪是指电子商务领域中发生的犯罪，或者是指发生在电子商务过程中各个环节的犯罪行为。从犯罪学的角度，电子商务犯罪可以界定为：严重侵害电子商务交易的行为和以电子商务为依托危害社会的行为。它主要包括两种类型：以电商为目标的犯罪和以电商为手段的犯罪。

任务一　识别以电商为目标的犯罪类型

以电商为目标的犯罪的受害者主要为电子商务平台与平台内经营者。

一、敲诈勒索罪

商品、服务与用户的非现实接触性决定了相比于能够直接体验的线下商店，电子商务活动的开展更多依靠于信用评价机制。大量的不法分子正是基于平台内经营者对于评价制度的重视，开展违法犯罪活动，他们利用平台内经营者对电子商务平台惩罚机制、失去用户的恐惧心理进行敲诈勒索。不法分子从单人敲诈勒索到团伙敲诈勒索，从随机敲诈到有组织、有计划地在"双11""6·18"等对商家非常重要的日期前进行敲诈勒索，逐渐形成了成熟的差评产业链。这些"恶意差评师"会打着职业打假人的名号开展相关活动。

《刑法》第274条规定，敲诈勒索公私财物，数额较大或者多次敲诈勒索的，处3年以下有期徒刑、拘役或者管制，并处或者单处罚金；数额巨大或者有其他严重情节的，处3年以上10年以下有期徒刑，并处罚金；数额特别巨大或者有其他特别严重情节的，处10年以上有期徒刑，并处罚金。对于不直接参与敲诈勒索，但为不法行为人提供技术支持的行为，司法解释也作了提示性规定，《最高人民法院、最高人民检察院关于办理敲诈勒索刑事案件适用法律若干问题的解释》第7条规定：明知他人实施敲诈勒索犯罪，为其提供信用卡、手机卡、通讯工具、通讯传输通道、网络技术支持等帮助的，以共同犯罪论处。

 同步案例

"恶意差评"敲诈勒索案

（《新京报》2018-11-15）2018年11月13日，深圳市龙岗区警方披露一起通过"恶意差评"对电商平台网店进行敲诈勒索的网络涉黑恶犯罪集团案件。嫌疑人通过网站及其他社交平台招录"恶意差评师"，对网店进行敲诈勒索，涉及各电商平台网店近200家，共7900余单，涉案金额达500余万元，遍布全国多个省市。日前35名违法犯罪嫌疑人被抓获，17名主要犯罪嫌疑人已被刑拘。这是全国打掉的首个有组织、有架构的网络涉黑恶犯罪集团。

二、侵入、破坏计算机信息系统类犯罪

电子商务领域最为典型的犯罪类型之一是通过侵入、破坏计算机信息系统等方式修改评论、价格、购买限制条件以获取不正当利益，此类行为构成《刑法》第286条规定的破坏计算机信息系统罪。另一种常见的犯罪类型是通过兼具群控和刷机等功能的非法软件更改手机的识别码，绕开电子商务系统的验证机制，骗取平台的补贴或优惠券，即俗称的"薅羊毛"。通过群控软件，行为人仅需要两三人、几部手机，便能够控制上万个账号进行"薅羊毛"等操作，此类行为构成《刑法》第285条第3款规定的提供专门用于侵入、非法控制计算机信息系统的程序、工具罪。

同步案例

共享单车"万能钥匙"是创业风口还是违法犯罪？

（澎湃新闻2021-3-16）自2016年"ofo"单车横空出世炒热"共享"概念后，各种品牌的共享车辆便成为城市街头一道亮丽的风景。但很快便有人动起脑筋：要是有一把共享单车的"万能钥匙"该有多好啊！

被告人李某于2017年成立公司，与被告人张某等六人在未经营任何共享单车实体业务的情况下，在手机安卓端、iOS端设计并上架名为"全能车""全能车PRO"的App项目，以能打开市场上所有品牌的共享单车为由，吸引大量用户注册并交纳押金、支付使用费，收取充值费用9320余万元。不久，他们被公诉机关以涉破坏计算机信息系统罪提起公诉。

法院经审理后认为，被告单位违反国家规定，对计算机信息系统中存储、处理的数据进行增加的操作，后果特别严重，已构成破坏计算机信息系统罪。据此，法院以破坏计算机信息系统罪，依法对被告单位判处罚金人民币500万元；对直接责任人被告人李某等六人分别判处有期徒刑2~10年，并对其中部分被告人宣告缓刑。

三、侵犯公民个人信息犯罪

非法获取、提供、出售信息是所有网络黑产业犯罪的逻辑起点，既涉及行为人一端，又涉及受害者一端。随着网络黑产业行为方式被不断揭露，对受害人信息的掌控在黑产业中显得越来越

重要，广撒网并重点针对的模式已成为针对一般民众的网络黑产业主流。从目前网络黑产业发展的态势分析，网络黑产业案件越来越与个人信息安全保障不力联系在一起，而电子商务以及与其密切相关的物流、支付领域作为"个人信息密集领域"，备受不法分子青睐。在网络空间中进行非法交易的个人信息，有很大一部分便来自电子商务领域，其中不乏"内鬼"泄露的个人信息，此类行为构成《刑法》第 253 条规定的侵犯公民个人信息罪。侵犯公民个人信息罪是指违反国家有关规定，向他人出售、提供公民个人信息，情节严重的行为，以及窃取或者以其他方法非法获取公民个人信息的行为。

特别值得注意的是，电子商务 App、网站等平台单纯非法收集公民个人信息的行为，根据现行《刑法》并不能以侵犯公民个人信息罪处理，原因在于这种越权收集和窃取的非法性与侵犯公民个人信息罪并不相当，因此不构成该罪。但此类违规越权获取公民个人信息的行为应给予行政处罚，可依据《网络安全法》由有关主管部门责令改正，可以根据情节单处或者并处警告、没收违法所得、处违法所得 1 倍以上 10 倍以下罚款，没有违法所得的，处 100 万元以下罚款，对直接负责的主管人员和其他直接责任人员处 1 万元以上 10 万元以下罚款；情节严重的，可以责令暂停相关业务、停业整顿、关闭网站、吊销相关业务许可证或者吊销营业执照。

同步案例

物流公司计算机被植入木马！新型侵犯公民个人信息案在沪告破

（东方网 2023-06-15）26 岁的薛小姐遭遇冒充客服的诈骗分子，被以快递丢件赔付为由骗去 2 万余元。这起电信网络诈骗案看似寻常，然而诈骗分子却精准掌握了被害人的身份、网购订单和快递信息。这是如何做到的？在上海市公安局举行的新闻发布会上，闵行警方通报了全市首例在物流公司计算机植入木马非法获取公民信息的系列新型侵犯公民个人信息案。

任务二　识别以电商为手段的犯罪类型

以电商为手段的犯罪主要由平台内经营者实施，受害者既有电子商务平台，也有消费者。下面重点介绍以下四种罪名。

微课堂
诈骗罪与合同诈骗罪的区别

一、诈骗类犯罪

根据《刑法》第 287 条的规定，利用计算机实施金融诈骗的，适用《刑法》中关于"诈骗罪"的相关法律规定。《刑法》中规定的诈骗罪大概可以分为三类：（普通）诈骗罪、合同诈骗罪、金融类诈骗罪。其中，金融类诈骗罪又包括集资诈骗罪、贷款诈骗罪、票据诈骗罪、金融凭证诈骗罪（第 194 条）、信用证诈骗罪、信用卡诈骗罪、有价证券诈骗罪、保险诈骗罪。

电子商务的发展为诈骗犯罪提供了新的犯罪场所，从实体环境转到了虚拟环境，骗子们利用电子商务平台进行诈骗已经越来越猖獗。其行骗的手段变化多端、层出不穷。目前电子商务领域的诈骗犯罪主要有以下几种形式。

1. 利用平台的程序漏洞进行诈骗

这类犯罪案件的行为人大多是一些专业人员，他们有某方面的专长，对电子商务或者某些具体行业非常熟悉。例如，2022 年 11 月，某网络公司职员王某在家中使用计算机时，无意中发现了某在线电子商务公司的网络交易平台存在漏洞。王某立刻抓住这个"好机会"，采用虚报商品利润、自买自卖等手段进行虚假交易，骗取该公司账户内的虚增资金人民币 76 万元，后将该笔虚增资金转入被告人张某使用的账户。随后，张某又将上述虚增资金全部用于购买游戏卡，后销赃变现，并分得赃款人民币 23 万元。

同步案例

一大学生发现免费吃肯德基套餐"方法"分享给同学，获刑2年半

（澎湃网 2021 年 5 月 11 日）徐某，1998 年生，是江苏某大学的在校生。2018 年 4 月，在利用肯德基客户端点餐过程中，徐某无意间发现两个"生财小门道"。第一个是在肯德基 App 客户端用套餐兑换券下单，进入待支付状态后暂不支付，之后在肯德基微信客户端对兑换券进行退款操作，然后再将之前 App 客户端的订单取消，这时候 App 客户端上竟可以重新获取兑换券。第二个是先在 App 客户端用套餐兑换券下单并进入待支付状态，在微信客户端退掉兑换券，再在 App 客户端用兑换券支付，这时便可以支付成功并获得取餐码，此种方式等于分文未付地骗取了一份套餐。

发现这个漏洞后，徐某"喜出望外"。从当年 4 月起，除了自己这样点餐操作外，徐某还做起了"副业"：将诈骗得来的套餐产品通过线上交易软件低价出售给他人，从中获利。同时，他还与同学有"福"同享，将犯罪方法当面或通过网络传授给丁某等 4 名同学。截至同年 10 月案发，徐某的行为造成百胜公司损失 5.8 万余元，丁某等 4 人造成百胜公司损失 0.89 万元至 4.7 万元不等。

法院认定各被告人明知百胜公司旗下品牌肯德基 App 客户端和微信客户端自助点餐系统存在数据不同步的漏洞，仍以非法占有为目的进行虚假交易，并从中非法获取财物的行为为诈骗罪。

2. 利用虚假网站或发布虚假信息进行诈骗

此类诈骗案件一般是骗子制作一个虚假的电子商务网站，利用网站上发布的"超低价产品"或"海关查没品"为诱饵诱骗消费者，或者利用虚假购物网站销售一些国家明令禁止的违法产品进行诈骗。除少数不法分子自己建立电子商务网站外，大部分不法分子在知名电子商务网站上，如"易趣""淘宝""阿里巴巴"等发布虚假信息，以所谓"超低价""免税""走私货""慈善义卖"的名义出售各种产品，或以次充好、以走私货充行货，很多消费者在低价的诱惑下上当受骗。

此类诈骗案件的方式还有钓鱼链接诈骗。钓鱼链接诈骗是骗子首先广泛发布含有钓鱼链接的虚假短信，受害人收到短信后若点击链接，就会登录骗子事先设置好的钓鱼网站。一旦受害人填写身份证、银行卡号等相关信息，该信息随即便被骗子掌握，此时若受害人将验证码填入网页，骗子即可实施盗刷。此类诈骗模式大抵可归纳为"虚假短信+钓鱼网站+填写信息+盗刷"。

3. 冒充电子商务交易方诈骗他人财物

电子商务中商务活动的有关信函大多是通过互联网络以电子邮件的方式进行传输和交换的，电子邮件既方便快捷，又能节约一笔不小的商务开支。但是电子邮件在传输过程中有可能被犯罪嫌疑人非法获得，被他们用来假冒电子商务交易方进行诈骗活动。

此类诈骗案件的方式还有"代运营"诈骗。"代运营"诈骗是利用他人不熟悉电商经营，或急需电商经营配套服务等情况，通过通信网络等途径引诱其购买相关运营服务，在钱款到账后便失联，并不会提供"代运营"服务的诈骗方式，其真实目的是骗取被害人财产。浙江省高级人民法院、人民检察院、公安厅发布的《关于办理"电商代运营"诈骗案件适用法律若干问题会议纪要》指出："鉴于此类案件往往以注册成立的公司为幌子，犯罪嫌疑人明知自身没有履行能力，通过虚假广告招揽客户，并通过签订服务合同形式骗取被害人财物，符合合同诈骗罪构成要件。其中符合单位犯罪构成要件的，以单位犯罪论。除上述规定的情形外，行为人以电商代运营为由骗取他人财物的行为，是否构成合同诈骗罪、诈骗罪或者其他犯罪，按照刑法和相关司法解释规定处理。"

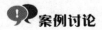 **案例讨论**

甄某通过在平台上接受他人发布的货运订单非法牟利

2020 年 12 月至 2021 年 4 月，甄某使用"倪某""张某"等账号，在某平台上接受他人发布的货运订单，

项目十三 电商领域刑事犯罪的风险

185

双方约定直接送达且货到付款。事后，甄某雇用他人将货物运至山东省临沂市的物流公司进行转运。甄某向物流公司隐瞒其与被害人的协议，要求物流公司虚开运单，并先行垫付运费。物流公司将货物运至目的地后，被害人向物流公司支付全部运费才能拿到货物。被告人甄某通过上述方法实施诈骗 10 次，骗取 5 万元。

问题：（1）本案中甄某涉嫌的罪名是什么？（2）（普通）诈骗罪和合同诈骗罪的区别是什么？

同步案例

深陷"帮信罪"：一位犯罪大学生的自述

（《法律与生活》2022 年第 21 期）帮助信息网络犯罪活动罪（以下简称帮信罪）主要是指行为人明知他人利用信息网络实施犯罪，而为其犯罪提供互联网接入、服务器托管、网络存储、通信传输等技术支持，或者提供广告推广、支付结算等帮助的犯罪行为。电话卡、银行卡即"两卡"不仅是电信诈骗犯罪分子通信、转账的关键，更是获取被害人信任、躲避系统监管、隐匿罪证的主要途径，向诈骗犯罪分子提供"两卡"具有明显的危害性及违法性。对于一些在校学生和刚毕业的大学生而言，在急于寻找经济来源或工作的当口，出租、出售"两卡"成为他们获利的一条"捷径"。他们在初步尝到利益的甜头后，会逐步沦陷成为犯罪分子的"工具人"。

"当时我也知道对方肯定是用来转账非法的钱，但是我当时只想赚点儿佣金，心存侥幸，也没有考虑太多了……"这段话出自贵州省龙里县人民法院（以下简称龙里法院）审理的一起帮信罪案件被告人宋亮（化名），宋亮是众多涉帮信罪学生群体的缩影。《最高人民法院、最高人民检察院关于办理非法利用信息网络、帮助信息网络犯罪活动等刑事案件适用法律若干问题的解释》第 12 条规定，"支付结算金额 20 万元以上的"或"违法所得 1 万元以上的"即视为情节严重。本案中宋亮提供了 7 张银行卡，帮助犯罪分子结算 29 万余元，非法获利 1.2 万元，其行为符合"情节严重"的具体情形，同时结合其他认定事实，其已构成帮助信息网络犯罪活动罪。

二、侵犯知识产权犯罪

侵犯知识产权罪是指违反知识产权保护法规，未经知识产权所有人许可，非法利用其知识产权，侵犯国家对知识产权的管理秩序和知识产权所有人的合法权益，违法所得数额较大或者情节严重的行为。侵犯知识产权罪包括假冒注册商标罪、销售假冒注册商标的商品罪、非法制造或者销售非法制造注册商标标识罪、侵犯著作权罪、销售侵权复制品罪、假冒专利罪、侵犯商业秘密罪。司法实践表明，侵犯商标权犯罪占电子商务侵犯知识产权犯罪的 90% 以上，被侵权的主要是国际、国内知名商标，品牌知名度高、行业利润高、社会需求大、市场销路好的商品被侵权的情形最为严重；而侵犯著作权犯罪的对象一般为国内流行的书籍、网络游戏、影视作品。

侵犯知识产权的行为是否构成犯罪的关键在于判断非法经营数额、违法所得数额或销售金额是否达到法定标准。以销售假冒注册商标的商品罪为例，《最高人民法院、最高人民检察院关于办理侵犯知识产权刑事案件具体应用法律若干问题的解释》第 2 条规定，销售明知是假冒注册商标的商品，销售金额在 5 万元以上的，属于《刑法》第 214 条规定的"数额较大"，应当以销售假冒注册商标的商品罪判处 3 年以下有期徒刑或者拘役，并处或者单处罚金。销售金额在 25 万元以上的，属于《刑法》第 214 条规定的"数额巨大"，应当以销售假冒注册商标的商品罪判处 3 年以上 7 年以下有期徒刑，并处罚金。需要注意的是，此处之"销售金额"，是指销售假冒注册商标的商品后所得和应得的全部违法收入，即无须扣掉成本进行计算。

同步案例

在同种商品上注册电子商务平台已注册的商标构成商标侵权

原告阿里巴巴集团公司是"支付宝""淘宝""淘宝网""淘宝城""淘""天猫"等文字商标专用权人。2015 年 12 月 4 日，原告发现山东省临沂市蒙山大道旁的"淘宝生态城展示中心"及其宣传册上出现"淘宝生态城暖冬感恩汇""TMall""天猫下凡""阿里巴巴云端大数据"等字样。原告进入名称为"淘宝生态城-

杭州凹凸凹网络科技有限公司"的网站，发现该网站内有多处醒目的"淘宝生态城"标识，网站内容中多处涉及对"淘宝生态城""临沂淘宝城"的介绍。2016 年 3 月 28 日，原告以被告侵害商标权及不正当竞争为由向法院提起诉讼。

法院判定被告侵害了原告的注册商标专用权，但不构成不正当竞争。涉案 10 项注册商标通过阿里巴巴集团公司及其关联公司的长期使用和宣传，已具有较高的知名度和显著性，与商标权利人之间建立了特定的联系，足以使相关公众对上述被诉侵权标识所指示的服务的来源产生误认或者认为其来源与上述注册商标的服务之间有特定的联系。故法院判定，被告未经商标注册人的许可，在同一种商品上使用了与其注册商标相同的商标，容易导致相关公众混淆，侵害了阿里巴巴集团公司的注册商标专用权。

现阶段，电子商务领域的知识产权犯罪呈现出网络销售与实体经营相结合、真品与假货混同销售、跨区域跨国发展的趋势。相对应地，我国对知识产权的保护力度以及对侵犯知识产权犯罪行为的打击力度也不断加大，一个突出的体现是罚金刑适用数量与金额的增加。2020 年发布的《最高人民法院　最高人民检察院关于办理侵犯知识产权刑事案件具体应用法律若干问题的解释（三）》更是对罚金的判处情况进行了细化，为罚金的进一步规范适用提供了明确指导。该解释第 10 条规定，对于侵犯知识产权犯罪的，应当综合考虑犯罪违法所得数额、非法经营数额、给权利人造成的损失数额、侵权假冒物品数量及社会危害性等情节，依法判处罚金。罚金数额一般在违法所得数额的 1 倍以上 5 倍以下确定。违法所得数额无法查清的，罚金数额一般按照非法经营数额的 50%以上 1 倍以下确定。违法所得数额和非法经营数额均无法查清，判处 3 年以下有期徒刑、拘役、管制或者单处罚金的，一般在 3 万元以上 100 万元以下确定罚金数额；判处 3 年以上有期徒刑的，一般在 15 万元以上 500 万元以下确定罚金数额。

 **案例讨论**

赵某将从网上下载的电子书挂在公众号上牟利

24 岁的赵某从小就很喜欢读书，随着时代的发展，他也从读纸质书渐渐变成了读电子书。这么多年下来，他积累了好几万本电子书，这些电子书都是从网上下载的。2016 年的一天，他突然灵光一闪，想搭个平台把这些电子书分享出去，于是自己创建了一个读书网站，将这几万本电子书挂了上去。但是网站不稳定，经常崩溃。在 2016 年 7 月的时候，他花钱请人做了一个公众号，将这些电子书放到了公众号上，实行会员制，供会员有偿下载。他根据会员充值金额的不同设置相应的等级和权限，权限不同可下载电子书的数量也不同。试运营了一段时间，赵某觉得可以从中获利，于是就专心做起了这个生意，辞职开始了自主创业。他不仅租了服务器，而且还找了一个电子商务公司帮他运营。

问题：（1）赵某的行为违法吗？（2）如果违法，赵某的行为涉嫌什么罪名？

三、洗钱犯罪

洗钱犯罪是指为掩饰、隐瞒毒品犯罪、黑社会性质的组织犯罪、恐怖活动犯罪、走私犯罪、贪污贿赂犯罪、破坏金融管理秩序犯罪、金融诈骗犯罪的所得及其产生的收益的来源和性质的犯罪的行为。电子商务改变了传统"一手交钱、一手交货"的交易模式，交易双方以及货物、所支付款项的分离为洗钱提供了便利。在犯罪构成上，电子商务洗钱与普通的洗钱犯罪并没有明显不同，其特殊性主要体现在行为方式上。电子商务洗钱的方式主要有以下几种。

（1）通过网络虚假交易进行洗钱。行为人首先注册虚拟购物网站（店）并通过网站（店）发布虚假商品信息，然后本人或伙同他人在该网站（店）注册不同的账号，并用这些账号购买虚假商品，从而完成貌似真实的网上商品交易，进而实现非法套现、洗钱的目的。

（2）通过网络真实交易进行洗钱。此种模式下，交易的商品本身是真实的，洗钱分子主要通过用黑钱从网上购得商品并将商品转卖给他人，从而获得合法的销售收入，最终将清洗的资金融入合法的经济体系内。最为典型的是在网上低价出售点卡、游戏卡。

（3）通过虚拟账户进行洗钱。洗钱分子向自己或关系密切人的虚拟账户注入黑钱，通过为他人代支付网络商品、向他人虚拟账户充值、转让他人银行卡等方式将资金分散转出，然后将转出的资金向本人的一个或多个银行账户归集，或采取其他利益回收方式掩饰资金性质和来源。

四、走私犯罪

走私罪是指个人或者单位故意违反海关法规，逃避海关监管，通过各种方式运送违禁品进出口或者偷逃关税，且情节严重的行为。其具体罪名有走私武器、弹药罪，走私核材料罪，走私假币罪，走私文物罪，走私贵重金属罪，走私珍贵动物、珍贵动物制品罪，走私珍稀植物、珍稀植物制品罪，走私淫秽物品罪，走私普通货物、物品罪，走私废物罪。

随着生活水平的提高，人们对海外商品的消费需求提升，天猫国际、京东全球售等跨境电商平台应运而生，但进口的商品一般需要缴纳增值税、消费税和关税，成本较高。在这一背景下，私人代购大量涌现，代购们通过免税店进行采购，而后主要通过空运旅客将货物携带入境，再通过微信朋友圈或淘宝等电商平台进行销售。经过几年发展，代购专业化趋势也越来越明显，部分代购形成了境外采购，"空中水客"带货入境、入仓库、批发给境内分销商等"一条龙"精细化分工。

根据相关规定，旅客从旅检渠道携带进境的自用物品，总值在 5 000 元以内且自用的可以免税，超过 5 000 元的需要缴纳税款，而具有牟利性的货物，无论价值多少都需要纳税。因此，代购行为本质上便是一种走私行为。《最高人民法院 最高人民检察院关于办理走私刑事案件适用法律若干问题的解释》第 16 条规定，走私普通货物、物品，偷逃应缴税额在 10 万元以上不满 50 万元的，应当认定为《刑法》第 153 条第 1 款规定的"偷逃应缴税额较大"；偷逃应缴税额在 50 万元以上不满 250 万元的，应当认定为"偷逃应缴税额巨大"；偷逃应缴税额在 250 万元以上的，应当认定为"偷逃应缴税额特别巨大"。因此，若代购者偷逃的应缴税款达到 10 万元，便可以走私普通货物、物品罪定罪处罚。

在经历了兼职代购到职业代购再到公司化代购的演变后，近几年发展出跨境电商零售进口这一种新型贸易活动，即中国境内消费者通过跨境电商第三方平台，从境外购买商品。海关对跨境电商零售商品按照消费者个人自用物品进行监管，监管条件更为宽松、税收条件更为优惠。也正是因为能够享受税收优惠，跨境电商零售进口成为走私的一个重要方式。走私分子主要通过伪报贸易性质与低报成交价格两种方式开展走私：伪报贸易性质是将本应按照一般贸易进口的货物进行拆分，伪装成众多国内消费者向境外采购的用于自用的商品，即伪报成跨境电商零售商品进口，偷逃应缴税款；低报成交价格的走私方式则利用其他电子商务平台中真实存在的订单信息生成虚假的低价信息，而后以这些虚假的订单信息和真实的物流信息进行报关。跨境电商渠道走私流程详见图 13.1。

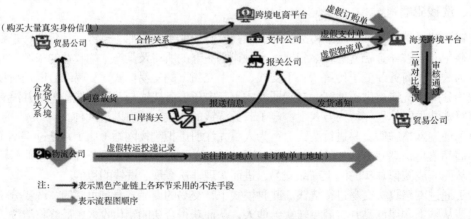

图 13.1 跨境电商渠道走私流程

同步案例

上海欧某供应链管理有限公司走私普通货物、物品罪

被告单位上海欧某供应链管理有限公司（以下简称欧某公司）利用跨境电商零售进口渠道，将境内外其他客户已成交的货物或物品，采取伪报贸易性质、低报成交价格等手段走私进境，并通过被告单位上海美某跨境电子商务有限公司购买盛某通公司生成的与欧某公司虚假订单相匹配的虚假支付信息，向海关进行申报，累计逃税过千万元。该案中共涉及被告主体13名，其中单位3家，自然人10名。其中3家单位主体及其实际控制人或主管人员，均被认定为主犯；货主自然人被认定为主犯；单位里的"其他直接责任人员"，如业务负责人、财务负责人则被认定为从犯。

跨境电商零售进口行业受监管政策所限，主要通过跨境电商企业境内代理人、平台企业、支付企业、物流企业等法人主体开展经营。企业的法定代表人、实际控制人、主要负责人、股东及主要业务参与人员均应增强守法合规意识，了解"单位犯罪""共同犯罪"等相关法律规定及违法后果，防止因工作行为被卷入走私犯罪案件。

情境导入1分析

问题（1）：教程中"薅羊毛"的行为是违法的。如果按照商家的优惠规则，合理善意地获取优惠，就属于正常的交易行为。但是，如果"薅羊毛"行为涉及利用提供优惠的商家的系统漏洞，恶意获取商家优惠套取现金利润的，就违反了公平交易的原则，所获得的利润是非法的。

问题（2）：教程中"薅羊毛"的行为涉嫌的罪名是诈骗罪。犯罪人以非法占有为目的，利用从网上购买的手机号反复注册淘宝账号，骗取淘宝平台派发的面额为10~20元不等的现金红包，符合《刑法》诈骗罪的构成要件。

子项目二 电商领域犯罪的预防机制

情境导入2

李丽遭遇诈骗

李丽在最初开始直播带货时，有一次在网上看到某公司的宣传，对方说只收费1 680元，就可以帮她做直播带货，公司还提供视频素材、商品橱窗、基础粉丝等服务，公司保证"只要跟着操作一定能赚到钱"。看到公司吹嘘很多人每天都能赚七八千元，李丽动心了，缴费后，她就在公司的指导下发带货视频，但"精准引流"3天后她仅赚了3元。此时该公司又忽悠李丽支付9 800元升级为VIP会员，可以获得更好的服务，让粉丝数量增加到5 000人，由总监一对一指导。后来李丽越想越不对劲，觉得自己遭遇了诈骗，便报警了。

问题：（1）网络诈骗的情形有哪些？（2）如何识别和预防网络诈骗？

面对电子商务领域不断增加的犯罪现象，仅靠《刑法》是不够的。国家还建立了有效的预防机制，以覆盖整个电子商务生态系统，从源头减少犯罪的发生。

任务一 知晓商事信用制度

《电子商务法》第86条规定，电子商务经营者有本法规定的违法行为的，依照有关法律、行政法规的规定记入信用档案，并予以公示。本条通过将电子商务经营者的违法行为纳入信用档案并公示，提高了商事主体违法犯罪的成本，有利于从源头上预防电子商务领域的违法犯罪活动。

项目十三 电商领域刑事犯罪的风险

189

一、建立信用档案

信用档案是档案人整体信用状况的真实体现，是其获得他人信任的绿色通行证。商事主体信用档案是征信机构对商事主体信用信息进行采集、整理、保存、加工而提供的信用记录和信用报告。商事主体信用档案是其交易相对方的指南和交易决策的重要参考，是安全消费、公平交易（信贷、借贷、赠销、劳务等商务活动）的重要社会保障体系。因为电子商务交易主体没有面对面接触，消费者无法实地考察电子商务经营者的信用状况，而电子商务经营者是更可能有不诚信行为的一方，所以建立并完善电子商务经营者的信用档案尤为重要。

电子商务经营者信用档案记载的信息分为政府监管信息、银行信贷信息、行业评价信息、运营信息、市场反馈信息等。其中，政府监管信息包括电子商务经营者基本资质、质量检查信息、行政许可、认定行政奖罚信息、商标/专利/著作权信息、人民法院判决；银行信贷信息包括中国人民银行信贷评价信息、商业银行信贷评价信息、小额贷款公司及民间借贷评价信息；行业评价信息包括行业协会（社团组织）评价信息，水、电、气、通信等公共事业单位评价信息；运营信息包括财务信息、管理体系评估信息；市场反馈信息包括消费者、交易对方、合作伙伴、员工等不同人员的实名评价信息。

二、建立信息共享与联合惩戒机制

2016 年 6 月 12 日，国务院发布《关于建立完善守信联合激励和失信联合惩戒制度加快推进社会诚信建设的指导意见》，旨在构建政府、社会共同参与的跨地区、跨部门、跨领域的守信联合激励和失信联合惩戒机制，促进市场主体依法诚信经营，维护市场正常秩序，营造诚信社会环境。

（1）建立触发反馈机制。在社会信用体系建设部际联席会议制度下，建立守信联合激励和失信联合惩戒的发起与响应机制。各领域守信联合激励和失信联合惩戒的发起部门负责确定激励和惩戒对象，实施部门负责对有关主体采取相应的联合激励和联合惩戒措施。

（2）实施部省协同和跨区域联动。鼓励各地区对本行政区域内确定的诚信典型和严重失信主体，发起部省协同和跨区域联合激励与惩戒。

（3）建立健全信用信息公示机制。推动政务信用信息公开，全面落实行政许可和行政处罚信息上网公开制度。除法律法规另有规定外，县级以上人民政府及其部门要将各类自然人、法人和其他组织的行政许可、行政处罚等信息在 7 个工作日内通过政府网站公开，并及时归集至"信用中国"网站，为社会提供"一站式"查询服务。涉及企业的相关信息按照企业信息公示暂行条例规定在企业信用信息公示系统公示。推动司法机关在"信用中国"网站公示司法判决、失信被执行人名单等信用信息。

（4）建立健全信用信息归集共享和使用机制。依托国家电子政务外网，建立全国信用信息共享平台，发挥信用信息归集共享枢纽作用。加快建立健全各省（区、市）信用信息共享平台和各行业信用信息系统，推动青年志愿者信用信息系统等项目建设，归集整合本地区、本行业信用信息，与全国信用信息共享平台实现互联互通和信息共享。依托全国信用信息共享平台，根据有关部门签署的合作备忘录，建立守信联合激励和失信联合惩戒的信用信息管理系统，实现发起响应、信息推送、执行反馈、信用修复、异议处理等动态协同功能。各级人民政府及其部门应将全国信用信息共享平台信用信息查询使用嵌入审批、监管工作流程中，确保"应查必查""奖惩到位"。健全政府与征信机构、金融机构、行业协会商会等组织的信息共享机制，促进政务信用信息与社会信用信息互动融合，最大限度发挥守信联合激励和失信联合惩戒作用。

（5）规范信用红黑名单制度。不断完善诚信典型"红名单"制度和严重失信主体"黑名单"制度，依法依规规范各领域红黑名单产生和发布行为，建立健全退出机制。在保证独立、公正、客观前提下，鼓励有关群众团体、金融机构、征信机构、评级机构、行业协会商会等将产生的"红名单"和"黑名单"信息提供给政府部门参考使用。

任务二 知晓电商平台的监管义务

预防电子商务领域的犯罪仅靠政府监管是不够的，需要建立监管机构与电子商务平台之间的有机互动模式。电子商务平台在犯罪预防方面扮演着双重角色，对平台内经营者和消费用户进行监管既是其权利，又是其义务。平台可以从以下几个方面加强防护和监管，以预防电子商务领域的犯罪。

一、建立平台黑名单

平台可逐步建立平台内部及跨平台的联合惩戒机制。对列入"黑名单"的制假售假，"刷单炒信"，空包裹代发邮寄，非法采集、滥用、泄露和倒卖个人信息等失信主体，按行业主管部门有关规定，规范有序地进行限期整改。此外，督促"反炒信"联盟或有关电子商务类企业，按照《关于对电子商务及分享经济领域炒信行为相关失信主体实施联合惩戒的行动计划》的要求，实施限制入驻平台、降低信用等级、屏蔽或关闭店铺、"封号封账"、公开曝光等惩戒措施；将电子商务领域"黑名单"和重点关注名单的失信主体公布在地方信用网站上。

二、落实实名制

电子商务领域犯罪频发的一大原因是没有真正落实实名制。以电商为目标的犯罪，如敲诈勒索类犯罪中，犯罪分子大多利用伪造身份信息注册账号，并利用账号进行恶意差评；在以电商为手段的犯罪中，犯罪分子更是使用利用假身份信息注册的店铺或私下购买的店铺开展违法犯罪活动。因此，平台应严格落实主体审核和信息公示，对平台内经营者的主体身份和经营许可信息进行入驻核验和定期更新，检查平台内经营者"亮照、亮证、亮标"、平台协议规则、平台自营与他营、信用评价规则等信息的公示情况，提示未办理市场主体登记的平台内经营者依法办理登记，并为其提供经营场所证明等必要协助。

三、提升电商人法律素养与诚信意识

要想从根本上降低平台内经营者成为网络犯罪受害者的概率，需要商家提升法律素养和诚信意识，自觉抵制非法行为，同时需要商家有意识地学习防骗知识，增强虚假信息识别能力。一套运行顺畅的评分系统是电子商务平台赖以存在的基础，通过将服务水平量化的方式为用户提供指引，间接推动商家改善服务。但这一评价体系也容易被黑产业相应人员利用，抓住商家"刷单"、刷好评的需求对其进行诈骗或敲诈勒索。因此从平台的角度出发，需要改进评分机制，重视商家的合理需求，不定期向经营状况较差的商家推荐一些改善经营的建议或免费课程，并向商家提供便捷的查询通道，方便商家查询、验证相关信息，减少犯罪分子的可乘之机，将诈骗等犯罪行为消灭在萌芽阶段。

情境导入2分析

问题（1）：网络诈骗的情形有以下几种。虚假兼职：骗子利用QQ、微信、邮箱和搜索引擎等渠道发布虚假兼职广告，诱骗用户上当。虚假中奖：骗子通过虚假中奖短信等方式，以巨额奖金为诱饵，诱骗用户进入虚假中奖网站，再以"先交费/税，后提货"为由，诱骗用户向骗子账户转账。退款诈骗：消费者在网店购物后不久，便会接到自称是网店店主或交易平台客服打来的电话，电话中，对方往往能够准确地说出消费者刚刚购买的商品的名称和价格，并以交易失败、要给消费者办理退款手续为由，诱骗消费者在钓鱼网站上输入自己的银行卡账号和密码、登录购物网站的用户名和密码等信息，进而盗刷消费者的银行卡……李丽遭遇的是以"代运营"为幌子的诈骗。

问题（2）：识别和预防网络诈骗要做到以下几点。①不要轻信网络兼职赚钱，比如网络兼职"刷单"诈

骗。②注意保管好个人信息，防止泄露。很多网络诈骗都是利用个人信息进行的，所以在日常生活和学习当中一定要注意保管好个人信息，比如身份证正反面、银行卡密码、手机验证码等。③多了解和学习网络诈骗的预防知识。网络诈骗的手段日新月异，我们要时刻增强反诈意识，保护好个人财产。

项目实训

请扫描二维码阅读案例全文，并完成以下任务：①以小组为单位梳理"薅羊毛"所涉罪名；②每小组选择重点分析两种罪名（要求有案例）；③进行道德与法律层面的思考。

项目小结

大学生创业者在创业过程中会遇到很多的法律风险，其中以刑事犯罪风险最为严重，需要特别引起重视，因此本书以电商领域刑事犯罪的风险作为结尾。本项目的重点内容是介绍以电商为目标的犯罪类型、以电商为手段的犯罪类型，以及电商领域犯罪的预防机制。对于创业者而言，除了本项目介绍的罪名，还应当注意虚开增值税专用发票、非法获取和提供公民个人信息、商业贿赂、非法集资、非法经营等方面的刑事犯罪风险。

项目测试

一、案例分析题

郭某在未经三星（中国）投资有限公司授权许可的情况下，从他人处批发假冒三星手机裸机及配件进行组装，利用其在淘宝网上开设的"三星数码专柜"网店进行"正品行货"宣传，并以明显低于市场价格的标准公开对外销售，共计销售假冒的三星手机 2 万余部，销售金额 2 000 余万元，非法获利 200 余万元。

问题：本案中郭某的行为涉嫌的是什么罪名？

二、实操题

诱人招聘广告背后，暗藏"刷单"类诈骗陷阱；看似直播体育比赛，实则为境外赌博拉客；进群学习理财技巧，巨额投资"打水漂"……近年来，公安机关持续打击各类网络违法犯罪行为，一些高发类犯罪势头得到了一定遏制，但随着科技不断进步，网络违法犯罪手段也不断翻新。请同学们查阅资料，跟大家分享电商领域特别是直播带货中的新型犯罪手段，并提出相应的预防措施。

自测题

参考文献

[1] 曹晖，2020. 电子合同理论与应用. 南京：东南大学出版社.

[2] 高富平，2005. 电子合同与电子签名法研究报告. 北京：北京大学出版社.

[3] 郎胜，2015. 中华人民共和国广告法释义. 北京：法律出版社.

[4] 李德成，2000. 网络广告法律制度初论. 北京：中国方正出版社.

[5] 凌斌，胡凌，2022. 电子商务法. 2 版. 北京：中国人民大学出版社.

[6] 罗佩华，魏彦珩，2019. 电子商务法律法规. 3 版. 北京：清华大学出版社.

[7] 王清，2015. 中华人民共和国广告法解读. 北京：中国法制出版社.

[8] 温希波，邢志良，薛梅，2021. 电子商务法：法律法规与案例分析：微课版. 2 版. 北京：人民邮电出版社.

[9] 席晓娟，2022. 电子商务税收. 北京：清华大学出版社.

[10] 谢勇，2015. 电子交易中的合同法规则. 北京：人民法院出版社.

[11] 杨坚争，杨立钒，2015. 电子商务基础与应用. 9 版. 西安：西安电子科技大学出版社.

[12] 杨立钒，2016. 网络广告学. 4 版. 北京：电子工业出版社.

[13] 杨则文，2022. 纳税实务. 4 版. 北京：高等教育出版社.

[14] 张楚，2016. 电子商务法. 4 版. 北京：中国人民大学出版社.

[15] 张克夫，郭宝丹，2021. 跨境电子商务法律法规. 北京：清华大学出版社.

[16] 张荣刚，2021. 电子商务法律法规：微课版. 北京：人民邮电出版社.

[17] 赵莉，林海，2021. 电子商务法律法规. 北京：高等教育出版社.

[18] 赵旭东，2018. 中华人民共和国电子商务法释义与原理. 北京：中国法制出版社.

[19] 郑红花，2017. 跨境电子商务法律法规. 北京：电子工业出版社.

[20] 周琳，夏永林，2015. 网络广告. 2 版. 西安：西安交通大学出版社.

更新勘误表和配套资料索取示意图

说明 1：本书配套教学资料存于人邮教育社区（www.ryjiaoyu.com），资料下载有教师身份、权限限制（身份、权限需网站后台审批，参见示意图）。

说明 2："用书教师"，是指学生订购本书的授课教师。

说明 3：本书配套教学资料将不定期更新、完善，新资料会随时上传至人邮教育社区本书相应的页面内。

说明 4：扫描二维码可查看本书现有"更新勘误记录表""意见建议记录表"。如发现本书或配套资料中有需要更新、完善之处，望及时反馈，我们将尽快处理！

咨询邮箱：13051901888@163.com。

更新勘误及意见建议记录表

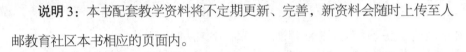
1 登录人邮教育社区搜索本书（www.ryjiaoyu.com）
2 未注册，请注册；已注册，请登录
3 新注册教师申请"教师认证"

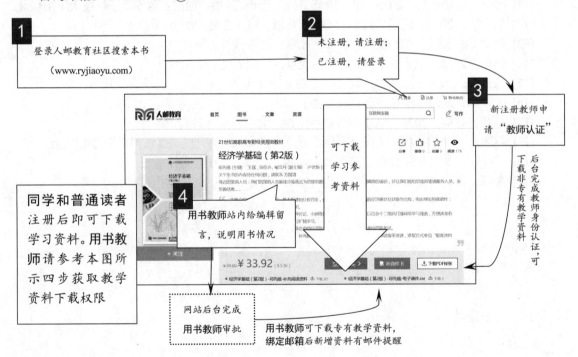
同学和普通读者注册后即可下载学习资料。用书教师请参考本图所示四步获取教学资料下载权限

4 用书教师站内给编辑留言，说明用书情况

可下载学习参考资料

下载非专有教学资料

后台完成教师身份认证，可下载非专有教学资料

网站后台完成用书教师审批

用书教师可下载专有教学资料，绑定邮箱后新增资料有邮件提醒